自治基本条例は活きているか!?

ニセコ町
まちづくり基本条例の10年

木佐茂男・片山健也・名塚 昭　編

公人の友社

木佐茂男・片山健也・名塚　昭　編

自治基本条例は活きているか!?
ニセコ町まちづくり基本条例の10年

【目　次】

3 町民視点からの検証

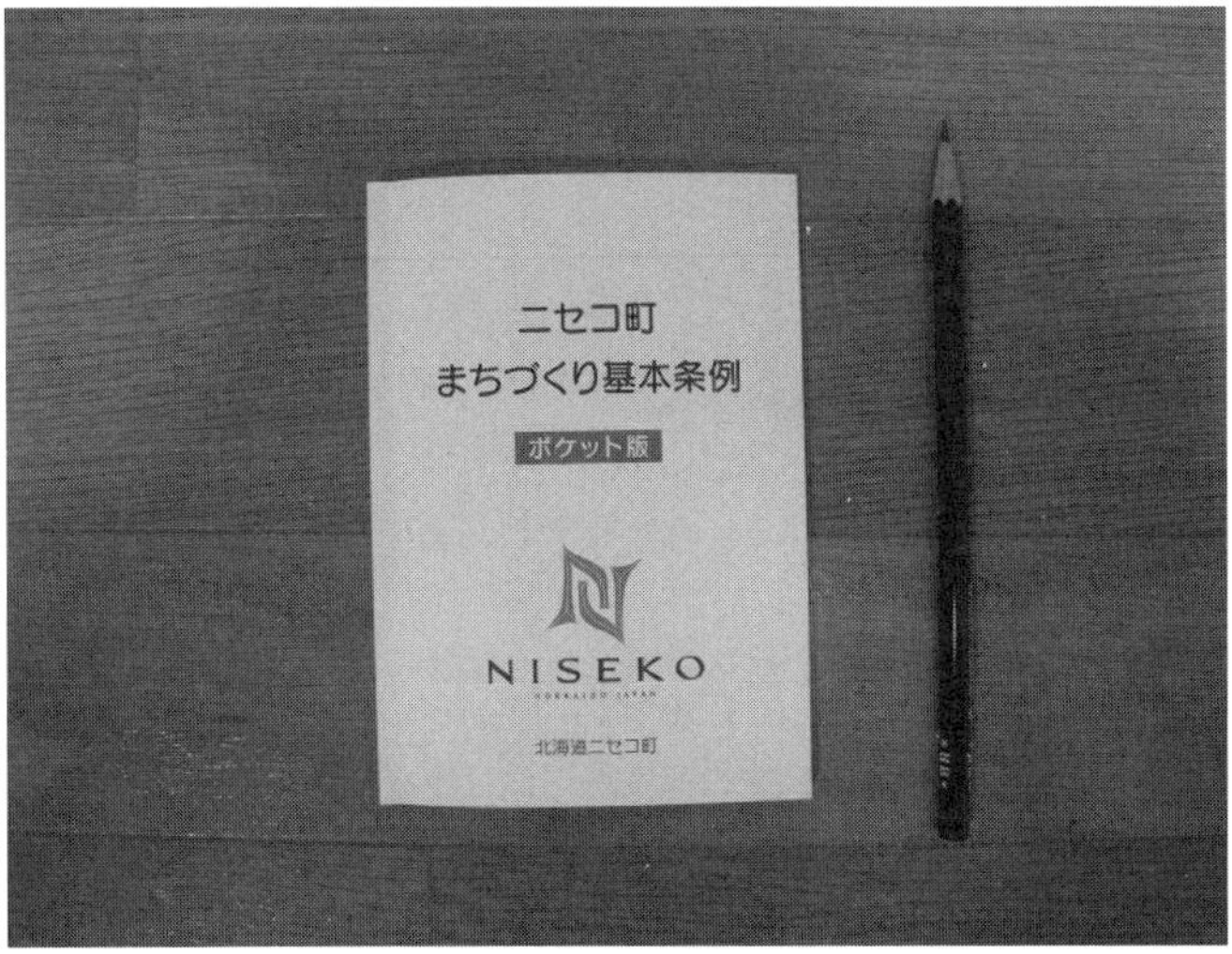

文庫本サイズの基本条例ポケット版
（2011 年 11 月発行。町内全世帯に配布している）

基本条例ポケット版
（すべての条文に分かり易い解説を加えている）

はしがき

北海道ニセコ町が日本で最初に「まちづくり基本条例」を制定した2000(平成12)年12月、そして、翌年4月1日に施行されてから、はや10年を超す歳月が流れた。同条例は、すでに2005(平成17)年に第1回目、2010年(平成22年)に第2回目の重要な改正が行われ、新たに重要な条文が追加されたほか、合計4回の改正を経て、現在全57条からなる条例として存在している。

この条例の制定主体である「ニセコ町」を代表する町長も、制定当初は逢坂誠二町長であったが、この10年の間に交替が続き、2009年には、基本条例の適用を受ける3人目の片山健也町長が誕生した。町長の交替もまた、この間におけるまちづくり基本条例の評価とは切っても切れないものである。町民がどのような成長を遂げているのか、いないのかを考える一つの素材となるであろう。

以下、ニセコ町まちづくり基本条例のことを、特に混乱を生じることがない場合には、単にニセコ町条例ということにするが、本条例は、国内での第1号の制定事例となったことから、後続する多数の同種条例、その数はおそらく200前後になると思われるが、それらの策定過程において、ほぼすべての自治体で参照されたのではないか、と思われる。本書の中でも討論の素材となるが「ニセコ町まちづくり基本条例の呪縛」というような言葉まで生まれるに至った。と同時に、一定の批判的吟味の対象にもなり、ニセコ町条例からの離脱、卒業、追い越し、といったことが後続する自治体では課題となっているようにも思われる。

長く人口4500人台であったニセコ町は、この間、少しずつではあれ、人口が増え続け、今や4700人前後に達している。本条例だけがその要因であるはずはないが、町の活性化にもなにがしかの貢献をしたといえるであろう。どのような意味において、そう言えるかは、本書の中で考えることとしよう。

本書は、ニセコ町条例の当初の制定期にたまたま立ち会うことができた者が、この10年を振り返って、まちづくり基本条例が果たした役割、なお果たし切れていない役割、残っている課題などを、回顧的に論じようと企画したものである。10年という歳月は、短いものではあるが、全国の地方自治体に対して一定の問題提起を行ったことは事実であり、さらには近時、韓国や台湾、さらに中国本土の研究者や実務家からも相当の注目を受けるようになってきている。専門的な研究論文の対象にもなり始めた。そうした時代にあって、何らかの中間総括を行うことの必要性を感じて準備を始めたのが2008年夏である。しかし、編集作業は容易には進まなかった。3年間以上も作業が続いたため、本文中で紹介される事例などには前後関係について若干理解しづらい部分もあるかもしれない。結果的には、ニセコ町条例のもとで行政執行の責任を担う3代目の町長が誕生した段階において、一定の明るい展望を共有しながら本書が陽の目をみることになった。

制定に関わった者の記録である以上、身びいきの評価が行われているとの批判が当然にありうるものと自覚をしている。さまざまな立場、角度、地域からのご意見をお寄せいただきたいと考えている。

本書では、ニセコ町条例の制定時に市民や議員、職員として関与された方々にも寄稿をお願いした。私どもの依頼に対してすぐにご執筆をいただきながら、本編の方の編集作業が進まないため、寄稿者各位には大きなご迷惑をかけることとなった。心からお詫び申し上げる次第である。

本書が、第2世代の、あるいは、第3世代の自治基本条例の制定に少しでも参考となり、あるいは、地域に住む住民が真に幸福な生活ができる仕組みを考えている方々に少しでもお役に立てば幸いである。

2012年2月

九州大学法学研究院教授

木佐茂男

第1部

［対談］

自治基本条例のその後と展望

九州大学法学研究院教授・木佐茂男
ニセコ町総務課長・加藤紀孝

1　基本条例は何を変えたか

「まちづくり基本条例を作っても、町は変わらない」と言い続けたが

＜前文から＞

（前略）

まちづくりは、町民一人ひとりが自ら考え、行動することによる「自治」が基本です。わたしたち町民は「情報共有」の実践により、この自治が実現できることを学びました。

わたしたち町民は、ここにニセコ町のまちづくりの理念を明らかにし、日々の暮らしの中でよろこびを実感できるまちをつくるため、この条例を制定します。

木佐：ニセコ町まちづくり基本条例（注1）の制定、施行から10年が経ちました。この条例を作る途中の段階で、すでに意識して、私どもが繰り返し自問自答していた課題がありましたね。制定すると視察者も増えるだろ

う。その視察者が、「ニセコ町では基本条例を作ってどこがどう変わったか」と必ず質問されるからと想定し、それに対し、「基本条例を作っても、町の行政運営などは変わらないはずだ」という回答ですね。

加藤：そうです。「変わらない」と答えています。

木佐：基本条例自体が、逢坂誠二元町長が就任して以来、住民の中で実行し実践してきたことをまとめたものに過ぎないのだから、条例を作ったからと言って変わるわけでない。これは、職員の山本契太さんが当時広報広聴係長の立場として、ずっと悩んだ挙げ句にひねり出してきた回答でしたね。この言葉、本当に長く言い続けていました。

また、実践してきたことの条例化ということは、基本条例前文の「わたしたち町民は「情報共有」の実践により、この自治が実現できることを学びました」というフレーズにも表れていますね。

加藤：「変わらない」と言い続け、「それは元々やっている、実践していることなのだ」といった、少し自信に近い気持ちもありました。変わらなくて当たり前じゃないか、と思ってですね。そうして基本条例をスタートさせてからもう10年以上経っています。

変わらないが、町長が就任したときなどは、必ず町民に向かって宣誓する。こうした、「自治」を皆が意識する行為をさりげなく、当たり前のようにやり続ける。「変わらない」の背景には、こうした努力もあるからだと思います。

しかし、待ってください。あらためて条例制定後の住民意識のありようを考えてみますと、気づくことがあります。役場や町のいたるところで日々盛んにまちづくりの議論をしているとか、そうした人々の姿を見たとき、やはり私たち住民の意識そのものが変わっているのではないか、またその意識が変わった人々が外からも人を呼んで、前から町に暮らす人々の意識も更に変わった、と感じることがあります。

第26条（就任時の宣誓）

1　町長は、就任に当たっては、その地位が町民の信託によるものであることを深く認識し、日本国憲法により保障された地方自治権の一層の拡充とこの条例の理念の実現のため、公正かつ誠実に職務を執行することを宣誓しなければならない。

（2項略）

※制定時18条

逢坂誠二氏の宣誓文

宣　誓

私は、町民の信託による町長であることを深く認識し、日本国憲法に保障された地方自治権の一層の拡充に努めます。

情報共有の実践によって、町民一人ひとりが、責任を持って、自ら考え、自ら行動することによる自治を基本とするニセコ町のまちづくりの理念実現のため、町政の代表者として公正かつ誠実に職務を遂行することを、誓います。

平成14年11月15日

ニセコ町長　逢坂誠二

佐藤隆一氏の宣誓文

宣　誓

私は、町民の信託による町長であることを深く認識し、日本国憲法により保障された地方自治権の一層の拡充とニセコ町まちづくり基本条例の理念実現のため、公正かつ誠実に職務を執行することを誓います。

平成17年10月31日

ニセコ町長　佐藤隆一

片山健也氏の宣誓文

宣　誓

私は、日本国憲法における「自治の本旨」並びにニセコ町まちづくり基本条例に貫かれた「住民自治」の理念に基づき、統治機構として、また、住民自治の機構としてある役場を、地方分権を推進する基礎自治体・地方政府として進化させ、「町民の皆さんが希望を持ち、安心して暮らしていけるニセコ町」を実現するため、「公正」に、そして「スピード感」と「思いやり」を持って、誠実に職務を遂行することを誓います。

平成21年11月24日

ニセコ町長　片山健也

逢坂誠二氏

佐藤隆一氏

片山健也氏

議会開会の際に議場で行われる町長就任宣誓式の様子（基本条例制定以降、特別職が就任する際には自らの言葉で宣誓を行う）

基本条例が発展させる「文化」

木佐：今の話の続きですが、それは、もう一つの「文化」になっていると言っていいのですか。そうだとしたら、どのような意味で、誰が「文化」の担い手なのでしょうか。

加藤：何となく、そうした「文化を感じる」という感触があります。基本条例ができたことをきっかけに、「人が人を呼ぶ」ですとか、やる気のある人が前に出て町のために活躍するとか、こうした動き、文化が生まれてくるのではないか、という気がします。私も基本条例ができる少し前にニセコに移り住んだ者ですが、他の移住してきた人に話を伺うと、「ニセコ町のまちづくりは非常に分かりやすい」という話が出ます。基本条例ができてからは、「自治基本条例がある町」ということに、多くの移住者がどこか強くひかれるらしいですね。その移住者の方というのは、北海道の内外からの方すべてを含みますが、ニセコの場合、特に道外からの方が多いです。

木佐：町長が誰であろうが、移住希望者は、一度は視察に来られますよね。以前から、そう7、8年あるいは8、9年前からでしょうか、町民の方が、農家であれ、ペンションの方であれ、新住民になろうとする人に対して、「一緒にまちづくりしませんか」とか言って、とても好意的で、はねつけることはないと聞いていました。その動向がいわば加速されているという感じでしょうか。

加藤：そうですね。ニセコは古くから精神的にも開けた町というイメージがあります。大正時代の文豪、有島武郎が、「相互扶助」の精神のもとで農場の無償開放をした歴史が受け継がれているからでしょうか。一方では、違う面もあります。町内会などをみても、昔から住んでいる人と、移って来た人とのぶつかり合いということが、少なからずありますね。ただ、こうしたぶつかり合いは、議論が正々堂々とぶつかっていたり、移住者が移住者を呼んだり、昔から住んでいた人が移住者に影響されて変わっていく部分があったりなど、言わば快活で明朗な開放的雰囲気が存在しているのではないかと思います。

木佐：なるほど。それは、ニセコ町内の都市部、農村部を問わず起きているのですか。

加藤：そうです。面白いことがあります。例を出したほうが分かりやすいかと思います。ある地区の小さな夏祭りがあって、その地区に住んでいる人が観光客などを誘って一緒に参加する、ということがたくさんあります。そこに住んではいないけどこれから住みたいな、ニセコはいいな、という人にそのまままちづくりに参加してもらい、既にニセコの町民だからといった雰囲気にさせてしまう、そんなオープンな付き合いが生まれたりしていますね。

木佐：それは、いわゆる、中心地区じゃなくてもということですね。いわんや農村地区とか、さきほどの有島武郎にちなんだ有島記念館などのある有島地区とかもでしょうか。言ってみれば、農村部に当たるところでもそうだと。そして、移住者の方だけが、そういう現象をみせているのですか。

加藤：その点は、農村部に当たるところでもそうです。また、最近は、農家経営を外からの人がみんなで応援団を作って、勝手に手伝ってしまうという動きまであります。町内に住んでいる方だけが応援団ではなくて、札幌市民などが来て手伝う。外に住むニセコファンが中心になったりしています。そしてさらにスモールビジネスを新しく起こそうとか。とにかく、いろんな動きがこれを核にして広がっています。

木佐：すごいですね。もうちょっと具体的に、いくつか例を挙げてください。

加藤：ニセコ町ではコミュニティ・ビジネスの創出支援に力を入れていて、特に移住者にこれを勧めています。ですから、その後は特に支援がなくても、ネットワークづくりがどんどん広がっていきます。しかもそのネッ

ニセコ町の位置（「蝦夷富士」と呼ばれる羊蹄山のふもとに広がるリゾート地

町には年間145万人の観光客が訪れる。人口4,733人（登録をしている外国人を含むと4,863人）〔2012年2月時点〕）

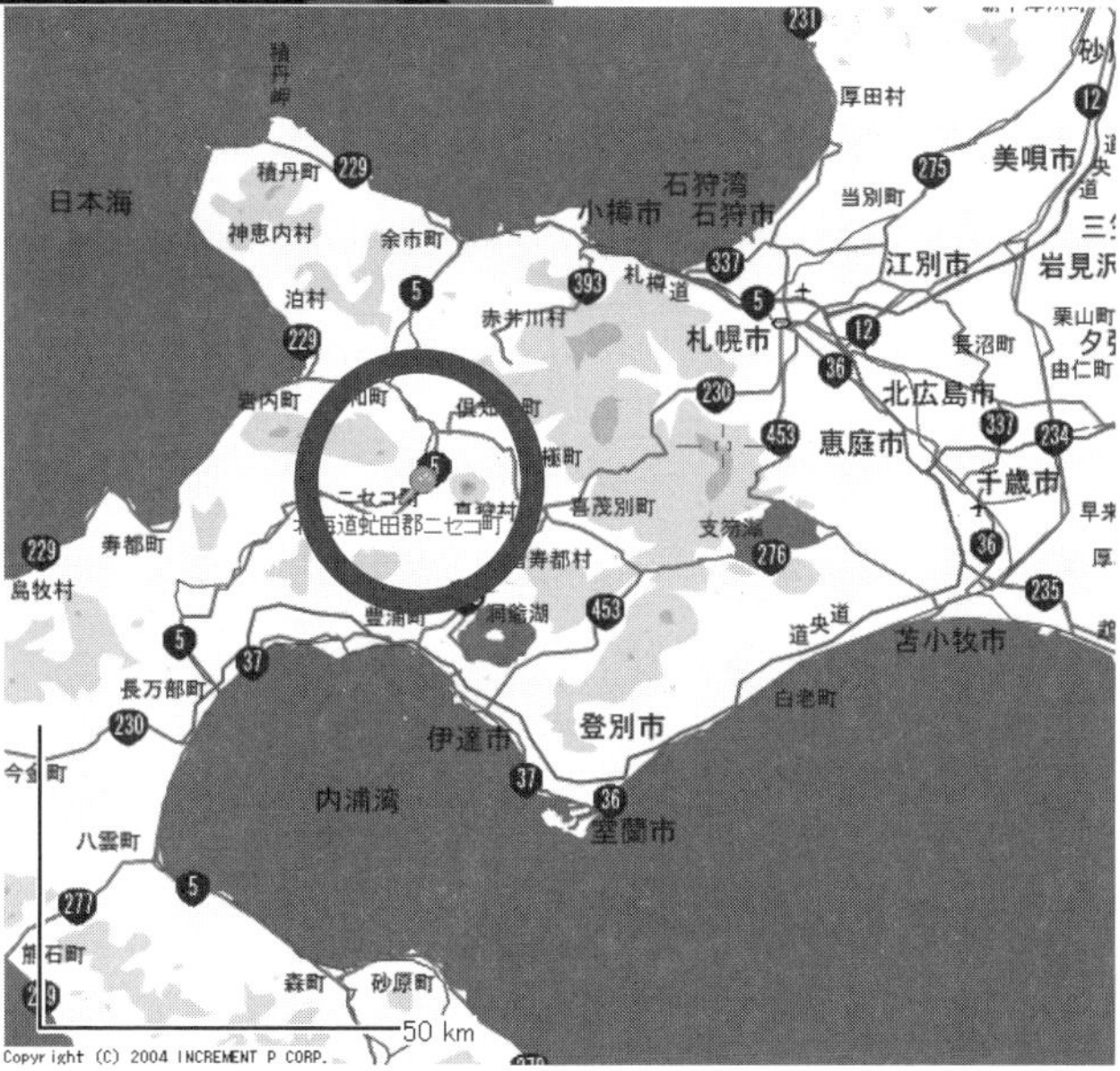

（インクリメント・ピー株式会社承認済み）

トワークは、国内外に及ぶというものです。もう基本条例を超えている動きなのでしょうね。そういう、人と人とが気軽に話せるとか、どこかで接点を持てる支援があるとか、こうしたことは役場も公的に関与していますが、人が人を呼ぶ開放的な文化が育っているのかも知れないですね。

木佐：そうですね。確かに、「基本条例を超えている」。他人と話し合う、ということにはやっぱりシンボリックなものがあって、話し合いの場へ委員などで出て行くことによって、ご本人たちは、自分の路線なり考え方がずれてないことを確認しながら広げている面もあるでしょうね。表現が悪いですが、完全に野放しだと、役場が関知しないということになると、極論すればしっちゃかめっちゃかになることもあるでしょう。いずれ、営利主義との繋がりなども出てきますね。確かに、若干の営利性は大事ですが、今、パブリックの部分が入っているから、ひたすら営利に走るということにならない、そういうコントロールが住民相互間でも効いているところがあるのですね。

加藤：その通りですね。現時点での効果は何なのかと言われたら、住民の認識や意識を住民自身が育てている、何か硬い表現ですが、そういうことになりますね。そこが今一番肝心なことだと感じています。

木佐：だから、「欧米型の民主主義が充実しています」というよりも、人のコミュニケーションだとか、活気だとか、生き甲斐だとか、それらが結果としてまちの活力みたいなものに繋がっている。しかし、そのこと自体はあまり目に見えない。ただ具体の生活として有機農業があったり、人手不足の時の農家の応援団がいたり、あるいは企業が起こされるとか、目に見える部分もあり、統計的に捕捉できるものもあるだろうけれど。それ以外に、心理的な満足度がありますね。これも、より長期的に言うと、例えば、ニセコ町では寿命が長くなる。要するに、生き甲斐を持つことになり、そして災害があってたまたま被害があっても一人孤独だということか減ってくる可能性がありますね。

そういう効果って、大きいのではないですか。それこそ、「3日患ってぽっくり死ぬ」という生き方ですね。トマトジュース「オオカミの桃」で有名な北海道鷹栖町の小林勝彦前町長がずっと言われていたようなことが、現実のものになるかもしれません。ニセコの場合だったら、人と人とのコミュニケーションの中で生き甲斐を感じ、自己実現というと大げさですが、人間らしいコミュニケーションを最期まで持って、充実したままご近所の方に見守られる中、生を終えることも可能だと。極端に言えばね。そこまでの可能性をはらんでいるものを作った、という面がありそうですね。

加藤：確かにそうですね。すごい気がしますが、まさにそのような雰囲気が生まれているような気がします。私がニセコに移住してきた時と現時点とでも、明らかに違うなという気さえします。

木佐：加藤さん、あなたの就職年を読者のためにちょっと正確に言っていただけますか。あなたの場合、あの有名なニセコ町方式で選ばれた中途採用の職員第1号なのだから。確か、この中途採用の際には、1名の採用予定に対して相当数の応募があり、ホテルで夜通しの面接というか、人格テストまで行われたと聞いています。人材というよりも人財を確保するという観点から、徹底した手続が行われたのですよね。

加藤：私がニセコに来たのが、2000（平成12）年です。このときの採用試験は、小さな自治体としては異例の徹底した人物評価による社会人採用でした。ホテルに缶詰めになり、さまざまな種類の面接、討論を経て、最終的に私が採用となりました。私の入庁後にも、数回同様の試験により採用を行っています。評価を受けていました。夜の懇談会もあったのですが、後から聞きましたが、その場でも参加者は

木佐：私の方は2000（平成12）年3月末日付けで北海道を離れたのですが、心理的には一緒に仕事でもしたような気がしますね。あなたが役場に入られた年、すぐに札幌地方自治法研究会の有志が作った自治基本条例試案を体系図に整理されましたね。そのときに、私はもう北海道にいなかったのですね。私自身は、九州大

学に行ってからもニセコ町にお邪魔していましたから、一緒に制定過程に関わっていたような気になっていました。

加藤：そうですね。研究会の試案は先生ががっちり関わられたものですから、一緒に仕事をした気になっていました。まさに一緒に作りましたね。条例制定の前後には、シンポジウムなども行いましたし、木佐先生も何度もニセコに来ていますね。まちづくり町民講座の写真も残っています。その条例誕生時から今を考えると、やはりまちづくり基本条例の意義というか役割は格段に違うかも知れませんね。

木佐：「格段に」ね。その辺り、もう少し議論してみましょうか。

データで見る基本条例制定後

加藤：まちづくり基本条例の「その後」を私なりに整理してみました。現時点での理解ということで、ちょうどよい機会だと思いまして。まず、２００５（平成17）年の秋に行ったまちづくりに関する町民アンケート結果を見てみましょう。これによると、基本条例に関する設問では批判的な回答はあまりありません。肯定的な意見が多いようです。基本条例の制定で「まち」が目に見えて変わったか、という質問に対しては、住民は変わったとは考えていないようです。

木佐：変わったと「思わない」という回答のほうが38％と若干多いですね。しかし、「変わったと思う」人も35％もおられるわけですね。これは、どう理解したらいいでしょう。

加藤：そうですね。実は、アンケートの設問が少し悪く、「町民の考えが反映するまちになったか」という点では、町民からすれば、この条例がきっかけになったということではなく、「それ以前から既にやっているなぁ」

「まちづくりに関するニセコ町民アンケート調査」

2005（平成17）年11月実施
実施主体：ＮＰＯ法人ニセコまちづくりフォーラム
（わがまち元気研究会による内閣府調査事業）
配布：15歳以上全町民　4,026　　回収：1,178　　回収率：29.3%

問A　ニセコ町まちづくり基本条例をご存知ですか？

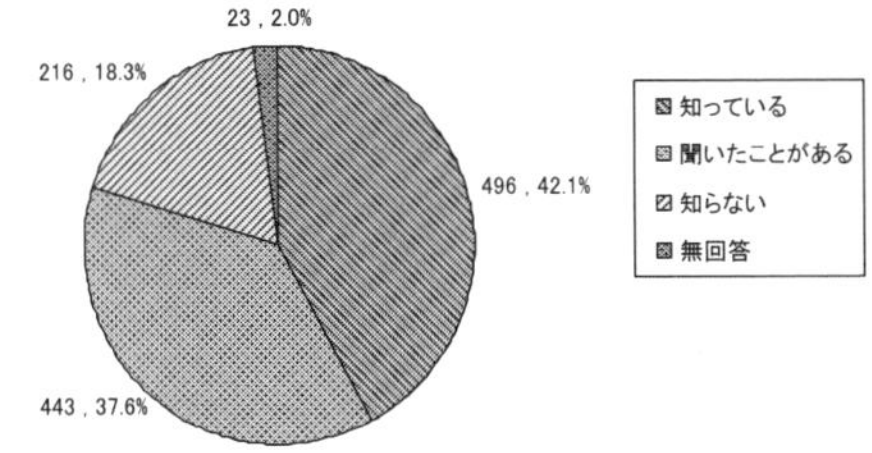

問B　この条例の制定で住民の考えが反映するまちになったと思いますか？

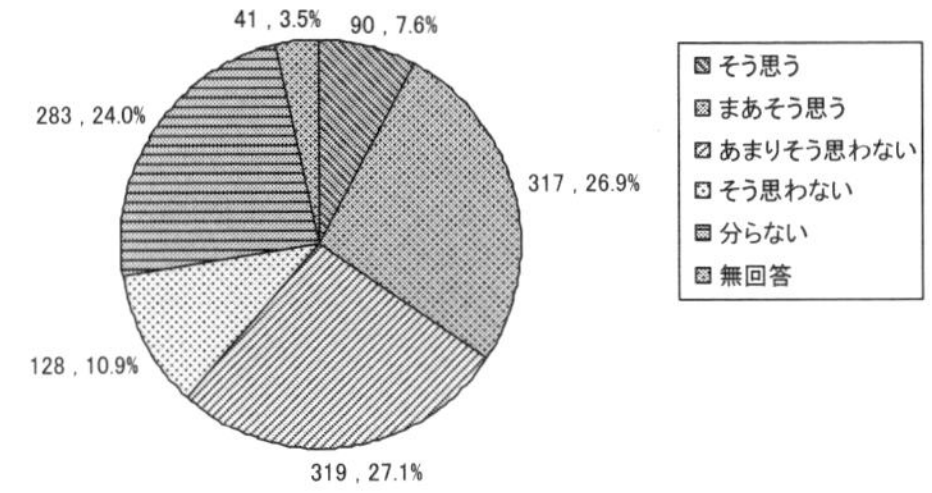

問C　「もっと知りたい今年の仕事」（予算説明書）を見て（読んで）いますか？

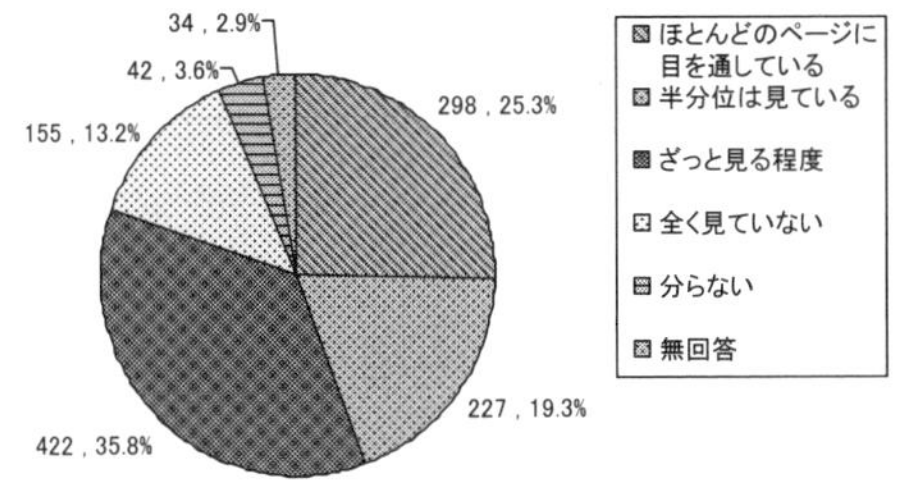

問D　「もっと知りたい今年の仕事」の配布は必要と思いますか？

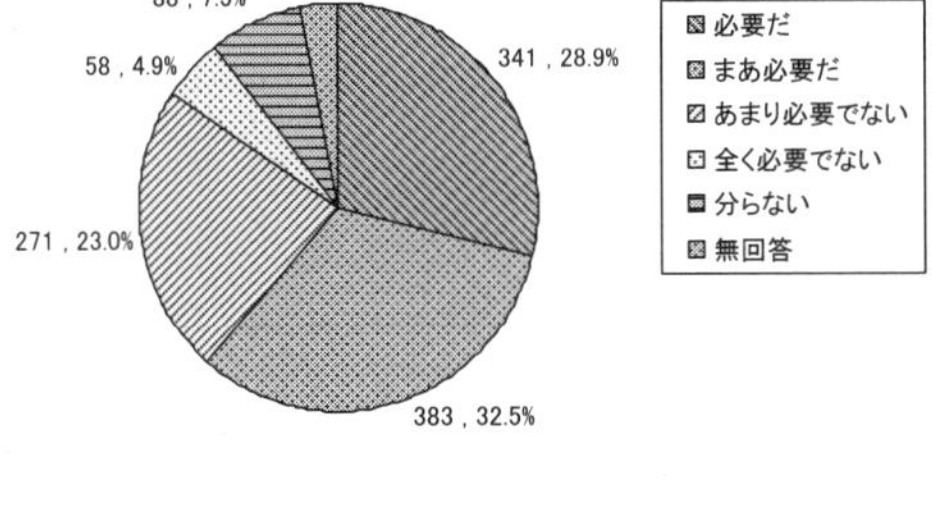

という感触があります。

木佐：なるほど。このアンケートは質問の設定がまずいですね。だから、単に変化の有無を聞いても「そう思わない」に入るのでしょう。そういう点では、この38％は、基本条例についてのマイナス評価ではないということですね。もともと町はある程度良くなっていたから条例制定後も変わっていない、と感じるのも当然だし、そのことは無理がないですね。

加藤：ただここで注目に値するのは、条例そのものの認知度の質問について、約8割が基本条例については知っている、という答えです。アンケートの対象ですが、世帯単位ではなく、個人単位の回答です。回収率は一般的な回収率に留まっていて、約3割です。

木佐：条例の存在をこれほど知っているというのが、一般的にはすごいと思います。そういえば先に、このアンケート結果に基づく記事が２００７（平成19）年11月7日付けの朝日新聞に載っていました。ニセコ町の予算説明書『もっと知りたいことしの仕事』についてのコメントでしたね。

加藤：この予算説明書の必要性について、アンケートでは6割以上の人が「必要」と答えています。こうした町民評価というべきアンケート結果は、２００６（平成18）年5月号の町の広報誌にも掲載し、町民の皆さんに報告しています。基本条例のその後の記録としては、ちょうどいいものだと思いますね。

　このアンケート調査から、既に何年も経っています。その後、町民意識に変化があるかどうかが問われますが、私がみるところ、大きな変化はないようです。２０１０（平成22）年11月には、次期総合計画策定のための町民アンケート調査を町が実施しています。その結果は町のホームページでも公表（注2）していますが、基本条例の運用について、引き続き高い評価を受けています。電話回線を使った「そよかぜ通信」（電話会社が提供する同報配信システム）を廃止するなどしたことから、情報共有の仕組みの確保についてやや低い評価もうかがわれますが、基本的な町民評価は変わっていないようです。むしろ、最近、町民の潜在力というのがもっと高まっていると、特にそう感じます。

例えば、過去のアンケート調査でも常に町民評価の高い「あそぶっく」（NPO法人あそぶっくの会が運営する町の図書館）などは、まさに住民による住民のための望まれる公共サービスを提供し続けています。そうした「自治」の力を発揮することによって、基本条例制定以降も、さまざまな方面で町民の潜在力が高まり、多くの場面で発揮されているように思います。

木佐：そう理解できるでしょうね。「あそぶっく」はまさにそう言えるでしょう。従来の行政が運営したのでは実施し得ないさまざまな事にチャレンジし、町民の皆さんの評判もいいようですね。また、この後、ニセコ町民が予算の説明書が有益、あるいは、必要と考えられる事情、理由などのあたりも考えてみましょうか。

あそぶっく（図書館）前でのイベント
すべて施設を運営する「あそぶっくの会」が企画実施している。

基本条例を知った上で移住して来る？新町民

木佐：北海道は、その広大な面積から14の振興局（以前は支庁）に分かれ、そのうちの一つ、後志総合振興局という区域にニセコ町があります。まちづくり基本条例が制定されて以降のデータでみましょう。有権者レベルで後志総合振興局管内の全市町村を比較したものによりますと、有権者数が増えているのは、なんとニセコ町だけでした。日本の一般的な人口流動から行きますと、山間地にあるニセコ町でも人口は減って当然、ということになりそうですが。

加藤：まちづくりに意欲ある住民が増える、という現象がニセコにあると感じます。住民の方が転出せず意識的にとどまっていくという理由と、ニセコ町への移住者が増えていくという理由の2つがありうるわけですが、実は、この2つともが作用していると思います。特に、移住者というのがキーワードになっており、町外から移り住んで来られた方の力がとても大きいですね。

木佐：この場合、道外からの移住者と、道内からの移住者で違いがありますか。また、移住者の方は、そもそも「まちづくり基本条例」を知った上でニセコに来られているのですか。そして、新町民の方の在来町民社会へのうち解け方は、どんな風になっているのですか。

加藤：まず、転入者が道内からか道外からかという点の比較では、出身地に大きな差はあまりなく、道外、道内ともに多いと思います。驚きですが、基本条例をご存知の方が確かにおられます。近年はそのパワーがますます強くなってきているように思え、相当厳しい目線になっています。

そのような中、移住者は積極的に町に溶け込む人が多く、むしろ町内会のさまざまな取組みをリードするような人も多いように思います。それだけ思いを強く持って住んでいる証なのかもしれません。新旧住民、互いに刺激し合っているように思えます。

木佐：自治基本条例の遵守を求める、という意味でですね。こういうことを聞いて、そうかぁ、と思ったことがあります。私のところで自治基本条例をテーマに修士論文を書いた社会人院生の方がインタビュー調査に行った多摩市でのことです。インタビュー相手の市職員の発言として、こういう内容があったそうです。市民の自治基本条例についての意識が高まり職員に対して高度の職務水準を求めるものだから、応募者が減るとか、辞める職員が出るのではないか、という話です。仕事を基本条例どおりにやっていないのではと、きつく言われるそうですよ。長期的には、条例をベースに住民が職員をいわば監視するというか、コントロールするような姿勢もいいことでしょう。

加藤：基本は、まさに市民目線での行政ということになるでしょう。ニセコ町でも、役場が情報を常に発信していくことが相当重視されています。先ほど紹介した町民アンケート調査（２０１０（平成22）年11月）においても、町の基本姿勢である「情報共有」について、まだまだ足りない、もっとしっかりやれ、といった意見もうかがえます。住民自治のためには常に厳しい目線があってしかるべきと思いますし、そのうえで住民自身がどう「自治」の質を高められるか、高めていくか、が大事なことだと思います。

町民参加の拡大と拡充

木佐：基本条例制定以後のニセコ町の事業で、企画・実施過程とか、参加の過程で目立ってきている事例を挙げていただけますか。

加藤：条例では、町長の附属機関などには公募の委員を加えるよう努めなければならない（31条1項）とされています。多様な審議会や委員会の委員の公募を、今でもきちっとやっているわけです。公募で集まった人は結局まちづくりに関心のある人なので、そういう人が加わると自然と議論が活発になりますし、そこで新しいアイディアも生まれたりします。その場で初めて顔を合わせた委員同士が、「またこんなことやりましょう」と別の話が進んだりすることもあります。非常に面白いですね。例えば、住民提案予算を審査検討する委員会（２００５（平成17）年度から２００７（平成19）年度にかけて実施）でそうしたことがありました。この委員会は、町民が提案した予算の使途を検討します。町民から提案された内容を吟味し、そのプレゼンテーションを聞くのも町民の委員です。町民が町民にプレゼンテーションし、お互いにコミュニケーションができます。緊張感もあり、相当厳しい議論もします。こうした町民同士のコミュニケーションの中で、「このアイディアはいいですね」とか、「今度こんなこともやりましょう」などといった前向きな議論が生まれ、委員会としてさらに調査を深めたりしています。

また、近年は、役場の中でどこか会議室を覗けば、町民が何かの委員会で誰かが自由に議論している、そんな雰囲気を感じます。首長や職員にかかわらず、役場がまちづくりの拠点みたいになっていると、本当に感じることがありますね。庁舎は老朽化が進み、エアコンもないので、夏場などはしんどいですが。

木佐：そうだとしますと、首長や職員が何かをしかけて、活性化させるということではなく自然にそうなっているのですね。以前よりもずっと活発になっているということですね。

加藤：活発になっていると実感します。風通しを良くする仕組みを残し続けているところが、皆さんが自由に入ってきて議論できている要因だと思います。少し固いですが、誰かがどこかで、四六時中、オフィシャルに基本条例の精神に則ってまちづくりを議論している、という雰囲気ですね。

木佐：役場の会議室がたまり場とまでは言わないとしても、頻繁に会議を開いていて、いわゆる「役に立つ場」になってきているというわけですね。

加藤：そうです。役場だけでなく地元のペンションを会場に委員会を開いたこともあります。自然と委員さんの中から、そういう声が出ました。委員会のあと、委員の皆さんでそのまま懇談会を持ち、事務局も参加して日ごろの苦労話に花を咲かせたこともありました。役場の中ではないので、ある種の堅苦しさもなくなり、委員会もかなり議論が進んだと記憶しています。確か、委員会での議論の時間が長くなって、懇談会のほうは短くなったのですが。

木佐：それは本当にいいことですね。その場合、ペンションに場所代とか会議室代として支払うのですか。それとも、あとで懇親会などをするから、無料ということで。

加藤：場所代も含め、出席者全員が手弁当で出し合って行いました。そういう議論の仕方は面白いですね。ちょっとした工夫です。どのようにしたら実質的に議論ができるか、より楽しみながら建設的な議論ができるかということです。当時私が在籍していた企画課だけでも、相当な数の委員会の事務局を担当していて、職員でみんな分担し、委員の皆さんと相談、工夫しながら運営を進めていました。

木佐：私のささやかな見聞の範囲内でいうと、あちこちの自治体では、特定の住民の方が、いくつもの委員会の委員をしていて、新たになかなか入り込めないということもあるようです。行政側が特定人を一本釣りしている面と、自分から応募する人がほとんどいない風土がある、というようなケースの一方か両方の要素が備わっている、といった事情からですが、ニセコ町の場合には、特定の住民が複数の委員会や審議会にどんどん応募してきて困ることはないですか。

加藤：一人が複数の委員会に応募するということは、よくあります。それはそれでいいのだと思います。困ることはありません。手を挙げるご本人の負担が最もたいへんだと思います。ニセコ町では、委員会も今は報酬や費用弁償もないボランティアが大半ですから、その人がやれる限界ということもありますね。

木佐：報酬の有無や額、実質的に議論の中身を知った上で発言できるかどうか、そういう現実の問題を考えると合理的なところに落ち着くのでしょうね。多い人で3つくらいですか。

加藤：そのくらいですね。特に、基本条例が走りだしてから、そういう人々の存在がまちづくりの熟成に繋がってきている気がしますね。そうした人を通じ、委員会などで知り合った人がさらにネットワーク広げ、また外から更に人が来たりと、そんな風になっていますね。そういう面では、単なる委員会への参加という事実に留まるのではなく、そこから生まれることもたくさんあると感じています。

住民が均等に委員会などを通じまちづくりの議論に参加できる、などということは無理なのはもちろんのことですが、忙しい時間をやりくりしてでも議論に参加する、身の回りのことに関心を持つ、まちづくりを建設的に考える、という人が同時に増えているような気がします。もちろん、役場でもこれに甘えず、各分野でまちづくりに協力してもらえそうな人へ声かけをする、積極的に人材開発する、といった努力も続けているつもりです。

ニセコ条例の「呪縛」？

木佐：ところで改めて話題にしますが、自治基本条例であれ、まちづくり基本条例であれ、それらの制定後に「作ってどうなるのか」という議論がずいぶんありましたね。まちづくり基本条例は法規範ではないから「意味なり意義がない」とか、「首長の単なるお飾りだ」あるいは「アクセサリー」だとか。そして、「本当に必要なのか」といった問いかけもあります。比較的最近で言いますと、例えば、松下啓一氏（相模女子大学）が、「ニセコの呪縛」（松下啓一『自治基本条例のつくり方』（ぎょうせい、2007（平成19）年）18頁）と言って、ニセコ以後に基本条例を制定した自治体がニセコ条例に縛られすぎていると書かれています。また、「もし実際に「自治する慣習」ができあがっていれば、それをあえて条文化する必要はないと思う」（同16頁）とも言われています。「呪縛」にとどまっているのであればよかったと思いますね。松下氏ご自身も、今は自治基本条例を肯定的に考えられているようですが、当初は、特にニセコの基本条例についてかなり懐疑的に考えておられたようですね。我々は、「呪縛」をするほどのものを作ったという意味では、誇りに思っていいのでしょうかね。現場で、基本条例に基づく仕事をされていて、こうした意見に対してはどのような感想を持たれますか。

加藤：「ニセコの呪縛」という言葉は、やはり気になります。確かに、ニセコの条例にたいへん似ている条例を制定した自治体もあり、複雑な気持ちになります。「呪縛」というのは、いろいろな意味で何かマイナスのイメージを持ってしまいます。言葉の字面とは別に、全国的に注目されたと言っていただくこと自体は、名誉なことですね。

木佐：私も同様で、「呪縛」とまで言っていただくと、これほど名誉なことはないなと思っています。そういう意味では、当分は呪縛が続いてもいいと思いますが、しかし、それでとどまってはいけないですね。ニセコ町条例制定当初には、自治の基本条例などと言ってもどこでも作っていないのではないかとか、首長のアクセサリーだとか単なるマニフェストの1つだからとか、いろいろな意見や批判がありましたね。例がないからという批判は、前例のあること以外を許さないこととなるので、今ではさすがに正面からこういう主張は出てきませんけどね。

加藤：そうだと思います。もちろんニセコでは他を「呪縛」するつもりもありませんし、そうしたことが基本条例の本質ではないと考えています。基本条例は自治の「基本」なんだ、という意識を強くしています。少し理屈っぽく言うと、その土地での自治への取組み、さまざまな葛藤と実践、熟成こそが、自治基本条例の立法事実であると。したがって、ニセコの基本条例がすべての自治基本条例のひな形であるかのような事は、私も言うつもりはありません。

自治基本条例といったものが、我が自治体に必要なのかどうか、そうした発想が自らの地域の自治に生まれるかどうか、これらすべてがまさに「自治」だと思います。ニセコでは、多くの外部の力に助けられ、連携と協力のもとで生まれた基本条例が、まさに「わたしたちの町の憲法」として必要だと考え、今に至っているわけです。

【コラム１】

基本条例制定決議に参加して

松田裕子（自営業・元ニセコ町まちづくり基本条例検討委員・元ニセコ町議会議員）

１９９８（平成10）年12月、ニセコ町議会でＩＳＯ　１４００１予算（１０２万円）が否決をされたことで、町議会を変えようと議員になり、まちづくり基本条例の議案審議で初めて賛成討論をした。大変熱い思いの議会になったとの記憶がある。

現在では、２期８年の議員生活を終え、一般市民として様々なまちづくりに参加をしている。４年に１度の基本条例見直しにも参加をし、より基本条例にニセコらしさの追求をしながら「条例を育てる」ということを通して、あらためて条例の重要性を感じている。

九州で生まれ育ったからなのか、色々なことを行政に頼らない気持ちがあったが、ニセコで多くのまちづくりは行政主体でないと、住民が動かないことを痛感した。歴史の違いなのだろう。おまかせ民主主義がまかり通っていることを強く感じることがあった。

歴史的に民主主義を自ら勝ち取ったわけではないので、お上はちゃんとうまくやってくれるだろうと信じてきたと言ってよい。しかし、現在のさまざまな出来事を見ても分かるように、住民は常に政治を監視し参加をしなければ、政治は停滞し腐ってくる。

条例制定後にトップは交代し、方向性もやはり違ってきた。それはあたり前のことで、同じである必要はない。住民にとって何がより重要なのか、その選択をできるように情報公開が位置付けられ、トップや議会だけの決議だけでは進められないことを条例が保障している。

ただ、大過なしで何もしないのでは困る。全ての選択権は住民が持っているわけだからこそ、議員や首長の選挙は大変重要になるはずだが、なかなかなり手が居なくなっていることも確かであろう。議員は住民の代表として議会で質疑をし、行政の監視役を行う。あたり前のことだが、どこまで住民の権利を守る役割をしているのだろうかと疑問を持っている。自分自身の反省を込めてもいるが、小さな自治体の議会に行政の監査は大変難しいと思う。できれば、外部監査で専門性の高いプロがするべきであろう。

こうして議会という場に最初から疑問を持ち、議員を経験してもなお、いまだにその気持ちを消し去ることができないでいる。住民自治がより強くなることで、議会という最終決議の場自体を変革することができるのではないかと期待をしている。

基本条例がこれから本領を発揮するとすれば、地方分権が進み、もちろん財源も含めた分権ができ上がったときには、より重要な位置を占めると考えられる。トップの技量によって、今以上に大きな差が出てくるであろう。より住民に近い所で様々なことが決定されるようになればなるほど、自分達の町の政策がどのように議題にのり、話し合われ、決定されていくのか、ここが大変重要になると考えている。本州のある町で、昭和の大合併が行われたが、いっさい住民に知らされることなく議会と時の首長だけで可決し、合併をした自治体がある。住民は怒り、団結をしてムシロ旗を掲げて行進し、おおよそ2年半で元に戻した例がある。平成の合併議論でもいち早く、単独で生き残りをかけると決めたまちもある。

また、近くの町では海外資本の投資で劇的に町自体が変化をしてゆく中で、住民と行政が話し合いをはじめた。しかし、議論しあうということに慣れていないため、より対立を深くしてしまっているという、もはやあきらめに近い言葉を住民から聞かされた。

もし、このような基本条例があって、同じテーブルにつき、将来の町の姿をどう考えていけばいいのか議論することに慣れていれば、住民も行政もまた海外の資本家に対しても、わが町にはこの条例があるので、こうした検討をしなければならないと言えるのではなかろうか。

現在、ニセコでも時折、情報の公開ができていないことを聞くことがある。あくまで個人情報は別だが、行政に集まる情報は、住民のものでなくてはならないはずだ。しかし、未だに一部の議員でさえ、住民より議員が知っていれば良いという人がいる。住民に情報を知らせる必要はないということを言う議員がいるのも現実である。このことを多くの住民は知らないでいる。

ニセコは、条例制定後に何か劇的な変化をした訳ではないが、その前から進めていた住民と行政サイドの人間とのキャチボールによる議論の訓練ができたように思うし、今ではあたり前に思えている。

他の自治体の話を聞いて初めて、その違いを新たにするぐらいである。

「権利としての住民自治」この言葉がわたしにとって、わが町ニセコへの思いを深くしてくれる。思いがけず議員として基本条例制定にかかわれ、今では一町民としてこの条例を育てていく側に立っている。この条例を多くの方々が手弁当でわが町のことのように考えて検討され、土台作りをして頂いたことに対して深く御礼申し上げたい。

今日、あらためてこの条例が自治体の変革へのスタートになっていることを思い知らされる。子ども達から見て「何か変だな」と思われないように、そしてあたり前があたり前のこととして通用するようにこれからもこの条例を育んでいきたいと思っている。それが、住民としての権利であり義務と考えるからである。

【コラム2】

見えない条例〜ニセコ町まちづくり基本条例

山本契太（ニセコ町商工観光課長）

２０００（平成12）年12月議会において、まちづくり基本条例は産声を上げた。その年の5月、それまで遅々として進まなかった条例策定作業は、新たな役場メンバーを迎え、急ピッチで作業が進行し始めた。

同時に、12月議会に向けて、また町民の皆さんに向けて、この条例の意味を、この条例の真価を如何に理解していただくか。条例策定作業が進むにつれ、これまで意識下に沈んでいた課題が、段々と大きくなり始めた。

避けては通れない議員の皆さんへの説明。「既に町民憲章があるのに、まちづくり基本条例制定に何の意味があるのか」「この条例が何の役に立つのか」「これまでと何が変わるのか」。風の噂で、一部議員のご意見が漏れ伝わってくる。「何が変わる。何が変わる・・」。役場内部の策定メンバーでの自問自答が始まる。

「この条例は、これまで町が行なってきた住民参加の手法をルールとして裏打ちするもの」「情報共有・住民参加は、本物の自治を進めるうえで欠くことのできないツール」。様々な説明が浮かぶが、「何が変わるか」との問いに対する答えではない。

悩んだ末に達した結論は、「見えない条例」であり「条例が施行されても何も変わらない」ということだった。

ニセコ町のまちづくりは、まちづくり基本条例の下に情報共有と住民参加を基本に進められる。例え首長や議員の皆さんの顔ぶれが代わろうとも、この原則は変わらない。この原則に沿ってまちづくりが行なわれている限り、まちづくり基本条例は「見えない条例」となる。意識されない条例と言い換えてもよいかもしれない。また、条例施行前から、本町では情報共有と住民参加を意識したまちづくりを行なってきたのだから、条例が施行されても何も変わらない。これも至極当たり前のことであった。

しかし、ここ数年、何度か条例の存在を強く意識させられる場面があった。２００９（平成21）年2月に開催した「まちづくり町民講座」で、町が町内全戸に配布する予算説明書「もっと知りたい今年の仕事」について話が及んだ。経費節減などの視点から、全戸配布を止める可能性があることを説明したところ、講座に参加していたある高齢の女性が会場で立ち上がり発言した。「ニセコ町にはまちづくり基本条例がある。町には、町の予算を町民に知らせる責任と義務がある」

という主旨の発言であった。会場からは拍手も起きた。また、町民の皆さんで組織する観光戦略会議において、２０１１（平成23）年６月、ある補助金の使い道の協議を行ったところ役場の提案した使い道が物議を醸した。「基本条例がある町なのに、このような使い方では、私たち委員が町民に対して説明ができない」という発言だった。

まちづくり基本条例の施行を目指していた２０００（平成12）年。条例に対する町民の皆さんの理解が進んでいないと悩んでいたころ、条例づくりの屋台骨を支えてくださった現九州大学大学院の木佐教授にかけていただいた一言を思い出した。「日本国憲法をどれだけの国民が理解しているだろうか。まちづくり基本条例という住民の権利を守る条例が、この町にはある。そこを認識してもらえばよいのではないか」。

ニセコ町まちづくり基本条例が、ニセコ町民に確かに浸透していると、今は思える。

注
1　本書では、ニセコ町まちづくり基本条例を、以下「基本条例」と表記。
2　総合計画のページを参照。http://www.town.niseko.lg.jp/machitsukuri/keikaku/sougou.html

2　行政が動き続ける

情報共有の実践（予算説明書、通信手段、景観条例などから）

第2条（情報共有の原則）
まちづくりは、自らが考え行動するという自治の理念を実現するため、わたしたち町民がまちづくりに関する情報を共有することを基本に進めなければならない。
第3条（情報への権利）
わたしたち町民は、町の仕事について必要な情報の提供を受け、自ら取得する権利を有する。
第4条（説明責任）
町は、町の仕事の企画立案、実施及び評価のそれぞれの過程において、その経過、内容、効果及び手続を町民に明らかにし、分かりやすく説明する責務を有する。

加藤：行政のほうへ少し視点を移すと、基本条例に裏打ちされた仕事の連続性、持続性というものがありますね。これは、多分我々自治体職員の意欲次第だと思うのですが、「基本条例があるのでこれは絶対やらなければならない」という、使命感といったもの、そこが大きいと思います。自分たちのまちの自治は自分たちで守る、といった意識が根底にあります。その例として、作成にはとても多くの労力が必要な予算説明書『もっと知りたいことしの仕事』などは、発展的に継続してちゃんと発行しています。

木佐：私個人は、2011（平成23）年版まで、従来発行のものをほぼすべて持っています。ただ、第1号だけがないです。1995（平成7）年版かな。

加藤：1995（平成7）年版が第1号です。振り返ると歴史がありますね。2009（平成21）年度の発行をめぐっては大きな議論になりました。結果的にはずっと連続して発行しています。2009（平成21）年度の予算案を作る過程で、「全戸に配布するのは経費の無駄だから、希望者に配るだけの数を印刷すればいい。」という考え方が役場から持ち上がり、これに対し住民からはかなりの反対意見が出ました。このことは、当時開催された町民講座でも話題となり、その場の議論の中で、ある町民から「ニセコ町には『わたしたちのまちの憲法』（基本条例）がある。これに基づいて説明責任を果

ニセコ町予算説明書
「もっと知りたいことしの仕事」

たすために全戸配布を続けるべきだ。」という、意見が出されました。こうした議論により、改めて全戸配布を継続することとなったのです。

実際のところ、印刷費用は1冊350円程度で、全戸（2000世帯）に配布しても、そんなに大きな金額にはなりません。結果的にはしっかりした議論ができたのではないかと思います。改めて考えてみても、この予算説明書の発行について基本条例をどのように読んでも「配布しなくていい」とはなりません。すべての町民に対する役場からの説明責任として予算説明書という制度があるのですから、「必要な方は手を上げてください、じゃ配ります。」というのは、行政の姿勢として良くありません。ニセコの情報共有の原則は、こういうことにこそ必要な費用と労力をかけよと要請しているものだと思います。基本条例が試される場面になりました。

仮に、首長の方針などによりこうした問題が持ち上がった場合、基本条例に反していないか、住民から問われることが想定されます。こうしたことについても住民の声をしっかり聞いてみようということで、先ほどのまちづくりに関する町民アンケート調査（2005（平成17）年）でも、予算説明

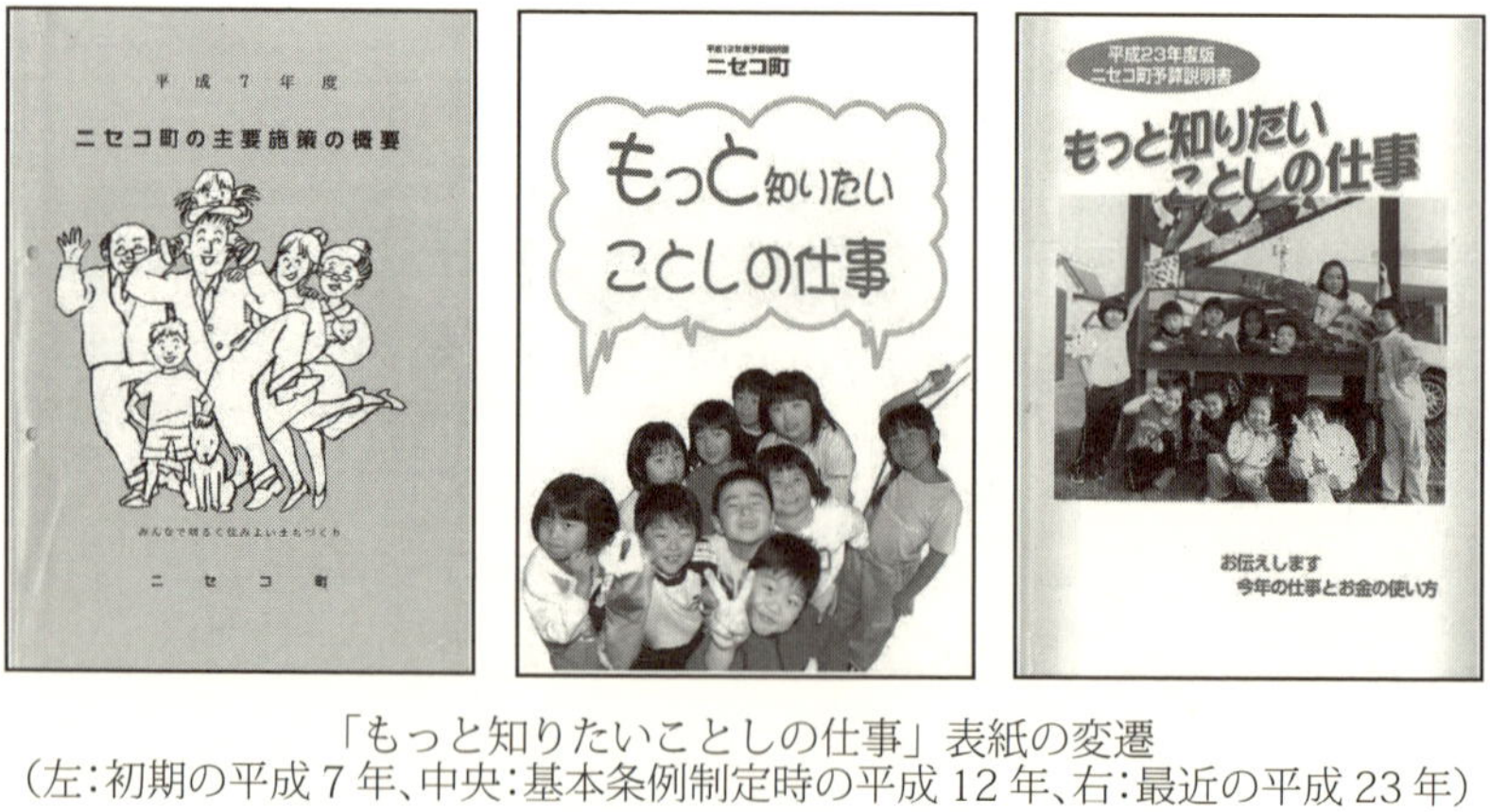

「もっと知りたいことしの仕事」表紙の変遷
（左：初期の平成7年、中央：基本条例制定時の平成12年、右：最近の平成23年）

書に関する項目を加えたところです。その結果によりますと、「予算説明書を少しでも見ている」という人が回答者の8割ぐらいいました。更に、「必要かどうか」と聞いたときに、6割の人が必要だと答えています。あくまでも統計ですが、数字としても出てきているのです。この予算説明書発行の意味は、行政がきちっと説明責任や情報共有の責任を積極的に果たすということにあります。「それこそが基本条例の理念だろう」ということを確認しながら職員も仕事をしているというのが、大きいのではないでしょうか。

木佐：私が、この予算説明書を発行されて初期の段階でもっとも感動した1つの事例が、スクールバスの運行に要する経費の問題です。確か、町の単独事業（国等からの補助金がない）でもっとも大きなのが子どもたち用のスクールバス運行経費ではなかったでしょうか。当時2000万円くらいだったと記憶しますが。この費用のことを子どもたち自身が親や祖父母も見ている予算書から認識している、ということです。

私が、スイスの小規模自治体を見て、「議会あるいは住民集会の開催2週間前までに全戸に議案や予算案が配布されていなければならない」という町の憲法規定を読んだときに、同じ観点だと思いましたね。つまり、子どもの頃から、大人が予算書や議案を見て家庭や地域社会で議論しておれば、子どもたちも自ずと政治能力を身につけていきますね。全国町村会が発行している『町村週報』で、私が、「アルプスの少女ハイジの政治能力」（全国町村会のホームページで見ることができる）という随想を書いたのも、そうした感想というか、感覚からです。

同じように、ニセコでは、子ども議会などの資料、あるいは、子どもたちの討議資料として、数年前の合併議論が盛んだったとき、合併協議会の議事録や資料をそのまま配布していて、それで子たちたちがしっかり議論をしていると聞きました。これも、本当の話ですか。子どもたちと言っても小学生にまで、この合併関係の資料を渡したと聞いていますが、まさに情報共有の実践ですよね。しかも高度の。

加藤：大人も子どもも家庭で政治の話をするという感覚はとても必要で、大事なことだと思います。残念ながら今の日本には、そういう風土があまりないですね。合併協議会の議事録の現物を子どもたちが読んで、議論したというのは本当です。大人でも子どもでも、情報がなければ議論もできないし、興味も湧いてきません。その時々や場面に応じて的確な資料、的確な情報をいかに共有できるか、ということだと思います。議事録をそのまま読んでもらうのが的確かどうかは分かりませんが、とにかくその時点でできる限りの方法により、社会の構成員として子供のうちからしっかり関わってもらうことがまず必要だと感じます。

当時、市町村合併の是非を議論していましたが、特に中学生や高校生向けには、役場職員が資料を整理してパワーポイントにまとめ、子供たちの前でプレゼンを行ってからアンケート調査なども行いました。その結果、特に子供たちから合併反対の意見が多く出され、それも含めて当時「当面合併しない」という結論を得て、町長が判断しています。

有線放送の廃止問題

木佐：それでは、今度は、地域レベルでの情報共有の話に移りましょうか。

加藤：この点では、さきほども話題に出た電話回線を使った「そよかぜ通信」（電話会社が提供する同報配信システム）の廃止という出来事があります。これは、かつて全国にあった有線放送の一種で多くの自治体でも利用していますが、ニセコ町では「そよかぜ通信」というネーミングで運用してきました。これが機器の老朽化と重い財政負担により、運用の限界を迎えていました。そこで、その3年ぐらい前から、廃止するか存続させるか徹底的に議論したのです。その結果、町民の皆さんの共通理解を得ました。廃止はやむを得ない、一刻も早く廃止したほうが町の財政負担も少なくなる、という話になりました。当時、「地財ショック」などにより、地方交付税収入が大幅に減り、町財政が急激に悪化した時期でした。市町村合併の問題とも重なり、危機を脱するため町を挙げて真剣に議論したのです。ところが、最終局面に来て、議会で廃止への反対が大きな話題になりました。

木佐：なるほど、維持費が大きな問題で廃止、というのはわかるのですが、議会がどうして反対したのですか。執行部提案には反対することが議会の務めだという理由で？（笑い）。議会の反対の本当の理由は何だったのですか。

加藤：理由は簡単です。お年寄りが使うから、ということです。ただ、これまで3年もかけて議論した経過やそこで集積された町民の意見というものが、どうも活かされていない気がしたのです。行政、町民の間で交わされた議論を議会なり議員がどうフォローアップしていくかということも、情報共有のテーマだと思います。議会の課題は後ほど議論したいと思いますが。

木佐：結局、行政側で考え尽くしたこと、それと一致するに至った町民一般の理解、それに対して議会は反対の意向ということですか。ありうる話ですね。私の実家がある田舎では、今でも有線放送があって、毎晩、お悔やみ放送とか、各種の案内情報などが流れますが、ニセコ町の場合、廃止したらどうなりますか。伝わらなくなってしまいますね。

加藤：お悔やみ情報も廃止です。行政サービスとしては役目を終えます。そうですね、その点もかなり議論しています。お悔やみ放送を公共サービスとしていつまでも流す必要があるのか、なくてもいいのではという結論に至りました。お悔やみなどは新聞に載りますし。では新聞を取っていない人はというと、取っている人から聞けばいいねという話です。「むしろ聞いてない、知らないほうがよかった」などということもあります。

田舎では冠婚葬祭の出費がばかになりません。特に、年金生活のお年寄りがこうした出費をするのはたいへんなことです。

木佐：なるほどねぇ。この冠婚葬祭の大変さは良く理解できます。ただ、防災無線的な機能、防災情報などはどうなりますか。

加藤：もちろんこれも議論しました。防災無線を新たに導入すると、更に多額の予算が必要になります。結局、当時として可能な限りの身の丈の対策を考え、公用車にスピーカーを載せ、いざというときは職員が人海戦術で回る、ということにしました。そのためのスピーカーの予算だとわずかです。そして今年はスピーカーを買って公用車に付けましたと、こんな話を町民の皆さんにしています。結果だけ聞くと、たいした話はしていないように聞こえますが、ひとつひとつを徹底的に議論し、その過程を透明にすることが大事です。その当時、国は災害対策も考え、同報系の通信システムを持つことを勧めていました。その割にたいした補助制度もなく、財政の先行きが不透明な時代に巨額の投資もできないと結論を出し、あえて新たな同報系通信システムを持たないことを議論により選択しました。

木佐：いざというときには公用車にスピーカーを付けて回るというのは、ある意味でシンプルな結論ですね。こういう結論の出し方も、先に出たような委員会か何かで、まずは少人数で議論をされたのですか。

加藤：町長の諮問機関であるまちづくり委員会や毎年のまちづくり懇談会（地区ごとの町政懇談会）などで議論しています。懇談会は地区ごとにやっていまして、そこにはお年寄りもたくさん参加されます。その中でじっくり議論をするわけです。

この同報系通信システムに関しては後日談があり、ここ数年の近年に入ってから、政局も変わり地方交付税の大幅な縮減などもなくなり、合併問題も収束したことなどから、再度、新たな通信手段を確保しようという議論になりました。これも社会経済情勢に応じ柔軟に対応、議論するという自治の本質かと思います。現在では、コミュニティＦＭを町で整備する、という方針にまで至っています。

町長がツイッター発信、町は動画配信

木佐：他に新しい情報共有の実践例はありますか。

加藤：かなり最近では、町長や役場がツイッターで発言しています。町長自身がツイッターを使っており、町のホームページのトップにリンクもされています（注３）。この方法ですと、町民どころか、世界中から見えるわけですし、意見を述べたり、反論もできますので、情報共有も、受け手が機器を持っている限りは、非常に有用なものになるという可能性はありますね。

　さらに、これに加え、多くの行事について動画による情報配信もユーストリームを使って配信しています。その方法もさまざまで、町民講座をリアルタイムで中継するとか、国の緑の分権推進事業（さまざまな環境実証試験）のニセコでの実施状況を解説を入れて配信するとか、さまざまな分野の町民リーダーとの座談会を配信するとか、急速に多様化しています。国や自治体でも情報発信手段としてユーストリームを使うようになったのは最近で、国でもニセコの後からこの方法を使っています。議会については、まだこうした情報発信は行われていません。これらの手段は、インターネットを使うわけで、そうした通信手段を持たない人との情報共有手段も並行して考え続けなければなりません。

木佐：インターネット配信にかかる予算は、どのくらいですか。

加藤：動画配信について、取材から編集、配信までの委託を予算化しており、ひと月で20万円、年間２４０万円ほ

どです。２０１１（平成23）年2月に開催した「まちづくり基本条例制定10周年記念シンポジウム」の全部4時間を動画で放送しているような例は、まだまだ少ないと思います。町の予算編成方針説明会まですべて動画配信したのは恐らくニセコ町だけではないでしょうか。これによって、町民が町政に大きな関心を持ってもらえるのであれば、そう高くついている事業ということはないと考えています。視聴している人数も把握できます。配信テーマによって関心の差もうかがえますが、かなりの数の人が見ています。ただ、配信テーマ、内容はまだ改善の余地があると考えています．

議論慣れの風土へ

木佐：その他、具体的な事業的な面で、情報共有の実例を挙げてもらえますか。

加藤：ニセコ町では、景観条例が２００４（平成16）年にできました。これも基本条例の趣旨に則ったもので、景観条例に基本条例の精神を移植している、と言えます。その目玉は住民説明会の開催を開発事業者に義務付けていることです。つまり、情報共有と住民参加を基本にするという仕組みにしました。それが、今もたいへん活きています。規模の大きな建築や新たな開発を計画しようとすれば、事業者にとっては、地域住民との対話が義務となります。これは開発事業者にとっては高いハードルとなり、恐怖ともいえることです。

しかし実際に説明会をやってみると、そういう議論には住民のほうが慣れていますから、大人の議論が展開されます。「なんだ、ここ、こう変えたほうがいいのではないですか」といった話にもなり、まさに対話、参加によるまちづくりにつながります。議論によっては、その計画自体が無くなったり形を変えたりする、ということがあります。建物が建ってしまってからでは遅いこともありますからね。そうした議論をきちっとするというまちづくり基本条例の理念を体現していると自負しています。携帯電話の電波鉄塔を設置する際でさえも、例外なにしにすべてそうした議論を行っています。そうすると、「便利になるのだから、多少景観に支障があっても高いほうがいい。」などといった意見も出て、それに対して住民同士で議論もできるのがいいですね。

木佐：住民の方の「議論慣れ」というか、「議論する習慣」というのか、町外の者にとっては、あるいは、全国の大多数の地域の人々にとっては想像もできないことなのかもしれない、と思いますね。

加藤：特に最近は、外国資本による投資や開発の計画も多く、ますます説明と議論が大切になっています。基本条例の理念が活きた景観条例をベースに、守るべきニセコの開発ルールを住民で徹底して議論し、２００９（平成21）年には準都市計画区域と景観地区の指定を行っています。情報共有を進めると、必要な制度やルールもできてくるものだと思います。

自治体公文書管理（ファイリング・システム）

> **第8条（情報の収集及び管理）**
> 町は、まちづくりに関する情報を正確かつ適正に収集し、速やかにこれを提供できるよう統一された基準により整理し、保存しなければならない。

木佐：情報共有の根幹となる実践として、役場の文書管理がありましたね。

加藤：基本条例には「情報の収集及び管理」として、徹底した情報の管理と共有を規定しています。それを実際に動かす制度として、公文書管理のシステム（ファイリング・システム）を運用しています。単なる文書の整理整頓や執務環境整備のみを目的としたものではなく、文書私物化の排除、即時検索性の確保、他者検索性の確保といったことに重点を置いています。町民に対する説明責任のまっとう、といったことが真の狙いです。ニセコ町では、特定非営利活動法人行政文書管理改善機構「ＡＤＭｉＣ」による行政ナレッジ・ファイリング（ＡＫＦ）の仕組みを使っています。まさに情報共有の根幹をなす仕組みです.

この仕組みは本当に良く機能していて、実際に、目指す文書を30秒以内で検索し、業務で利用したり、来庁者へお見せするということが行われています。この仕組みを更に体系立てて運用したいということで、２００４（平成16）年には基本条例の下に位置する文書管理条例も制定しています。

木佐：行政情報を管理する条例（以下法整備）もしっかりできていますね。文書管理システムの重要性は、私がドイツで見てきて、それを当時日本の自治体で実践してくれるところはないか、ずっと探していました。そして、逢坂さんや片山さんと出会うことで、彼らもその重要性を認識されており、結果的にはおそらくドイツの水準を上回る仕組みが現に実施されたのですね。それが実務的に定着してから条例化に至ったと理解しています。

文書管理条例自体は、熊本県宇土市に次ぐ制定でしたね。ただし、正確にいうと、合併前の岡山県金光町が２００３（平成15）年に制定していたようです。２００１（平成13）年４月施行の宇土市は全部で28条、ニセコの場合は、全部で27条ですね。条文数ではほぼ違いがないのですが、ニセコの特徴は条例の面では、どこにあるのでしょうか。規則で定める保管年限などにも特徴があるのではないでしょうか。

加藤：文書管理条例も、基本条例と同様、これまでの取り組みを条例に落とし込んだものです。明確に基本条例の下に位置する条例と位置づけ、基本条例の理念を実践するものとして運用しています。最大の特徴は、文書管理の仕組みや文書管理条例に対するニセコの向き合い方にあると思います。つまり、「自治」の理念実現には「情報」が要であり、その情報を常に「共有」できる基盤を文書管理という形で整えること、それを自らの自治体運営根幹の方針とすることです。そうした考え方がありますから、国にも先んじて文書管理ルールを作り上げ、実践できたのだと思います。もちろん、２０００（平成12）年導入当時の首長の先見性とリーダーシップによるところが大きいです。国では、公文書管理法が２０１１（平成23）年に全面施行となりました。目的規定に「公文書等が、健全な民主主義の根幹を支える国民共有の知的資源」という言葉が入る、極めて格調の高い法律です。文書管理施

職員退庁後の机（机の上は「滑走路」の状態が基本。パソコンと電話機だけを置くことが許される）

策に関し、自治体の努力義務が課せられましたので、今後の自治体運営においてますます重要な課題となりますね。

　ニセコ町での実際の運用面では、80枚を超えて収納してはならないフォルダ（紙ばさみ）ですとか、2種類のガイドに分類されそのガイド数も許容範囲が指定されているといった厳しい基準やそれに基づく実践があるわけです。文書の保管年限も条例制定の際に見直し、「目安」という形でわかりやすく分別しています。また、公文書は個人の机の引出しには絶対に収納してはなりません。公文書を収納するのは3段の引出しからなる専用キャビネットで、整然と並んだ姿は、役場を訪れる方にとっても見た目がいいですよ。形つまり見た目から入るっていうのも大事ですね。

木佐：役所という建物の中で、「形」っていうのは、一般的にはあまり重視されていない、というか、軽視されていますね。建物自体もそうですが、その中も一種の文化がありますよね。ドイツのどのような役所、裁判所であれ、壁には絵画、コーナーやロビーには彫刻・彫像などが置いてあります。田舎の町村でも基本的に美しい。ニセコ町役場は住民の経済的負担を考えて、古い庁舎のままですが、これはこれで、まちづくり基本条例との関係で言うと歴史遺産だからいいでしょう。トイレだけは何十年ぶりくらいに少し改装されましたね。建物論に戻りましょうか。

加藤：一瞥して、「ああ、ここは他所の役場とは違う」ですとか、「建物の隅まで見渡せてすっきりしている」ですとか、そういう感覚は来庁者にとって大事ですね。それにより役場全体の風通しがいいかどうか、そんな雰囲気まで感じ取れる気がします。そこで初めて、美術品や観葉植物を置こうか、といったゆとりが生まれるのでしょうね。

木佐：文書管理については、制度施行後、そして条例制定後も、新人職員も含め常に研修なり、抜き打ち調査などで、その重要性を意識されていますね。かつて、システム採用の後、比較的早い時期に当時は役場職員だった片山健也さんに敢えて質問をしてみました。「本音のところで言うと、このような細かい文書や資料の分類をすると大変ではないですか」と意識的に質問をぶつけました。「実際には、結果として、どこに文書あるかがすぐ分かるから、仕事はしやすくなって能率は上がった」と、はっきり言われました。現実の問題として、現在の職員で、もっとも業務量が多いポストの一つにおられる加藤さんにとっても、このような「イエス」の回答になりますか。

加藤：完全に「イエス」ですね。職員の意識も変わりましたね。例をお話しします。２００３（平成15）年から２００４（平成16）年かけて近隣の5町村で合併協議会を設置し合併の議論を進めました。この際、それぞれの役場職員の間でも議論しましたが、「合併したら何を残したいか、これは譲れないというのを出してみよう」となったことがあります。そうすると、ニセコ町側からはすぐに基本条例はまず残しましょうとなりました。そして次にニセコ町の若い職員から出たのがこの文書管理システム(ファイリング・システム)です。他の町村職員からは「何がいいのか」という質問になりましたが、「何よりも仕事が楽だから」という話が出ました。つまり、このシステムは、作り上げるときには相当の苦労があったのですが、実際にもう何年も使っていると役場職員の生活必需品になっているわけです。いまさらパソコンを使わずに仕事をしろ、ということと同じだったのですね。それほど町民のみなさんのための仕事に役立っている、というわけです。

木佐：そういう人たちにとって、文書管理システムは便利なツールになっているのですね。こういう前向きというかシステムに習熟した職員の方達、何歳ですか。20代の方、30代の方たちですか。加えて、中高齢層のオジさんたちも、使えていますか？

加藤：30代前後のまさに最先端で仕事をしている人たちですね。それより上の世代にとっても、間違いなく便利で

ニセコ町のファイリング・システム（導入前：上と導入後：下）
同一の位置から撮影

す。何しろ自分が別の部署に異動した際、他人にいちいち聞かなくてもその日からすぐに目的の書類を探し出せますしね。ともかく便利ですし、しかも見た目も良い。何よりも情報共有に貢献しているという意識を持ちます。基本条例の理念においても、文書管理というのはまさに「原点」だったと認識させられます。

木佐：そうすると、システムの導入時に支払ったコンサルタント料などは、この年月の中で当然もう回収しているというわけですか。トータルの費用を考えてどうでしょう。不思議なのは、こういう便益がありながら、他の自治体あまり広がらないのはなぜだと思いますか。やる気の問題が大きいのでしょうか。それとも、初期費用についての懸念、あるいは、そもそもニセコ型のような文書管理システムの存在を知らないからでしょうか。

加藤：導入から定着までの総経費は、委託料や備品費、システム開発費などを含めると1700万円ほどになります。文書検索や整理に要する人件費のことを考えると、十分に費用を回収できていると思われます。試算では、職員一人が1日あたり20分程度書類検索にかかる時間を費やしていたとすると、年間19万円ほどの人件費が無題になります。これをニセコ町役場の当時の職員数100人で計算すると、年間1900万円も無駄ということになります。こうしてみると、相当な無駄があったというわけです。

公文書管理法が全面施行されたことで、他自治体への影響も広がっているように思います。北海道内の自治体でも、国の有利な財源措置を活用して導入に取り組むところが増えています。もちろん、自治体そのものが情報共有に向かうやる気、意欲があることが前提だと思いますが。そして、その「やる気」という意味では、職員の「やる気」と首長のリーダーシップが必要ですね。情報のキャッチアップが遅いと、確かに有効な文書管理システムがあることを知らない場合があるでしょうし、霞ヶ関の省庁でさえ、我々から見るとはるかに取組みは遅れていると言えます。

木佐：長崎県の時津町は、15秒ですべての行政文書を取り出せるシステムになっていると何かで読みました。

加藤：すばらしいことだと思います。まさに、公文書管理の分野こそ、それぞれの自治の力を発揮する場ではないでしょうか。地方分権、地域主権改革の真ん中の仕組みといっても過言ではないでしょう。

木佐：私は、霞ヶ関の省庁の各室へ行くと愕然としますね。自治省、現在は総務省ですが、全国に発信したかつての通達だの、そのための重要資料だのが、もう言いようがない、例えようがないほど乱雑においてありますよね。退室間際にフォルダの1つや2つ持ち出しても全く分からないのではないでしょうか。私は、ドイツでそういう様子を見たことが皆無だけに、室内「文化」の違い、結局は文書管理の質の違いに、今でも呆然とします。ただ、一つの問題点として、ニセコでこれだけ対費用効果があるという情報発信を、現在の予算説明書ほどしていない面もあるかも知れない。宇土市の例も、そう広く知られているわけではないと思います。九州各地で、ニセコと同質の文書管理を行っている自治体として宇土市を例に挙げて、是非、視察に行かれては、と言っているのですが、実際のところ、九州の中でも宇土市のことは、私が接している限りではほとんど知られていません。市長会とか町村会などは何のためにあるのかなぁ、と思ってしまいます。

加藤：おっしゃるような検証と情報発信がやはり必要ですね。私たちも、作り上げた今の仕組みに自信は持っていますが、自慢するのもいかがなものか、という気持ちもあります。基本条例への向き合い方と同じで、自分たちの自治の質をいかに高める仕組みにできるか、ということに尽きるのではないかと思います。

ジカンの無駄を省く意識は？

木佐：情報の共有とか公文書管理というのは、ある面では行政管理の問題であって、同時に効率的な人事管理の面も持っていると考えています。そこで、ニセコ町でのジカン管理のことに触れてみたいのです。ニセコでも、役場内の連絡や問い合わせ電話であれ、庁外への電話であれ、最初に電話したときに相手が出ない、あるいは担当者がいないとき、改めて電話帳で番号を見ながら、いちいちプッシュボタンを押すでしょう。例えば、道庁に電話するとか、国の省庁に電話する、あるいは住民の方に。相手が出ないと、もう一回いつも回し直ししますか、あるいはリダイヤル機能を使われているのか、それともパソコン一つクリックすれば、すぐに相手方を呼び出すようになっていますか。いつも最低で9桁ないし10桁をプッシュしますか。

加藤：リダイヤル機能は使っていますね。

木佐：それでつながるのは直前の相手方だけでしょう。もし、次の同一の相手方に電話する前に、別の電話をかけるとか、外から一本電話がかかってくるとかすると、もうだめでしょう。

加藤：ええ、直前だけでした。長らくそういう状態でしたね。ただ、今は電話機自体に電話帳を入れ込んで、有効に使っています。

木佐：私は、個人から事業者まで、全ての知人・友人・同僚・親族などの住所や年賀状交換履歴、電話、ファクス、メールアドレス、関連する個人情報であるメモを管理するために、ダイヤラーという機能が付いている年賀状ソフトをパソコンに入れています。例えばあなたに電話する時には、住所も電話、ファックス番号も携帯番号も入力していて、携帯であれ、普通の固定電話であれ、受話器をあげるだけで、受話器のマークが書いてあるところを1回クリックするだけで、電話がつながるようになっています。作成したワードやPDFの資料も、相手方がパソコンを持っている人なら添付ファイルで送りますが、パソコンを使っていなくてファクスしかない場合、弁護士さんが多いですが、そういう場合には、ファクス送受信用のソフトを使って、表書きも作って、しかも、送信の内容に合わせた表紙（鏡）を付けて、パソコンから送ります。ファクスは相手方が使用中でも何度か自動的に送ってくれますし、電話の場合には、またクリックひとつで呼び出しますから、番号の打ち間違いがないです。大学研究室の方は電話回線自体がアナログでしてこうした機能が使えません。ソフトはもちぐされになっていますから、指でいちいち番号を押しますとときどき電話番号を10桁のうち1つくらい間違えたりもします。この番号を正確にプッシュするということと、相手が席をはずしている、あるいは別の電話に出ていて話ができない、という役所で非常に頻繁にあることに対して「ジカンの無駄」という発想があっていいのではないか、と思うのです。例えば私の勤務先の九州大学全体を考えると、リダイヤルをいったい1日何回みんなやっているのだろうか、それを人件費に置き換えたらどれほどになるだろうかと常日頃思っています。

一般に、相手方の番号をすべて暗記しているわけではないし、電話をしようとする場合、その都度、名簿とか何かに書かれている電話番号を見なければならないでしょう。それは、無駄な時間ですよね。２０００～３０００人の職場であれば、その電話のプッシュの反復行為だけで、一人分ぐらいの人件費は当然無駄にしていると思いますね。

加藤：なるほど。確かに、そうかもしれません。公文書管理の考え方と同様に、情報の共有においては「ジカンの無駄」が大敵というわけですね。

木佐：私がドイツで初めに行政関係で感動したことの一つに、このポンと押すだけですぐ電話しているバイエルン州内務省の官僚の姿があります。１９８６（昭和61）年頃のことですから、もう25年も前です。これはすごいと思った。その時は、コンピューターではなく、多分電話機にメモリ機能があって、重要な相手方が数十件とか登録されていたのではないかと思います。今、民生用では、相当数の番号を記憶させる電話機はありますよね。しかし、役所では、いわゆる短縮機能でも良いのですが、それすら通常使う電話機には入れていませんよね。

加藤：そうですね。短縮機能さえあまり入れてないですね。ニセコでもようやく最近になって入れた程度です。

木佐：デジタル化した電話網になっていて、パソコンと電話を連動させると随分便利になるのですが、九州大学などは今でもアナログです。だから、基本的にプッシュ機能が使えない、トーン信号がうまくいかない。先ほど述べたパソコン用住所録ソフトにはアナログ対応機能もあるけれど、残念ながら、理由は不明ですが実際には研究室では使えません。こうした部分を全部、システムとして整備すれば、すごく時間の効率が良くなると思いますね。事務職の職員の人たちは、1日のうちで相当の比率が電話対応でしょう。長期的な費用というか投資を考える必要は大きいと思っています。私の場合、文書管理とジカンの管理ということが、頭の中ではセットなのです

加藤：そういうことに目を向けて、基盤をきちんと作っておくというのは、最低限必要なことかも知れません。よく分かりますね。仕事の最低限の仕組みというどころか、むしろ当たり前だと思います。

木佐：私も、そう思いますね。役場の中が、私の研究室の仕事の環境と違うことは分かります。私はパソコン、あるいはポータブルのハードディスクさえ持って動けば、一切の名前、電子メール、電話、ファクスなどのリストは移動するのですが、ニセコ町の場合は、異動時に職員は自分用のパソコンを持って動くのですか、それとも担当課に残す。

加藤：はい、そこは管理されていて、パソコンを残しＩＤだけを管理しています。

木佐：そうすると、職場を替わっても仕事の上で大事な知人などの住所録はやっぱりパソコンの中に入れにくいですね。例えば、北海道庁の担当係の番号を入れ、次は商工観光の担当者の電子メールＩＤや電話番号を入れるっていう訳にはいかないですね。

加藤：なかなかいかないですね。ニセコの場合、小さな役場ですが、そうしたデータもすべてサーバー上で集中管理する、データセンター管理方式をとっています。職員の机には、ハードディスクを持たない端末を置くので、操作する箱だけがあるような感じです。中身であるデータは、すべて一括管理されています。

木佐：ただ、ある係が仕事で使う電話番号リストと、仕事上利用してはいるが担当している係の職務と直接には関係のないものとのとに二分して、場合によっては重複登録して、職員個人のＩＤと関連づけてサーバーの中に組み込み、人事異動に伴い職務上のものは新担当者に引き継ぎ、他方は職員個人が異動先でも使えるようにすることはプログラム作成の上で技術的には可能だと思いますけどね。そうすると、引き継ぎの時も、所管の電話番号リストや電子メールＩＤを一括して後任に引き継ぐこともできると思うのですが。

加藤：なるほど、それは可能ですね。

木佐：私が、特にドイツで見聞してきたことをベースにして、いろいろとニセコ町さんに提案させてもらうと、筋の通った改革や改善の案はすぐに実現に移していただいていますよね。本来は当たり前過ぎることなのですが、なかなか他の自治体や組織で実現しない典型例があります。

ニセコ町から外に対して発信される文書に、責任者名が明示されていますね。ヨーロッパでは当たり前のことで、多分、アメリカなどでも普通はこうだろうと思います。役所から外部に送付する文書に、形式上は長の名前、実質的に作業するのは職員の方たちですから、その職員の方の名前、不在時の代理者名、そして、それぞれの電話番号、メールアドレスまで全部書いていただくようになっていますね。私の提案をすぐに当時の町長の指示で実行していただいたのですが、職員の方々の反応は、当初はどうだったのでしょうか。また、今では、そのやり方は自然なものになっていますか。

加藤：当初は「何でそこまで」という意識はあったのだろうと思います。もちろん、今では当たり前のことです。

わざわざ「お昼休みはありません」という言葉まで入れていましたが、もちろん「昼休みをとらない」ということではなく、「昼休みに窓口を閉じるようなことはしていません」という趣旨です。今では当然のことですから、そのような言葉は入れず、業務時間を明記しています。しかし、いまだに、こうした担当者のフルネームや営業時間（業務時間）まで記載した文書を見ることは、そんなに多くはないですね。国や北海道庁の文書などではあまりお目にかかれません。

ニセコ町で発信する文書に記載する発信者情報

＜お問合せ＞
ニセコ町役場
総務課総務係　担　当：課長　加藤紀孝
　　　　　　　不在時：係長　阿部信幸
〒０４８‐１５９５　北海道虻田郡ニセコ町字富士見47番地
電話０１３６‐４４‐２１２１（内線１２０）ファクシミリ０１３６‐４４‐３５００
メールアドレス　soumu@town.niseko.lg.jp
業務時間　午前8時40分から午後5時15分

木佐：基本条例の規定では、第27条が「執行機関の責務」と題していて、その第2項に「町職員は、まちづくりの専門スタッフとして、誠実かつ効率的に職務を執行するとともに、まちづくりにおける町民相互の連携が常に図られるよう努めなければならない。」と定めていますね。「まちづくりの専門スタッフ」としての意識の表現、あるいはそういう意識がより実質化していると見てよいですか。私が自治基本条例づくりのお手伝いをするような自治体でも、こうした職員の責務規定は、長の補助機関だから要らない、というような考え方が法制担当者でも一般的であるような気がします。自分たちは、採用試験に合格して入庁しているのだからすでに専門家として存在しているのだ、というような意識が垣間見えるような気もしまして、少し気がかりです。

加藤：確かに、「公務員文化」には、職員は目立たず、出すぎず、しかし法を執行するのだから偉い、いつも腕組みして構え「そこは違う」などと住民に顎で指図する、などといった雰囲気が脈々と残っているような気がします。発信文書に自分の名前とともに責任の所在を明らかにする、といった事ひとつとっても、いまだにできずにいる所があるのは、そうしたことの表れかもしれません。一方、職員を「専門スタッフ」と言えるくらいの自治体も増えており、意識は大きく変わってきているように思います。

木佐：役所の文書は、実際にはすべてに長が署名して発送するわけではないですね。専決権者とか、実質的起案者がいるわけで、その方たちの部署、名前、電話、ファクス番号、電子メールＩＤなど、多くの役所では何も書いてない文書がほとんどですね。いわんや文書に通し番号とか、認識、特定可能な統一的記号が書いてあるようなケースは、他の自治体ではあまり見ませんね。日本はその点、国と大多数の自治体では無法状態のような気がします。ニセコでできることが、他の自治体や国の機関ではできないのはどうしてでしょうね。

九州大学の場合には、全学がかなり多くのキャンパスに分かれているので、組織を一覧化するのは容易ではないと思いますが、しかし、本部事務局の部や課、係についてさえ、組織図が全くありません。今では、「情報」と名前の付く課や室がたくさんありますが、相互にどのように関連したり上下関係があるのか、所掌事務がどう配分されいるのかまったく分かりません。実は「室」と称されるものも、実在のものとバーチャルのものと二種類あることを最近になって勤務12年目にして初めて知りました。私が所属する法学研究院（法学部）の庶務担当者に聞きますと、学内だけで教職員が見ることができるという職員の座席配置図で、大体、見当を付けて電話をしたりするそうです。一事が万事で、誰が何を、どこで扱っているのか、ほぼわからないのが現状です。配布文書にも、日にち、担当課、担当者、電話番号なども書いてなくて、問いあわせようがないケースもかなりあります。大学外部からはつながらない内線電話がたくさんありますが、下４桁の電話番号しか書かれていないことが多いため、大学外からつながるか、つながらないかは、バクチみたいな状態です。個々の職員名はほとんどわかりません。よく組織として動いているなぁ、と感動します。実際には、朽ちつつあると思いますけど。

加藤：確かに、いまだに他の自治体や国の機関からメールアドレスはおろか、担当者の名前さえ記載のない文書がたくさん来ます。実は我々から見ると、いつも呆れていますが。この文書はいったい誰が実質的な責任者なのかまったく分からず、特に文句を言いたい時などは、どこの誰に伝えて良いのかがわからなくて困ることが頻繁です。責任や根拠のわからない文書は、最後は回答や対応しないことにしています。

木佐：そうですね。役所や中央政府、自治体の作成する資料類とか審議会の報告書などには、奥付そのものがない。だから、発行機関、発行日、連絡・問い合わせ先、電話、ファックス、電子メールＩＤ、何も書いてないものが多いですよね。ヨーロッパであればパンフレットのようなものにまでＩＳＢＮといった国際標準図書番号、ＩＳＳＮといった国際標準逐次刊行物番号まで載ったものが配付されて、きちんと時系列ないし発行番号順で保管できるようになっています。もちろん日本国内でも先進自治体などでは、冊子類などに通し番号とか分類記号を付しているケースもありますが、一般に国の関係する冊子類は、責任不明確ですよね。そして、棚に並べ、ファイルボックスに入れたときに、背表紙にタイトルや発行機関の名前、あるいは年度表示がないから、一々、もらった方が手書きで書くか、白紙のままにしておいて、探し始めると、その都度、引っ張り出して、書名・冊子名を確認するという手間を要しますね。どうしてこういう行政文化、風土が出来上がってしまっているのでしょう。何故、直そうという気概もないのでしょう。単に鈍感になってしまっているのでしょうか。

加藤：資料類や発信文書も、すべて作ったのはあくまで「お役所」という組織で、個人ではない、「後になって担当者個人の責任を追及されても困る」といった意識がどこかにあるからだと思います。私も役場に勤めてから感じたことですが、役所の職員は自分を決して前面に出したがらないですね。常にひっそり、極端に言うと、こそこそ仕事しているといった感覚が、お役所文化に未だ残っているような気がします。

木佐：ニセコ町の場合、公文書の差出人レベルにおいて職員の自己責任が非常に明確化されているわけですが、今述べた冊子類でも、背表紙でのタイトル表示とか、文書に一連の通し番号を付けるとかは、大体実現していますか。

加藤：冊子類もできるだけ明確にしています。まだ不十分な点は多々ありますが。

木佐：いずれにしても、ニセコ町でできる住民のための職員責任の明確化の基礎というか根拠は、まちづくり基本条例にある。しかし、全国的には恐ろしいほど普及していない。タイトルのない背表紙、奥付のない刊行物は、貴重な内容であっても引用もできないし、本当に困ります。さきほども登場した公文書管理法が２００９(平成21）年7月1日に制定されましたが、施行後間もないこともあって、現状を見ていると、実務レベルの、ここで論じているようなデータを表示するような実務慣行ができるようには思えませんね。ところで、ニセコ町の文書管理システムは、国内で最先端にあると思うのですが、こうしたノウハウを企業であれば販売していきますね。自治体としてのニセコ町が一種の知的財産のシステムを収益確保の手段としては使えませんか。自前で頑張って作り出したものを、公共機関が作ったシステムだから、という理由だけで他の自治体は無償で使える、というのは何か報われない感じが残るものですから。企業とタイ・アップして堂々と販売することは難しいですか。

加藤：ニセコのファイリング・システムは、さきほどの説明の通り「ＡＫＦ」の仕組みよりますが、同時に開発した管理ソフトはニセコのオリジナル仕様になっているので、そのシステムは販売されています。

木佐：本当ですか。そうだとすると、さっきのクリック１発の電話の仕組みなども開発してセットで販売されたら良いと思いますよ。電話の件で言えば、初期の開発段階では仮にお金がかかるとしても、皆さん大変な苦労して、あるいは時間を無駄にして電話しているでしょうから、町民への説得は比較的簡単にできると思うのです。特に、事業者、企業の方は理解が早いと思う。役場でまずはやってみますから、町民、町内の事業者の皆さんには新しいノウハウは無償で提供しますと。電話の多い企業などにとっては本当に便利だと思うのですが。

加藤：なるほど、と思いますね。実現してみたいですね。

まちづくり専門スタッフの組織的育成

第27条（執行機関の責務）

１　町の執行機関は、その権限と責任において、公正かつ誠実に職務の執行に当たらなければならない。
2　町職員は、まちづくりの専門スタッフとして、誠実かつ効率的に職務を執行するとともに、まちづくりにおける町民相互の連携が常に図られるよう努めなければならない。

加藤：基本条例にうたう「まちづくりの専門スタッフ」としての職員育成ができているようで、うまくできていないというのも課題です。基本条例の次の見直しの際には、「まちづくり専門スタッフ」ということも改めて問うてみたいと思います。

基本条例では、職員の位置づけを改めて明確化し、そのように役場の体制づくりも取り組んできました。職員研修にも力を入れ、現在も、職員自らが企画書を提案し認められれば取り組むことができる「自主研修」の制度を続けています。しかし、職員個々に、「専門スタッフ」としての意識や行動が根付いたかといわれると、10年が経つ今でも道半ばという感じです。行政、そしてまちづくりを担う人づくり、というのは、ニセコに限らず、大局的にみると日本は遅れているのでしょうか。

木佐：今、各国とも行政の中での人づくりについて重視しているようです。私は、文部科学省の科研費（科学技術研究費）を交付されて、２００６（平成18）年度から3年かけて、欧米・アジア7カ国を対象として、公務員に対する法教育の現状とあり方に関する共同研究をしました。中国の著名大学の先生たちとか中国の司法部（日本の法務省に相当）の幹部らと、中国の公務員に対する法教育の実証研究・推進策も検討しました。確かに、中国本土の場合には、WTO加盟もあって、法的な面での人づくりを上から、しかも、中央政府の次官や幹部職員から順次やっているのですね。こうしてみますと、職員づくりは、国際的な観点からは、アジアにとって共通の大きな課題でもあるわけです。

北九州市の自治基本条例の策定過程でも、こうした人づくりの問題をどう考えるかは、私の大きな課題でもあったのです。ただ、北九州市の場合、職員は、長の補助機関であるということで、1条ほどは「職員の役割及び責務」（第14条）という見出しで入りましたが、ニセコで考え、実践されているような「まちづくりスタッフ」ということが読み取れる内容の規定にまではなりませんでした。

加藤：職員に対しても、職員が明確に縛られるというか、拘束される最も重要な条例が基本条例なのだというところを理解させるべきだと思っています。そのためには、職員に関する規定をもっと充実させないといけません。「基本条例に基づいて仕事をしています」というレベルまで到達するのは、その先だろうと思います。

木佐：そうすると、こういう課題についての詰めた議論は、今後別の場でやるべきことになるかもしれませんね。

加藤：そうですね。職業としてまちづくりに専念する自治体職員の問題は、次の基本条例見直しに向けては相当に大きな課題です。「まちづくり専門スタッフの組織的育成が進まない」ですとか、更にこれに関連して「政策法務を推進するための具体的な仕組みや制度がない」といったことがポイントになると思います。

木佐：それらは、私も今大きな関心を持っているところです。この、「まちづくり専門スタッフの組織的育成が進まない」の問題を解決していくと、「政策法務推進のための具体制度がない」という論点は多少であれ自ずと解決していくものではないかなぁ、という気がしますね。小規模自治である「ニセコ町の職員＝まちづくり専門スタッフ」のキャリアマネジメントが展開されることを期待するのは、私だけではないと思います。

加藤：そうですね。力を入れていきたいですね。特に、若手職員の育成には頭を悩ませています。基本条例もファイリング・システムも、すべて「あって当たり前」という世代ですから。それでいて、自分からガツガツ食らいついて来る奴がいない。難しいです。

木佐：悩む点ですね。

加藤：また、職員のあり方は、いろいろな課題に派生していきますね。基本条例に規定している意見・要望・苦情等への対応で、対応記録整備がWEB上のみに留まっていることや、不利益救済のための機関設置の検討が進んでいないといった課題にも及びます。

木佐：不利益救済のための機関設置については、ここ数年以上、放置された状態にある行政不服審査法案がいずれ大改正を迎えることになるでしょうから、その様子も見ながらということで、とりあえずはいいかなぁと思います。ただし、改正法が成立しますと、ニセコならではの先駆的対応が必要かと考えています。前者の対応記録の整備については、ニセコでは、まだ「口利き」といったようなことがありますか。

加藤：もちろん「口利き」などはありません。ただ、いろいろな対応記録に関しては、完全には整備されていないです。倫理規程は最低限整備した、といったところです。

木佐：議員とか有力者の口利きみたいなものについては、それがあったらちょっとメモを取っておくということは実務レベルでも要るでしょうけど、そのことは基本条例で定めるべき事項かどうかはちょっとわからない。やや下位規範のレベルかな、という気がします。

コンプライアンス規定の難しさ

木佐：抽象的には、外からの、あるいは、直属でもない上司からの各種の「働きかけ」について記録を整備しなければならないとかいう規定はあってもいいかも知れませんね。コンプライアンス問題につながるのですが。

加藤：今までは、入れなかったことですね。最低限の法令遵守については一次改正で追加しましたが、次はその具体化が大事ですね。言葉だけ入れればいい、ということではないですね。

木佐：私も、コンプライアンス体制というのは、どういう風に条例に載る問題なのかは、まだ掴めていません。現に今、社会的に強要されている「法令遵守」だの「コンプライアンス」だのと言うのは、遵守すべき法令がまともかどうかを無視したものである場合も少なくありません。例えば、相撲界で賭博や八百長がコンプライアンスという言葉のもとで批判されていますが、そもそもこの世界で労働基準法も守られてはいないし、パワハラ防止も、体罰禁止も、さらに言えば、人格権が守られているかと言えばきわめて怪しい。そこへ、八百長や賭博だけがコンプライアンスという名目でクローズアップされても・・・という気がします。

ある意味では変な法令遵守義務が唱えられていますから、逆に、法令を守っている形になることで、それが常識からすると「不祥事」に当たる例も起きている。むりやり「今ある法とされているもの」に合わせているから。まちづくり基本条例にどういう規定ぶりをすればいいのか、ということをまだ議論し続けていかないといけないでしょうね。

加藤：そうですね。法令遵守も、口で言うほど簡単な問題ではありません。

住民とのコミュニケーションは？

> **第38条（計画策定の手続）**
> 1　町は、総合計画で定める重要な計画の策定に着手しようとするときは、あらかじめ次の事項を公表し、意見を求めるものとする。

（1）計画の概要
（2）計画策定の日程
（3）予定する町民参加の手法
（4）その他必要とされる事項
（2、3項　略）

第54条（条例制定等の手続）
1　町は、まちづくりに関する条例を制定し、又は改廃しようとするときは、その過程において、町民の参加を図り、又は町民に意見を求めなければならない。（ただし書略）
（2～4項　略）

加藤：計画案や条例案について、多くの人から意見をもらうパブリック・コメントの制度についても、拡充の必要があると思っています。基本条例試案の生みの親である札幌地方自治法研究会でも、これをテーマに議論しています。パブリック・コメント条例がいいのか、それとも基本条例の中でうたっていくのがいいのかという問題も含めて、ニセコでの位置づけも考えていく必要があります。ある程度細かい規定が要るかもしれません。

木佐：私個人の意見では、パブ・コメ条例は、もう屋上屋を重ねるような気がしますけど。情報共有が高いレベルにあり、意見聴取を基本条例（38条、54条）で明文化するニセコに限ってみると、それは要りますか。わざわざ細かい項目を規定していくというのは、ものによって違うのではと思うのですよ。計画条例、それから規則を制定する際にも住民に聞いていいこともあるかも知れないですが、あまりにも多すぎるパブ・コメは、住民からするととても見る暇もない。あまりに意見を求められても、「職員がちゃんとやってください」みたいな声が出る理由にもなるでしょう。いま、政府とか各県、こちらでいえば北海道が行っているパブ・コメって、逆に多すぎると思いませんか。私など、とうてい見る時間がない。

加藤：あり過ぎるし、中身もこれパブ・コメか、というのもありますね。特に国の機関のパブ・コメには、その公表された資料がただの概要版でしかなく、コメントのしようがないものもたくさんあり、ただのアリバイづくりにしか思えないものが多々あります。いずれにしても、それらの課題を検討したいと思います。

木佐：形だけアリバイづくりでやっているものもたくさんありますね。

加藤：そうです。実際のコメントを期待しない単なるアリバイづくりが多いと感じます。本当の意味のコミュニケーションではなく、単なる通過儀式としか考えていないからなのでしょう。

木佐：それに加えて意見を提出する人は、かなりマニアックな人だけということもありえます。確かに、本来は立案過程に入るべきような力量なり専門知識を持った人が排除されている場合がある。そのような人が、いわば国民や住民の代表のような形でパブ・コメの際に意見を出していただくというのはとても重要だと思います。従って、パブ・コメに相当する機会はなければならない。けれども、パブ・コメを準備する職員の側の手間や経費というものにも一定の限度がある。どの辺りが妥協点なのか、私はまだ結論を持っているわけではありません。しかし、ニセコ町のような情報公開を徹底し、大きな事業や条例制定、あるいは計画策定などで一から住民意見を聞いている町で、さらに一般的制度としてパブ・コメを、まちづくり基本条例の中で充実させるのがいいか、パブ・コメ用の個別条例を作るのがいいか、その必要もないのか、私は判断をしにくい状態にあります。自治体の歴史や規模にも左右されるように思いますが。

加藤：難しいですね。でも私は、コミュニケーション手段としてパブ・コメは大事だと思いますので、基本条例の中で多少なりとも拡充していきたいですね。そうしたこともあり、２０１０（平成22）年の二次改正では、パブ・コメの対象を計画だけではなく条例にも広げています。もっとも、条例策定過程においては、住民参加がもともと大前提としてありましたが。

木佐：今の段階の私の個人的意見では、基本条例などで拘束的にすると小規模自治体はとても人が足りない。あとは運用でいいかなぁという気もしますね。

加藤：なるほど。そうした考え方もあろうと思います。あまり細かく運用しだすと、本末転倒の手続に終始し、それこそアリバイづくりにしか見えないパブ・コメになってしまう恐れがありますね。

第46条（評価の実施）

町は、まちづくりの仕事の再編、活性化を図るため、まちづくりの評価を実施する。

第47条（評価方法の検討）

1　前条の評価は、まちづくりの状況の変化に照らし、常に最もふさわしい方法で行うよう検討し、継続してこれを改善しなければならない。

2　町が評価を行うときは、町民参加の方法を用いるように努めなければならない。

加藤：次に、計画の実施から評価までの手続整理が進んでいない、というのも課題です。

木佐：これについてもね、私は、いまのパブ・コメと似た考え方を持っています。小規模な自治体が独自に全面的に行政評価を行うというのは、無茶だと思っているのです。小規模自治体の場合、概ね結果が町民にみえるから、国や大規模自治体と同じシステムを取る必要は本来ないでしょう。国の場合には、直接監視されていないから行政評価は必要な面がありますが、これも実際には評価対象にしにくいものまでむりやり数値化した目標設定をしたりしていますね。だから、大規模自治体や国でも、一定のフォーマットによる行政評価が最適の手段かどうか怪しい部分があると考えているのです。そこで、ニセコ町の規模だとか、あるいは一般化して例えば人口1万人未満の町村で、いちいち行政評価をやって数値化したりする手間暇があるのかな、という気持ちがあります。そうでなくても、年中といっていいほど中央政府や都道府県庁から統計の作成や提出を求められていますよね。私は、小さな役場で係ごとに、ほぼ同一内容の報告書や統計を作られているのが無駄に思えて仕方がないです。だから、この問題については居直ってもいいという気がする部分があるのです。「小規模自治体で行政評価が本当に必要か」、という立法事実に似た制度作成必要事実があるかを議論すべきだとも思っています。そこで、私が関わった北九州市くらい規模になると、ここでは、市民に見えない部分も多いから、基本的にはやるべきだとは思います。とはいいながら、国と同じ手法でいいかどうかは、考慮の余地がありそうです。

加藤：そういう考え方でいいと思いますし、国などとは明らかに違います。特に、評価のそもそもの目的は基本構想（総合計画）の進行管理ですから、それぞれに身の丈にあったやりかたでいいとは思います。ただ、計画から評価に至る過程が、毎年ばらばらでも困ります。住民の目線もしっかり入ったサイクルをつくりあげていく必要があるのだと思います。

木佐：そういう大原則の部分はとても重要ですね。計画を作るプロセスから計画実施、すなわち事業があり、その成果の評価まで、という一連の流れの検証は必要ですね。

『もっと知りたいことしの仕事』の活用

木佐：ニセコ町の場合、予算説明書『もっと知りたいことしの仕事』は、すでに一種の行政評価書という見方ができないですか。予算書なのだけれど、前年度のものと比較すれば、評価書になっている。たとえば職員の給与は上がったとか下がったとかね、そう町民は見るわけで。『もっと知りたいことしの仕事』を評価書にして行う「予算編成」や「決算」などは評価の過程そのものと言えそうですね。

加藤：そうですね。町長から議員の報酬まで掲載されていますから。実はそうした部分も相当意識して作っているのですが。

木佐：今年は今年の分として、前年度以前のものを多分、町民の方も捨てていないのでしょう。

加藤：ええ、けっこう皆さん保管していますよ。

木佐：だと思います。その蓄積で経年変化が分かりますよ。だから、私はこれを継続して出したらね、別に改めて行う行政評価は、相当程度、要らないと思います。ただ、いずれかの計画自体の成否をまとめてとりあげて評価するということにはなっていないので、ニセコ町の場合であれば、『もっと知りたいことしの仕事』では、評価になっていないものだけを取り上げる、という手法というか考え方もあり得るのではないでしょうか。そういう意味では、他の手段が現に行われている小規模自治体では網羅的な行政評価「制度」は必ずしも必要ない、思いますよ。『もっと知りたいことしの仕事』の場合は、予算の紹介をした冊子で、前年度と比較できるので、財政評価あるいは財務評価の一面もあります。

加藤：『もっと知りたいことしの仕事』も総合計画の体系に従ってつくっていますから、現時点でも現状評価書ともいえるわけです。ただ、個々の予算について、方向性が正しいのか、町民の目線はどうか、職員の自己評価はどうかなどを考えるとまだ不十分なのです。

木佐：意味のある建物を作ったか、作らなかったか、というのは、ニセコの規模だったら茶の間や道ばたの会話で可能だし、それが首長の評価に繋がっていくでしょう。改めてこうした評価に金をかけたり、コンサルに頼んだりする必要は、私はないと思います。

加藤：確かにそうですよね。大げさなものではないかもしれません。ニセコのような小さな自治体ではコンサルに頼むような評価の仕組みは要りません。身の丈に合ったということと、その目的をしっかり考えるべきですね。

木佐：私も、今回、こうして意見交換しながら、考えつつお話ししているわけですが、一人で机の前に座っていて気づく問題ではないですよね。話しながらいろいろなことに気づいていきますね。

加藤：そうですね。だいぶいろいろとヒントも頂きました。あとは、財政状況の公表（第45条）などの面も、地方財政健全化法などの法律ができて以降、より充実しなければいけない事だと思っています。

木佐：私は、財政に強くありませんが、財政のことは単に数字で表しても住民には分かりませんよね。どういう分かりやすさに向けた工夫をするかどうかが課題になるでしょうね。

加藤：今ニセコでは、地方自治法で作成が求められている『主要な施策の成果説明書』の充実に取り組んでいます。より町民へ説明責任を果たすため、各課で設定し実施した職務目標の達成状況について、評価という形でこれに掲載することに取り組み始めました。ホームページでの掲載も始めています。「役場のこの課ではこんな目標があって、こんなことが優先順位の高い仕事なのだな」といった事実を通じ、住民と行政とのコミュニケーションが深められることを期待しています。少しアナログな方法ですが、町民から「役場の玄関に、職務目標達成状況の棒グラフを貼り出したらどうか」といった意見もいただいているので、真剣に考えてみたいと思います。

とにかく、基本条例の理念を基本に、まだまだ新たな方法を試行しながら、情報共有の実践を磨いていくことだと考えています。

災害対策・危機管理

> **第29条（危機管理体制の確立）**
> 町は、町民の身体、生命及び暮らしの安全を確保するとともに、緊急時に、総合的かつ機能的な活動が図れるよう危機管理の体制の確立に努めなければならない。
> 2　町は、町民、事業者、関係機関との協力及び連携を図り、災害等に備えなければならない。

木佐：広域連携ということと関係がありますので、ここで少し話し合っておきたいことがあります。連携の重要性については、自治プロ自体も当初から認識をしていて、実際に制定された基本条例でも合計4条もの連携に関する規定が置かれました。

このたびは、言葉ではとても表現できない東日本大震災、さらには東京電力の原発事故が起きました。ここでは、亡くなられた方々に追悼申し上げるとともに、私どもとしては、今後何が起きるかわからない大災害に対するニセコ町の方針について聞いておきたいです。

ニセコでは、基本条例の改正で、、２００５（平成17）年の改正時に第29条で「危機管理体制の確立」という条文を加えましたね。これは、何か災害があったとか、他の何かの要因があってもうけたのですか。

加藤：私もまず、東日本大震災で被災された方へ改めてお見舞い申し上げ、今後の復興を心より応援したいと思います。

ニセコはこれまで、大規模な災害は、洪水も地震もほとんどありませんでした。近年の出来事として挙げるとすれば、２０００（平成12）年に有珠山が噴火した際、近隣自治体として、避難や復旧対策で地元の自治体を応援させていただきました。また、大型の台風が直撃した際、家屋や農地などの被害も発生しています。山菜採りや冬山での遭難事故、火災などもあります。そう考えると危機管理はたいへん重要なので、２００５（平成17）年の改正時に入れたわけです。

ニセコ町を含むすべての自治体で、こうした危機管理の姿勢は、ますます重要になるのではないでしょうか。

木佐：具体的に考えると、災害の種類ごとに、対策は異なると思います。例えば、地震と水害と火災では逃げるべき方向が違うこともありますね。私の実家の場合、もっとも低い場所にある公民館がすべての災害のときの避難所になっていましてね。一級河川の堤防でも切れたら、私の実家であれば、自宅にいる方がはるかに安全なのです。ニセコ町の場合、現在の時点では、どの程度まで、災害の特質に沿った計画になっているのでしょうか。

加藤：基本条例に規定した危機管理体制確立の趣旨に沿い、２０１１（平成23）年2月に「地域防災計画」の全面改定を行いました。ニセコで多い風水害、そして地震への対策などから成り立っています。このほか、先ほどお話しした山菜採りや山歩きなどを想定した遭難対策、雪崩対策など、様々な突発事故もニセコでは「災害」として位置づけ、マニュアル類も整備し、必要な時に必要な体制で迅速な対策を行えるようにしています。

木佐：お話のような、こうした地域の実情に合った細かい防災計画というのは、やはり基本条例で危機管理という事がたいへん重要だと、改めて確認した効果もあるのでしょうか。

加藤：その通りだと思います。住民に最も身近な「自治」に取り組む市町村として、住民の生命と財産を守る取組みは、とても重要です。そうしたことを基本条例にしっかり規定し、実行することが、まさに必要なのだということを肌で感じています。

木佐：今後は、原発事故を想定した対策なども、自治体として新たな課題になりますね。

加藤：その通りです。そうした新たな課題にも正面から向き合い、いかに地域の安全を守っていくのか、真剣に考えなければなりません。さきほどお話に出たように、広域的な自治体間連携もたいへん重要です。そしてもちろん、住民一人ひとりの日ごろの防災意識や取組みも一層大切になると思っています。

木佐：危機管理の分野は、ニセコでも、今後もたいへん重い課題を持っていると言えますね。

【コラム3】

景観という財産を守り育てる～ニセコ町景観条例

山本契太（ニセコ町商工観光課長）

ニセコ町では、2004（平成16）年3月から「ニセコ町景観条例」を施行している。

この条例は、無秩序な開発を規制し、町の財産である景観を将来にわたって守り育てることを目的としている。

主な内容は、10メートルを超える建築物等の高さや色の規制、開発行為の規制などである。しかし、この規制は、例えば10メートルを超える建築物が建てられないという内容ではない。一定の基準を超えた開発に際しては、実施する事業者に対して「住民の意見を聞く」ことを義務づけているのだ。役所は、開発に際して寄せられた住民の意見を踏まえ、その開発に「同意」「不同意」の結論を出す。ニセコ町景観条例の真価はここにある。まさにまちづくり基本条例の根幹となる

「情報共有」「住民参加」を具体的な事案に落とし込んだ条例のひとつと言える。

景観条例施行以降、一番多く扱った案件は、携帯電話の鉄塔建設であった。当時は、40メートルを超える鉄塔建設の案件がどんどんと寄せられ、その度に事業者による住民説明会が開かれた。条例の趣旨を説明する必要があり、役場の担当も常に同席する。そこで寄せられる意見は、景観を守る立場の役場担当にとって、あまり好ましくない意見も多々ある。「携帯電話の鉄塔ぐらい、どんなに高くても便利なのだから、建てさせてやれ」という類の意見だ。このような意見は、古くから住む住民に多い。ニセコの景観に惚れ、移住してきた住民は、正反対の意見を主張する。最終的には鉄塔の高さも15メートルから30メートル程度に落ち着くといった結末が多かった。古くからの住民が多い議会議員の方々からは、「鉄塔規制に意味があるのか。罰則もなく、無意味な条例」と揶揄された時期もあった。

２００７（平成19）年に入り、この状況が一変する。スキー場を抱えたニセコアンヌプリという山の裾野が、外国資本を中心に爆発的に売買されたのだ。この状況は、２００９（平成21）年の初めまで、約2年半続いた。土地の売買に絡んで、様々な開発計画が持ち上がり、住民説明会も相次いだ。住民にとって、鉄塔は好ましくとも、外資の開発には慎重な意見が寄せられた。

我が家の近くでどんな開発が進められるのか、住民であれば誰しも不安に思う。景観条例はこの不安の解消に大いに役立つこととなった。

平成19年と記憶しているが、ある農村地域にコンドミニアムを建てる計画があり、地域の会館で住民説明会が行なわれた。そこに古くから住む高齢の女性がひとり参加していた。都会の雰囲気を漂わす開発事業者を前にその女性が凛として意見を述べた。「代々酪農を営んでいます。夏にはこの辺に牛の好い匂いが漂います。あなた方は建物を売ってそれで終わり。新しい住民に苦情を言われるのは私たちです。販売するに際し、『酪農地帯です。好い匂いがします』とはっきりと伝えて販売下さい」と。以後、このコンドミニアムが建ったという話は聞かない。

景観条例が基となり、２００９（平成21）年、ニセコアンヌプリの裾野には都市計画法による準都市計画が適用され、秩序ある開発の礎が築かれた。住民参加を基本とする景観条例とともに、ニセコ町の景観を守り育てる取り組みが続いている。

3　注

ニセコ町ホームページを参照。http://www.town.niseko.lg.jp

3　町民視点からの検証

子どもの自治、子どもの参加

第11条（満20歳未満の町民のまちづくりに参加する権利）
1　満20歳未満の青少年及び子どもは、それぞれの年齢にふさわしいまちづくりに参加する権利を有する。
2　町は前項の権利を保障するため、規則その他の規程により具体的な制度を設けるものとする。

木佐：住民に視点の中心をおいて考えてみましょう。まず、子どもの参加の話です。
子どもの参加は、各地の自治基本条例やまちづくり基本条例でも、ずいぶん強調されてきたように思いますね。各地での実践も、行政主体のものだけではなく、北九州市のようにＪＣ（青年会議所）主催ですでに何年も実績を重ねているところがあります。確かに、三重県や高知県などで子ども条例づくりがあって、それは、基本条例制定とは直接にはリンクしていなくて、子どもに関する総合行政、一貫した政策の必要性から出てきたところが多いと思います。現時点では、市町村の場合、自治基本条例に子どもの参加などとしてきちんと位置づけているところが多くなったと思いますね。

基本条例制定後のニセコ町での動きについて、少し詳しく現状を教えていただけますか。ネット上で予習してきた限りでは、ニセコ町環境白書などにも子ども議会での議論の影響が冒頭に書かれていますね。

加藤：あらゆる方面に、子どもの参加の良い影響が出ています。子ども議会など、子どもたちがまちづくりに参加する制度は、毎年淡々と運営しています。あえて「淡々と」というのは、それが毎年の恒例行事として完全に定着しているからです。

子ども議会は、まさに子どもによる「議会」ですから、仮に首長が変わっても基本条例に基づいて実施されるわけです。説明員は大人の議会と全く同じメンバーで、町長以下管理職全員が、きちんと正面から受け答えしていますよ。子どもにとっても、大人が真剣にやっているっていうことが分かるから、子どももなりにちゃんとやろうとしています。

木佐：この子ども議会が始まって、もう10年近くになる。その中で例えば、今日本の学力が非常に低いと、OECDなどが数値化していますが、あなた方の認識として、ニセコの子どもたちは、データで表現するのは非常に難しいでしょうが、かつて以上に活気が出てきたとか、進学先の選択とか、目的意識を持って勉強する子が増えたとか、何か気づかれていることありますか。

加藤：そうですね、データとして現れたものはありませんが、子ども議会への参加を通じ、自ら問題を発見し考察する力は養えるような気がしています。例えば、議会での質問を考える際、自ら問題箇所の現地調査をして写真をとってきたり、クラスメイトに独自にアンケート調査をしてデータを集約したり、リーダーシップを持って何かの問題に取り組むとか、そういう活躍をしている子がいますね。子ども議会に出るような子は、成績の良い子だから手を上げるのか、それとは関係はないか、と問われると、関係ないというのが答えになりますね。

木佐：現時点としては関係がないとしても、子ども議会の経験後とか卒業後に、あなた方から見て何か変化がありますか。

加藤：子ども議会に小学校から中学生まで5期連続で議員になった子がいました。これはすごいモチベーションだと思いますね。この子どもの場合、5期というか、大切な夏休みの時期に5年も続けることは、大きな負担があったかもしれません。しかし、毎年公募に手を挙げて参加し、毎回、鋭い質問を町に投げかけてきました。その子の成長に、とても大きなインパクトをもたらし続けるのではないかと思います。こうしたことを見ていると、何というか、本当の意味での子どもの社会参加ができているような気がします。子ども自らが意欲をもってまちづくりに関わる大切さ、といったことを我々も学びました。

木佐：その子は、今、高校生ですか。

加藤：もう卒業した年代です。そういう子が社会に出ていくのは、楽しいですね。「自分の町のことを考えるのはすごく楽しいことだ」ということを、まだまだ広げていける気がします。そう考えると、基本条例を通じて、自治に参画する意識はすごく高まってきていると思いますね。

木佐：地域に残って、子どもの頃から、きちんとした資格で自治運営に関わる。その意義というか成果は今後、とても大きいし、大都会の子どもたちでは体験できない頭脳資産になっていくような気がします。こういう面で、小回りのきく小さな自治体の方が子どもに可能性をより大きく与えているように思いますね。

加藤：まだ、そういう成果を明確に感じているわけではありませんが、これから可能性があると思います。この子ども議会については、今後もう少し位置づけを整理したいと思っています。基本条例に基づく制度というのはもちろんですが、大人の議会と同じように、その位置づけを高めていきたいと考えています。例えば、設置条例をしっかり定め、事務局も置き、委員会活動もするといったようなことです。

加藤：条例に基づく「子ども議会」ですか。

木佐：はい。大人の議会も子ども議会を作ってよろしいということになれば、同じ町民代表として、いいのではないかと思います。こうしたことも、自治のかたちの自由な発想になるのではないでしょうか。

加藤：子ども議会が町民代表機関だ、などというと公法の研究者らは卒倒してしまいそうな話です。現実問題として、2つの議会で、理論的筋道あるいは政治的結論が食い違ったりしたら、どうなりますか。

木佐：そういう違いがあるのが大人と子どもです。それを許容しながら、まちづくりを議論していってもいいのではないでしょうか。

加藤：その点は、今の時点での法制度上の理解としては問題が残るでしょうね。子ども議会が議決した案件は、原案として大人の方の町議会が取り上げないといけない、という程度までなら考えられるでしょうが。そういう意味では、大人の議会と子どもの議会をつなげる仕組みを設けるということでしょうか。矛盾しないように、なんとかできるかもしれないですね。

子どもだけの審議会

木佐：もう一つ、有名なものでニセコ町に子どもだけの審議会が公式にあるのですが、あれは規則上のものですか。

加藤：今のところは、設置要綱に基づく町長の諮問機関として、委員会形式をとっています。「子どもまちづくり

子ども議会の様子（手前が町長以下管理職全員で構成する説明員）

子どもたちの熱心な質問に対し、町長からも答弁が行われる。

委員会」といいまして、純粋に子どもだけが委員となる委員会です。制度上は、小学生まちづくり委員会と中学生まちづくり委員会の両方を合わせてこう言っています（注4）。この委員会は年に4回から5回ほど、夏から秋にかけて集中して開いています。

木佐：それは、子ども議会とは別にやっているのですね。

加藤：全く別の組織です。子どもたちも別のメンバーですが、中には、議員と委員の両方をやっている子もいます。そうした子どもからは、議会と委員会の連携や、統一した組織づくりなどの提言を受けていますが。

木佐：連携や組織作りの提言、ってすごいですね。子ども議会は何でもありで、おそらく一般質問のような形を取っていると想像しますが。子どもまちづくり委員会でのテーマは何ですか。

加藤：子ども議会のほうは、一般質問形式のやりとりです。もちろん、その本会議に至るまでには、子どもたち同士の議論があります。子どもまちづくり委員会のほうは、子どもたち自身が扱うテーマを議論して決める方法と、町長から具体的なテーマを諮問する方法の、2つの形式をとっています。最近は、後者の諮問方式が多いですね。運営方法も、年を重ねるごとに工夫してきています。

木佐：なるほど。諮問の具体的なテーマは何ですか。最終段階で町長宛に諮問の答申をするのでしょうが、所管は企画担当課ですか、教育委員会ですか。

加藤：例えば２００６（平成18）年度は、大きく運営方法を変えた年で、諮問方式を導入してみました。テーマは、町の景観条例に指定する眺望点を初選定しよう、ということでした。景観条例の制定後、大人からはまだ指定の要望がなかったものですから、子どもの視点、目線で選定してもらおうとしたわけです。その結果、子どもの力で初めて眺望点の指定が実現できました。委員会は、町長部局（企画環境課）が事務局を担っています。

木佐：大人のほうはノー・タッチで。子どもたちが、「これが良い」と決めたものを、まちのものに結局してしまったというわけですか。

加藤：議論の中身はノー・タッチです。眺望点は、2か所が指定されました（注5）。1つは、ニセコ町で民間企業が経営するダチョウ牧場があり、そこを子どもたちは町の優れた眺望点として選んだのです。民有地となると、大人の場合、やれ公共性がどうのという話が出がちですが、所有者の了解さえいただければいいのではないか、ということになりました。

木佐：おおらかですねぇ。ですが、牧場経営者にしても、観光上も意味もあるし損なことはないですよね。

加藤：そうですね。プラスになりますね。もう1か所も実は民有地です。東山という地区に古いサクランボの木があるのですが、そこと蝦夷富士と呼ばれる羊蹄山が見える眺望が、絶景なのです。子どもたちはそこも選びました。

木佐：そうすると、最初から事務局はストーリーとして2か所指定を想定していたわけですか。

加藤：いいえ。議論の結果として2か所になったのですが、我々事務局は当初、1か所かなと勝手に思っていました。子どもたち町内各地を歩いて選定作業をする中で、4か所まで候補があがりました。最終的には子どもたちで議論し、「2か所にしよう」ということになったのです。それも、最後は子ども委員の間で討論して決めました。激論と言っていいほど相当議論し、最後は候補地を委員の投票で決めたのです。投票の結果、自分が推した候補地に決まり、勝ったほうが、何と紙に筆字で裁判所から弁護士が飛び出てくるときみたいに、「勝訴」って書いてです。そんなパーフォーマンスまでして、真剣に議論をしています。

木佐：それは、複数あってもいいと思いますしね、良い眺めのポイントは、別に幾つあっても誇れますね。

加藤：そうなのです。そういう結論に子どもたちで達し、その結果を町長へ答申したわけです。事務局の我々も、

「ふるさと眺望点」になったダチョウ牧場
（子ども委員がすべて現地を踏査して選考した）

道の駅「ニセコビュープラザ」

正直言いまして面白かったですね。

また、翌年の2007（平成19）年度は「ふるさと給食」といって、自分たちの給食メニューを子どもたちが考える取り組みをしました。これは、給食の献立、メニューそのものを自分たちで総合的な観点から考えるという企画です。食材や費用の点も含めてで、町の給食センターで作ってもらうメニューを具体的に作ります。食材調達をどうするかということまで考え、町内の道の駅「ニセコビュープラザ」にある農産物直売所に子どもたちで出かけ、使える地元食材を調査することから始めました。地元の食材をきちんと使って、主菜、副菜、デザートまで全部決めました。その議論には、給食センターの主任栄養士がサポートに入り、細かい相談にも乗りました。

木佐：プロが関与して、助言しているわけね。コストや栄養素の問題もあると思いますが。子どもたちだから、脂っこいものがたくさんだったりすることはないですか。

道の駅・ニセコビュープラザにある農産物直売所
（地元食材が集結する市場。地元の人も観光客も多く訪れる）

加藤：いいえ、違います。子どもも、けっこうバランスまで考えています。もちろん栄養士から、バランスも大事だということを最初に教わったりしたわけです。みんなで調査し、勉強し、その上でどういう献立がいいか、議論したわけです。

木佐：手を上げた子が何人ぐらいいましたか？　そして、委員に応募する段階でその年度の諮問内容は公表されているのですか。

加藤：このケースのときは、公募の時点ではテーマは決まっていなかったですね。委員の定数は、要綱では小学生、中学生それぞれ10人程度となっていますが、このときは全部で16人です。一度に応募者が定数に満たないこともあります。それでも、皆、委員会活動に期待して手を挙げてくれています。

木佐：ニセコの子ども議会もそうですが、公募形式だから、ある意味では実質性を尊重しているので、良い意味でリーダー養成にはなるかもしれませんね。やる気のある子の成長を促す、伸ばすという意味を持ちますね。

加藤：その通りですね。子どものリーダー養成、といったことまでカリキュラムを考えて組んでいるわけではないのですが、そのような視点もあります。

開始初期の子どもまちづくり委員会
（町長室で子どもたちと町長が懇談することから始まった）

こうした場を通じて、子どもが育っていけば、すごくいいですね。子どもたちの行動を見ていると、はっきりしています。手を挙げた理由を聞くと、去年友達が参加して面白いと聞いた、去年自分が参加して楽しかったからだと。わいわい活動する中で、お弁当をみんなで広げられるのも楽しいみたいですね。参加したら意外と面白い、自分たちで考えた給食が本当に学校の給食メニューに載って、提供された。「そのメニュー、僕が、私が考えた」と言って自慢できる。こうしたことが楽しさを生んでいるだと思います。

木佐：そうでしょうね。弁当代は実費、それ以外の活動は公費負担ですか。そして、活動時期は。

加藤：委嘱状の紙代、弁当や飲み物代、保険料だけが公費負担です。子ども議会と子どもまちづくり委員会あわせても、年間6万円ほどの予算です。記念品などというのも、ありません。ほぼ1日がかりで活動することが多く、この場合にみんなで弁当を食べます。活動は夏休み期間の平日が多いです

ワークショップの様子
（インターンシップの大学生が子どもの議論に参加することも）

ね。子どもたちの部活動などを調整し、土日に活動することもあります。もちろん事務局も、休日でもつき合います。

木佐：北九州市の自治基本条例検討委員会も、仕事を持っている人が大多数でしたから、ほぼすべてを土曜日にやりました。委員の中からこの土曜日開催の提案が出ました。そういう意味では積極的な期待もできます。

加藤：事務局を担うと、休日にもいろいろな活動が入ってきますね。

木佐：もともと企画環境課はたくさんの仕事が入っているから大変ですね。でも、子どもの達成感、やりがい、意識向上などの成果があって、ある意味で、こうした仕組みのない地域の子どもからするとうらやましいことですよね。

加藤：ええ。それで、子どもに対するアンケートの結果を見ても、子ども議会や子どもまちづくり委員会の活動への評価は高いです。

木佐：まちづくり基本条例制定10周年記念シンポジウムのとき、第1部の町長と子どもたちのバトル・トークで、子ども用に前年（２０１０年）作った遊具が、幼稚園児用の鉄棒よりも低い、とか、ジャングルジムといいながら、小学生の背丈よりも低くて、もはやジャングルではない、と小学生が大爆笑を取る発言をして、教育長もたじたじであったのですが、こうした子どもたちによる議論の風土は確実に進んでいると言っていいですか。

加藤：その通りです。子どもの目線で、子どもらしく自分の考えを言う、無理に背伸びをしない、そういうことができる環境を大人が社会の仕組みとして用意する、といったことが議論の風土、ひいては自治の風土につながるのではないかと思います。

高校生の参加

木佐：子どもの参加ということで、小中学生を対象に話してきましたが、実はより大人に近い高校生の参加が難しいですね。高校生の参加が難しいのは、日本の場合、子どもが必ずしもまとまって地元の高校に行かないということと、進学競争があるため、国内のどこも同じです。高校生の参加は、日本の教育、とくに大学受験制度を考えたら難しいですね。他の地域でも、子ども議会などは、中学生止まりのところが多いようですね。高校の場合には工業高校とか商業高校などにおいて、反って実践的な社会科や法的な科目の徹底した授業が可能のようです。進学校とか普通高校と言われているところが一番難しいですね。

ただ、ニセコ町には、町立のニセコ高校があって、珍しいことに昼間定時制という形で、専攻は、「定時制課程」の「緑地観光科」ですよね。ここで多数のホテルに就職する男子・女子の生徒が学んでいるようですが、私は観光地ニセコとホテル学の履修はとても良い関係だと思ってきました。ニセコ高校に限ってということでいいですが、基本条例と絡む参加や人づくりの話題がありますか。

加藤：高校生の参加ということでは、ニセコ高校生が1日町長を務めたことがありました。それはそれで、いい取組みだったと思います。今は、まちづくり委員会のように、恒常的に参加できる制度は持っていません。高校生以上の年代になると、確かに勉強や就職に関心が移り、みんなで集まってじっくり議論する機会がなかなか設けられません。そこでニセコでは、学校生活を通じ、まちづくりに貢献してもらうことを考えています。

例として、高校のクラブ活動の中で、ニセコの食材を使ったレシピを考えるという取組みがありました。この活動が広がって、町民の有志団体（食品加工研究サークル）と一体的に、１００種類のレシピを考案し、町民の皆さんに披露したということがありました。そのレシピは今でも活きています。また、花植えや交通安全活動、職業体験実習として役場で仕事をすることなど、直接社会に貢献することで、ニセコのまちづくりに参加している、そんな姿を日々作ることができればよいのではないかと思います。

もちろん、市町村合併問題を議論したときなどは、高校生にもアンケート調査をしましたし、基本条例では、いざというときのために住民投票制度があります。まだ実績はありませんが、テーマによっては、高校生にも投票してもらうことも十分想定しています。基本条例に「満20歳未満の町民のまちづくりに参加する権利」としたのは、そうした思いもあったからでしたね。

住民参加が進んでいくと住民と職員の関係は？

第6条（意思決定の明確化）
町は、町政に関する意思決定の過程を明らかにすることにより、町の仕事の内容が町民に理解されるよう努めなければならない。

加藤：住民の視点ということで考えるならば、住民のまちづくりへの関わりについて、少し課題があります。お任せ行政的な空気というか、行政がもっと引っ張っていくべきだ、という意見が結構あります。住民参加を進めるほど、この手の話が出てくると思いますが、それがニセコでも出てきている部分もありちょっと心配です。もちろん、首長のリーダーシップに期待するところもあると思いますが、「ニセコ町役場は不祥事もないし、放っておいても何かうまくやっているから、お任せしてもいいんじゃないか」といった空気が少しあるような気がします。

木佐：確かに、世間でいう役場の不祥事はこの間なかっただろうと思いますが。特にモラル違反、倫理違反、違法といわれるものは。

加藤：例えば、課税ミスや誤った事務処理で町民に迷惑をかけたことがありますが、違法行為などはありません。しかし、それを除いても変な安心感、というのを感じますね。

木佐：日本の自治体全体を考えると、立派なものですよ。

加藤：確かに不祥事はありませんが、ミスはやはりこれからもあると思います。また、住民にとって不具合なことも出るかもしれません。「今、そこそこやれている」ということで安心していいのですか、と問いたいわけです。役場職員はも

景観や開発規制のあり方を考えるワークショップ
（住民、企業、役場が共に議論）

ちろん完璧な人間ではありませんから、「お任せ」状態がいちばん怖いのです。その半面、「役場の人間は専門でやっているのだから、どんどん旗振って思ったようにやっていいんだ」という人もいるのです。

木佐：「も」いるのであって、逆に参加の機会がなくなったら、そういう人はまた反対を言うのでしょうね。

加藤：そうなるでしょうね。他方で、役場も「どんどん情報さえ出せばいい」という気持ちで、整理されていない情報を次々出していく、というのも問題です。受け取る住民の立場に立てば、受け取りきれない、整理もされていない過度な情報は要らないという拒否反応も出てくるところです。

　例えば、景観の問題ですね。ニセコ町を含むニセコ地域では、外国人観光客が増えると同時に、土地取引や開発の話がたくさん出ています。隣町の倶知安町では、住宅地の基準地価上昇率で日本一になったり、ニセコ町でも都市計画法に基づく開発行為が増えたりしています。

木佐：倶知安町の話なら新聞報道でもありましたが、ニセコ町の中でも同様ですか。

加藤：同じ傾向です。そこで心配されたのが、秩序なき乱開発によりニセコらしい景観や環境が失われてしまうことです。これを防ぐような規制が必要だという議論になった時、いろいろな法律の規制を使えるわけですが、役場もノウハウがたくさんあるわけではないので、とにかく知りうる情報をいっぱい出していきます。しかし、そこが非常に難しい。景観法があり、都市計画法があり、建築基準法があり、たいへん込み入っています。そこで、「こんなやり方もある」、「あんなやり方もある」として、情報を出せば出すほど、「いちばんいい方策を行政で考えて」ということになるのです。一方で、地域のビジョンをきちんと持って、自分たちのまちの将来像を自分たちで決定していきたい、という人もいるのですが。

まちづくりの法的仕組みの難しさ

木佐：それは、法律制度が難しいから、まちづくりのハード面の用途地域だとか、建築基準法で建ぺい率がどうのとか、道路の幅がどうのという細かいところまで町民全員がどの程度知っていなければならないのか、という問題でもありますね。私どもも、それぞれが地域住民として、もうそろそろ真剣に考えなければならない。先日大学院の授業をしたときの話です。大学院では留学生のほうが多いのですが、日本人の院生に、「君たちの家は、都市計画法の用途地域のうち、どの地域に入っているか」と聞いても一人も知らないわけです。法学部で、いずれ教員として大学で講義しなければいけない立場の高学歴の院生ですらこれが実情ですね。そういう状況で、普通の町民は、用途地域のことを聞いたこともなければ、町の将来を描いた図面を見たこともない。

　自分の土地の隣がどんな用途地域か、そして、道路一つ隔てた反対側の土地利用可能性など普通はわからないでしょう。だから、現状では住民にそうした知識を持った上で行動しなさいといっても無理だし、日本の土地絡みの法制度はきわめて不備が多いわりに複雑すぎる。都市計画法と建築基準法の両方をみないと、用途地域の問題は見えませんし、政省令、さらにはもっと下位レベルの各種の基準やマニュアルなどをみないと自分の住んでいる場所の法的な位置づけはもとより、開発可・開発不可の基準もわからない。だから、生の都市計画制度をベースにしながら、やはり職員が相当加工して、皆さんの地区はこんな風になっているのですよ、という形で示す必要がある。今の法律制度では、このような危険な可能性がありますという情報を知らせる義務があるのではないですか。例えば、民家が並んでいるところに、のっぽビルができるかも知れませんよ、谷間に産廃処理施設ができる可能性がありますよ、と。そうした情報提供なしでは、最初の議論さえ成り立たない。

加藤：そうですね。これは、本当に役所職員の力量の裏返しになってしまうのですね。いかにコンパクトに要点を整理し、住民のみなさんに示すことができるか。そのためには、職員は徹底して勉強しなければならないですし、想像力も持たなければならない。現状を整理分析して、住民の議論に貢献できる仕事をしないといけませんね。住民参加のためには情報が要だ、ということは常識ですが、その「情報」をオープンな状態を保ちつついかに分かり易く提供できるか、情報を取得しようとする権利を保障できるかですね。

木佐：他方で問題は山積していますね。担当の皆さんも人事異動があるから、誰もが都市計画とか、用途地域、建築基準法に関する知識を持っているわけではないし、景観法など新たな枠組みもどんどん加わってくる。専門家と言われるような人でも難しい法分野ですね。ロー・スクールができて以降に合格した弁護士は別ですが、従来の2万人余の弁護士の時代に、この土地や開発、景観に関する分野の法知識を多少なりとも体系的に持っている弁護士さんは、全国で１００人もいないと思いますよ。それと同じように、小さな町の担当者というか職員にも当然、難しい法分野です。

加藤：本当に難しいですね。特に最近は、以前にも増して自治の課題が増え、でも対応する職員は削減、ということで小さな自治体にとってはつらい状況になっています。

木佐：では、合併したら専門家が庁内に確保できるか、です。札幌市辺りは別格として、合併して大きくなったからといっても、今度は地域の個性を知った職員がいて、きちんとしたアドバイスができるかというと、ここでも人事異動の問題があるから、目配りは容易ではないですね。

加藤：そうです。必ずしも自治体の規模の大小ではないと思います。

まちづくりをテーマにしたパネルディスカッション

担当課長による観光行政の説明

財政係長による町財政の説明

17 年の歴史を持つまちづくり町民講座（今では開催方法もさまざま）

木佐：私が見た、ドイツの人口8千人とか2万人とかの町、あるいは、ミュンヘン市内だったら平均人口10万人くらいの区では、住民代表である議員自身が、用途地域をこう変更する、ああ変更するという議論をしていましたね。私が監修した映画『日独裁判官物語』に区の議員からなる都市計画関係の委員会の委員長である薬局の女性店員さんと議員である現職裁判官が、地区詳細計画という一種の都市計画の図面を見ながら打合せをしている場面があります。その現職の裁判官が副委員長ですが、普段は刑事・民事の裁判をやっています。しかし、地元の議員としては都市計画の知識を持っているわけですね。日本だったら、現職の裁判官でもどうでしょう。ご自分が住んでいる場所がどの用途地区か知らないでしょう。薬局の店員が委員長で裁判官と議論をしている、という辺りで、法的知識というか法的環境が、日本とまったく違います。政治とか法の教育が市民に及んでいるか、という問題の一環なのですが。日本は、基礎知識抜きに、突然、「住民の皆さんのお考えをおよせください」となるのですね。それは、ある意味で無理というか無謀。そこで、自治体の規模を大きくしたら住民も職員も専門知識を持てるか、というと、それも今の仕組みの枠内ではいっそう絶望的。

加藤：確かに、今の日本では難しい課題ばかりです。住民にも分野ごとに専門性の高い人はいるわけですから、こうした人の活かし方も大事です。

木佐：やはり、私が常日頃ヨーロッパについて紹介するカリキュラムみたいに、土地法や計画法の基礎については一通り実務を行い、多少の教育経験もあるような人が公務員になっていないとまずいのと、他方で、法律自体がもっと簡素化されて、市民が読んで分かる条文にならないことには。私ら、世間からは専門家と見られる者が読んでもすぐには掴めないような複雑な条文の構造では、分からないですものね。職員の方には気の毒な話ですが、過渡的には確かに、テーマ次第では行政側で原案を作るか、もっと分かりやすい情報提供しなきゃいけないものとの選り分けが要るでしょうね。

加藤：そうです。その原案を行政が作っていくにしても、その過程が透明であることが必要ですし、住民が知らないところでいつの間にかできて、いつの間にか実施されていた、という繰り返しが最もまずいことだと思います。

町民・職員に予知力が要る

木佐：住民の全面的な参加でゴミの最終処分場を造ったとか、温泉施設を造ったとか、ああいう今までのニセコ町の実績は、悪い表現ですが「単品」だから住民の方にもイメージしやすい。公共的施設の建設は比較でいえばとっつきやすい。ニセコ駅前温泉「綺羅乃湯」に即して言うと、住民の方々があちこち見学なり入湯なりしてきて、打たせ湯、サウナ、それも湿式と乾式とか、いろいろ提言があるというのであればイメージを持ちやすいのですね。しかし、先々に起きそうなことを読み込んで抽象度の高い「見通し」「見込み」に過ぎない事前的規制とか計画づくりという話となると、ある意味で予知力を超える話ですよね。突然、「谷間に産廃処理施設できます、そうしたらどうしますか」とか、突然、「マンションができるとしたらどうしますか」ということになりますので、予知教育とでもいいますか、一種の政治・社会教育をしっかりしていく体制が必要だ、と思うのです。

加藤：そうですね。一口に住民参加といっても、さまざまな状況があります。安易に考えてしまえば、コンサルタント会社にお金を払って依頼して来てもらう専門家が各地区で説明する、というようなことになるでしょうね。そうではなくて、自治体の中で、住民と議員と職員が自前で相互に学びあい、教えあって、そして本当に専門的な部分であるために困るところはプロを雇ったり、ボランティア的にサポートしてもらう、というようなコンセンサスが必要です。
住民の立場で考えると、とにかくお金の流れも含めてブラックボックスを作らない、仮に自分がその結果や選択肢に反対でも、議論の過程が見えているから最後は腹を決めて文句は言わない、そんな事が大切なのではないかと感じます。そうした事がしっかり担保されていれば、議論して作り上げた計画を実行したところ、失敗してしまった、などという事が起きても、最後は自分たち住民が責任をとる、という気持ちになれるのだと思います。基本条例が誕生するかなり前から実施している「まちづくり町民講座」の思想は、そうしたことに思いを馳せた情報共有であり、肩肘の張らない住民参加だと、改めて思います。

法曹教育、政策法務も自治への力に

第28条（政策法務の推進）
町は、町民主体のまちづくりを実現するため、自治立法権と法令解釈に関する自治権を活用した積極的な法務活動を行わなければならない。

木佐：まちづくり基本条例は「法」なのですから、その運用は、実際にも法的な問題をもたらしてくると推測します。それに関して、今後どうでしょう。札幌弁護士会の若手の弁護士を委員などという形で形式的には委嘱などのやり方で、しかし、実質的には若手の勉強会の場にして、職員や住民といっしょに勉強してもらう。特に、これからの司法試験合格者は、皆、行政法を相当深くやって合格していきます。司法試験では、行政法を民法、刑法並みに学び、訓練して来ますから。

加藤：面白いですね。住民、職員ともに知恵、知識を増やしていくことが、地域課題を乗り越える力につながるでしょうから。

木佐：その人たちについて、今から札幌弁護士会と交渉して、ニセコの地域に即した法制度の勉強もしてもらってね。せめて2人ぐらいはキープして地域の法制度に詳しい方として養成していく。そういう交渉をされたらいいのではないですか。繰り返しですが、新司法試験を経た弁護士は、受任可能なレベルまで行政法知識を持っていますので、開発問題が出てきた時には、瞬時に対応してもらい、そして、場合によっては受任してもらえばいいわけです。

加藤：そういう問題について処理能力は高いですか。

木佐：私は、今のロー・スクール教育の内容とレベルを考えると高いと思います。行政法は必修科目になりましたしね。

加藤：なるほど。

木佐：最近、最高裁は、土地利用に関する行政計画を関係住民が行政訴訟で争えると判例の変更をしました。土地区画整理の計画を争えないとした40年前の最高裁判決を見直したわけです。こうした行政側が被告になる事件は確かに増えていきますし、市民・住民は早い段階で争えるようになります。これまでの弁護士はそのほとんどが行政法の体系的理解には弱かったのですが、これからは、役所側からみても、住民のためになる行政法解釈に強い弁護士を選べる時代になったといっていいと思います。札幌で開業する若手の人の中から、一番行政に強そうな人を選んで、まあニセコに来た時の温泉入浴券ぐらいはさしあげるよということで、実質的な町の顧問弁護士を選べる時代になっていくと思います。そういう仕組み作りの点で、札幌弁護士会の関係する委員会に話を持って行かれたらいいと思います。

加藤：そうですね。札幌弁護士会の方々とは２００６（平成18）年頃まで、司法過疎対策や法曹教育について、ニセコも舞台にしていただきながら議論していました。今後も連携協力が必要になりますね。

木佐：外から見ていてそう思ったのですが、地域司法計画の件、担当の委員長なども交代されていると思うので、話は少し振り出しになるかもしれませんが。でも、札幌地方自治法研究会に来られている弁護士の方々に尋ねて、糸口を見つけられたらいいでしょう。若い弁護士は、将来仕事になると思えば、頑張ってやりますよね。司法制度改革に伴って新設された「法テラス」の若いスタッフたちの行動を書籍や日弁連の各種情報ルートで見ますと、自治体との関わりについて新しい見直しの動向もうかがえますね。職員がまちづくりに関する法律問題の全部を仕切るのではなくて、職員も弁護士や住民から学んで、一種の研修的な機能も持たせたりして。

加藤：以前、役場職員研修として弁護士の方々に講師を務めていただいたこともありました。両者の関わり方を工夫すれば、更に連携して仕事を深められますね。

木佐：ニセコの場合は運良く、ほとんどの職員が町内に住んでいるわけだから町内のことを知っているという点で有利ではありますが、しかし、自分の住居がある地区の土地利用の仕組みをしっかり知っているわけではないでしょう。自分のところの地区は、現行法のもとでは本当にどんな種類の事業者が来てもおかしくないかということなどをきちんと認識してもらうことが、一番大事ですよね。

　私が自治体の職員研修でよく強調しますが、「わがまちの総点検」というキーワードによる職員の自主研修です。国の法令、国の計画、都道府県の計画、都道府県や自分の自治体の条例、それらが自分の自治体にどのように関わっているのかをまず知らなければならないと思っています。あるいは、何か、条例や計画を作る場合に、どこにどのような可能性があるのかということをね、係長ぐらいの時に集まって、自分らが勤務する自治体に関係した図面と法律、条例を全部持ち寄ってね、総合的に点検してみる。各地で講演や研修をする際に、そういう「わがまちの総点検」という自己研修案をお話しするのですが、長年言い続けているものの実際にその後にそこまでやったという報告はないですね（笑）。20代の職員だと若干早いかもしれないので、これから係長になりそうな世代、あるいは係長になったばかりという世代の共同自主研修としては、最高の研修になるだろうと長年思っているのです。それが、まずは、「守りの法務」に繋がる。事件が起きる前に防げる可能性を持ちます。ニセコはブランド力《リョク》があるから、札幌弁護士会の若い世代はそういう研修のお手伝いをできると思いますね。

加藤：そうですね。可能性ありますね。

木佐：もうひとつというと、北大のロー・スクールに話を持って行くのもいいと思いますよ。ロー・スクールの学生のイ

酒税法改正を祝う果実酒試飲会のポスター

ンターンシップみたいな形と結びつける。実際に、あるまちにどんな行政事件が起きる可能性があるかという観点から、現地入りして、地図と条例、法律などで勉強する。それを、ある程度、蓄積して行けば、いいものになる。

加藤：確かにそうですね。具体的な課題として組み込むのはいい視点だと思います。

木佐：お互いにメリットあると思いますね。例えば、九州のロー・スクールは共同で、屋久島で法律相談とかをやっていますが、相談以上の創造的な活動に学生に加わってもらえるといいですね。ただ、学生は試験合格が当面の至上目的ですから、そこまである種の余裕があるかどうかはちょっと危ういですが。ともかく、少なくとも地元情報と地域関連の法・条例を駆使して、地域における法状況をしっかり把握して、そこから問題を見つけるというのはメリットがあると思うのです。

加藤：確かにメリットがあります。今後の課題のひとつとして受け止めたいと思います。

基本条例では政策法務の推進を規定しています。教育面を通じ、知識や経験の積み重ねが必要なことはもちろん、実践に取り組む姿勢が大事です。例として、ニセコ町のあるペンションが宿泊客に自家製の果実酒を有料で提供していたところ、当時、酒税法違反と指摘されました。これに対し、自己の営業の場での果実酒の提供を法律で認めるよう国に提案し、「果実酒の製造及び提供に関する規制の緩和」として、2008（平成20）年に酒税法などの改正が行われました。我々で関係法を勉強し、必要な政策を国に提案した結果、国会議員の方々の協力があって、変えるのは困難と思われた酒税法が「規制緩和」という形で変わったわけです。まさに、政策法務を具体的な姿にした取組みだと思っており、こうした実践が、基本条例の理念を体現することになります。

木佐：今後もぜひこうした取組みを続けてもらいたいですね。

高齢者のまちづくり参加

第10条（まちづくりに参加する権利）

1　わたしたち町民は、まちづくりの主体であり、まちづくりに参加する権利を有する。

2　わたしたち町民は、それぞれの町民が、国籍、民族、年齢、性別、心身の状況、社会的又は経済的環境等の違いによりまちづくりに固有の関心、期待等を有していることに配慮し、まちづくりへの参加についてお互いが平等であることを認識しなければならない。

（3、4項略）

加藤：次に、高齢者の参加の機会確保や情報共有の質をどのように上げていくか、ということを話題にしてみたいと思います。ニセコ町に限らずどの自治体も高齢化率が高いわけですから、特に高齢者を対象とした持続的な住民参加の仕組みを小さい町といえども、しっかり考えることが必要ではないかと思います。ニセコで取り組んでいる「まちづくり懇談会」や「まちづくり町民講座」にしても、そもそも高齢者の参加は非常に多いわけです。一方、若年者の参加は、委員公募への応募など個別の場面では多い側面もありますが、全体としてはまだまだ少ないのが現状です。ニセコの高齢者は元気です。意見交換する機会は多いですから、どんどん発言してもらえます。

木佐：それは立派ですよね。私の常識によるならば、都会ではあり得ない。都会で高齢者というと、例えば、政令市の一定の区では、90歳前後の町内会長がごろごろいるというのですよ。お元気なのはいいけれど、もう終身会長みたいで。ところが、同じ市でも、若手が町内会長になれる地区では次々賞をもらうような事業ができている。私が、弁護士会主催の法律相談などで相談を受けたケースでは、会長が動いてくれないから、反って町内会がなければ市への働きかけなどでも動きやすいと。他方で、町内会長になり手がいないから、80代、90代の方が会長をしている地域も珍しくない。だから、同じ高齢者でも、ニセコのいいところは、変な表現ですが、普通の高齢者、普通住民の高齢者がちゃんと出ることができて、意見を言う場があり、現に議論している。

加藤：他の地域に比べ、特別に活発なわけではないと思いますが、高齢者に参加いただいて議論することは続けています。

木佐：参加手法が生き甲斐対策にもなり、また、高齢者参加は、自らの健康にとってもいいですね。安全・安心というのはあまり好きな言葉ではないですが、参加を日頃している人が、「あの人来ないね」となると、「何か起きたか」と考えますよね。

加藤：そういうこともありますね。ただ、ニセコでも高齢者同士みなさん顔見知りかという、と意外とそうでもない。違う地区にお住まいの人とは、年に1回の敬老会で顔を合わせる程度ということもあります。しかし、参加の場がたくさんあれば、交流も自然と増えます。そうした仕組みを具体的に持っておかなければだめだと思います。

　例えば、老人クラブ活動の中で、町の重要課題を話し合ってみるということだけでもいいと思います。こうしたことは、これまで何度も取り組んでみたことがあります。「寿大学」という高齢者の学習の場があるのですが、そこに役場職員が出かけていって、町の公共交通のあり方について話をしたことがあります。皆さんその課題を議論するためにその日大学に出席されたわけではありませんが、そうすると、けっこう意見がたくさん出されます。普段参加者同士が顔を合わせている場でこうした話題を議論すると、意見が言いやすいということもありますね。

木佐：まあ、われわれもまもなく老人になるのですが、そうなると心豊かに安心して暮らせる「まちづくり」が重要。結局そういう課題というか問題なのでしょうけどね。

加藤：そうです。こうしたことを「まちづくり」の仕組みとして常に持っていけるか、バリエーションを増やせるかだと感じています。

木佐：で、ある意味では暇だから予算説明書も読まれているわけですよね。

加藤：情報を一番持っているのも高齢者です。予算説明書『もっと知りたいことしのし仕事』を確かに見ていると言われます。以前、まちづくり懇談会の場で、「これ見ていますか」と、多くの方にお尋ねしたところ、「見ているよ」と言った方がたいへん多いです。「どのように、ご覧になっているのですか」と伺うと、「最初からめくって、町長の挨拶は去年とあまり変わらないね」、などということから、「全部しっかり読んでるよ」という反応が少なからずあります。少しびっくりしました。

木佐：そこまで指摘できるのですか。「めりはりがない」とか。読めば分かるのですね。高齢者の場合、その向き合い方と情報発信、参加のあり方が難しいということはないですか。この点は、例えばパソコン使わない、使えないと言うことも含めて。

多元的な情報伝達回路の確保を

加藤：実はそこも課題です。世の中ではますます情報発信がＩＴに偏っていきますね。ニセコでも、携帯電話のメール機能を利用した情報配信制度「そよかぜメール」を始めたり、ホームページのリニューアルやユーストリームなど動画情報の活用など、ＩＴ分野での情報発信を充実しています。でもいくらホームページを充実しても、やはり見ない、見ることのできない人もたくさんいます。特に高齢者がそうです。

確かに、高齢者でも携帯端末を使ったり、インターネットを利用する人も増えています。だからといって、「高齢者のみなさん、どんどんネットを使いましょう。そこから必要な情報を見てください」、ということ一辺倒にはなりません。パソコンを用意するのだって高額ですから、年金の中で買うのはとてもたいへんです。しかし、そういうことではなく、人と人とが顔をあわせるコミュニケーションの基本部分を、特に高齢者の参加や情報共有の仕組みにおいて、基本条例の精神を基本に置いて考えていけるんじゃないかなぁと思うのです。

木佐：デジタル・デバイド対策、つまりデジタル弱者、ＩＴ弱者の対策は、まさに先端の課題ですね。回覧板みたいなものは、今でもあるわけでしょう。当然のことだから。

加藤：あります。回覧板も高齢者の多い地域は、非常にまめに回ります。逆に、若い人の多いところは、回覧板も回るのが遅いですね。

木佐：そうでしょう、ありがちな話ですね。

加藤：広報誌や回覧板、ちらし、温泉施設などでの掲示板、こういった紙媒体もたいへん有効です。住民視点での課題というのは、以上のようなことです。それでもやはり、仕組みづくりなど、行政側の問題が多いですね。先の『もっと知りたいことしの仕事』は、まさに究極の紙媒体ですが、ともすると、役場の中にも作るのを面倒がる雰囲気が生まれることがあります。それではいけないと思います。

同時に、高齢者にかかわらず、住民が情報共有手段の取捨選択の幅を持てることが大事です。先ほどの話の裏返しですが、高齢者はＩＴを使う方が少ないといいますが、例えばＩＴ講習会といった機会を設けるとか、そうしたことも必要なんじゃないかと思います。役場では今、ツイッターやフェイスブックの講習会などにも取り組んでいます。

情報の「相互扶助」

木佐：そうね。つまり、確かに高齢者は、使う、使わないと二極分解するのだけど、使える人が町内に、例えば20軒ある町内に、５、６人いれば、その人に行った情報だったら、これは重要なもの、ないし重要なことだからと言って、例えば、配ってもらえるような仕組みもあり得るのではないでしょうか。その際、行政は、ちょっとお金は出す。そうすると、全戸に配るより、費用は安いですよね。だから、パソコン使える人で、役場のホームペー

有島武郎「相互扶助」の原点の地、有島記念館（ニセコ町内）

ジを頻繁に見ることができる人に、誰と誰の面倒は見るよということを引き受けてもらうといった手法も考えられるかもしれません。

加藤：それもひとつの発想ですね。

木佐：だから、みんなが一斉に使えないことを理由にしてパソコン系による地域への伝達を全面的に無理だとして諦めるか、それとも、ニセコ町特産の「相互扶助」で、いろいろな手法をミックスしてやるか。いつも情報を印刷して届けるサービスを地域住民にしてもらうと、役場としては、配ってくれる人に印刷費用とか紙代は出すべきだと思いますが。人間というのは、どうしてもモノで渡すと、町の広報誌であれ、大根一本であっても、無料でいただいたり、届けてもらったりするとお礼とかお返しを持って行かないといけない、という気持ちになるものね。そういう機会に話の輪ができる、はやり言葉で言えばネットワークが活性化する。

加藤：まさにコミュニケーションの最たるものでしょう。おっしゃるように、ニセコは有島武郎の「相互扶助」の精神を大切にしていますから、そうした視点での情報共有はできるかもしれません。

木佐：そこのところで、非常におかしいことがあって、私らがお伝えすることのほとんどは頭の中にある「見えない情報」でしょう。見えないものだから、お礼をもらうことは非常に少ないですね。ところが、たかが大根一本でも差し上げると「いやぁ、先日は、ありがとう」と三回ぐらいはお礼をいわれたりするよね。私の実家の田舎でもそう。そこで、今のペーパーなんかでも、「ほら、家（うち）で印刷して持ってきたよ」ということになると、まあ相互に生存確認機能も持ち得るし。

加藤：なるほどね。大根も情報も同じ。いや、大根のほうが価値が上なのですか。面白いですね。

木佐：だから、そういうノウハウもあって、登録制にして、ほんのわずかの謝礼というかお小遣いと実費をお渡しするような形でなら、何も全戸にペーパーにしたものを一斉に配布するよりもいいでしょう。ただ、経済的に本当に安くあがるのかどうか、かえって大量に印刷して配ったほうが安いということも計算上はあるかもしれないですが。

加藤：そうですね。情報通信やITという言葉を使うと、かえって難しくなってしまうのですいが、結局はコミュニケーションをいかにとるかということですから、そんなに堅苦しく考えないほうがいいですね。

木佐：ITという言葉自体は、だいぶ普及したのかもしれないけれど、高齢者にとってそのような言葉を使う必要ないですよね。地域と通信と情報を結びつけたような言葉を創造するのがいいかもしれない。まあ、地域のお知らせ係ですからね。もうちょっとハイカラなネーミングは子どもたちにでも考えてもらえばいい。子ども委員会の出番。

加藤：子どもまちづくり委員会が考えるのは、いいアイディアですね。やってみたいです。

木佐：受けるかもしれませんね。私の推測でしかないですが、点々とそういうお宅はあるわけですよね。中国本土で村の視察に行ったことがあります。２００９年頃のことですが、北京から日帰りで行ける距離ですから、とんでもない田舎というわけではありませんが、それでも相当に田舎と言える村に今ではパソコンが入って、住民へのパソコン研修が行われていました。日本のほうが遅れている。台湾、韓国のほうは進んでいるということは常識だけど。日本は過渡期にあると思うのですよ。これからは日本の老人もおおむねパソコンに触ったことがある私らの世代になっていきますね。

加藤：そうですよね。そう考えると、そうした先をみてコミュニケーションのシステムを考えていかないといけませんね。町内会での情報共有のあり方も考えてみる必要があります。

木佐：私が気づいたのは、ここなのですね。「高齢者＝ITを使えない」ではない。だから、使ってもらうための努力は一方で要るのだけど、使えるようになったら褒めるというと表現が悪いですが、評価するということが大事ですかね。そして同時に、使ってもらうというよりも、やっぱり使い切れない方が残ることを前提にしたシステムは要りますね。

加藤：使っている人、使える人には、更に使って皆のために活躍してもらう。それが近くにいる人にもいい影響を与える、そんな感じでしょうか。やっている人、特に高齢者で使っている人は、少々自慢したいお気持ちもあるのではないでしょうか。趣味とも重なりますしね。そうした気持ちをまちづくりに活かしていただくといいですね。

毎年恒例のまちづくり懇談会
（高齢者の参加が多く、この機会に町長と話ができることを楽しみにする人も）

木佐：確かにそうですね。ご本人の生き甲斐となれば活性化しますね。元気にパソコン使える方って、大局的に言えば、病気になる比率も低いでしょう。ここで今、対談している議論は、実際に役に立つ話になろうかと思いますね。高齢化社会の問題とか、パソコン使えない人の話とかは、どこの地域でも出てきます。先般、熊本県のもっとも南部にあって、村境が鹿児島県、宮崎県に接している人口３８１３人（２０１２（平成24）年1月31日推計）の山江村というところに行ってきました。ここでも数年ほど前には、議員が自治基本条例の制定が必要ではないか、という議場で質問をしたのに対して、村長は不要論だったようですが、訪問時には、村長や総務課長もこうした基本条例の制定に非常に前向きでした。この村は、インターネットによる映像発信でも全国的に有名ですが（注6）、それとは別に、村営で「山江村メール配信システム」というのがあります（注7）。こういう配信システムの、もっと高度な利用がありうると考えますね。

加藤：たいへん参考になります。そういうシステムを積極的に導入していくのも有効な方法だと思います。ケーブルテレビなど視聴率がたいへんいいですからね。

木佐：この山江村のホームページから入っていくと、この村で優れた農産物を作っている農家のご夫婦が載っていたりして、顔の見えるものになっています。生産者の顔も見え、彼らが画面に出ている。そうすると、これまではパソコンは使っていないが、例えば有機農業で作った美味しい一級品をインターネットで紹介されれば、「俺もネットくらいはちょっと使わないといかんね」という風に行くと思うのです。

加藤：なるほど。それはいい影響ですね。ニセコでも道の駅にある農産物直売所に販売状況を管理するシステムを導入したとき、同じようなことがありました。自分の出荷した農産物の販売状況が定時に携帯電話などにメール配信されるのですが、これまで携帯電話なんて持っていなかったお年寄りまで携帯電話を持って、すぐに使いこなしちゃうといったことです。ちょっとした工夫はいくらでもできますね。

木佐：行政法的に上品に表現すると「誘導」ね。私もそういう工夫の余地はありそうな気がしますよ。本当にね、5万円程度で新品があるパソコンを本当に買えない人は、この時代になるとそう多くはないと思います。パチンコ代でそのくらいの額を1日で使っている人が少なくないですから。もちろん、パソコン利用以外の別の参加手段をさらに考えて行く必要があるのは当然ですが。

加藤：そうですね。

基本条例での参加保障

第13条（まちづくりに参加する権利の拡充）
わたしたち町民は、まちづくりへの参加が自治を守り、進めるものであることを認識し、その拡充に努めるものとする。

木佐：住民にとって大切な権利、住民参加の保障について話しをしましょう。今議論した高齢者の参加など、そうした個々の住民参加の方法は、基本条例では、あまり丁寧に書かなくていいかと思います。ただ、最重要事項として保障すべきことは、網羅的に書いてあってもいいですが。例の「そよかぜ通信」、最初は、あれも基本条例の条文に入れるの、入れないのという話あったのですよね。しかし、ああいう装置というか機材は、時代によって変わるものだから、具体的に特定の名前として、コミュニケーション手段としてあげないほうがいいだろうという結論になったのですよね。

加藤：そうです。基本条例に具体的なコミュニケーション手段を直接盛り込んでいくのは難しいことです。さきほどの話の通り、音声でお知らせする「そよかぜ通信」（オフトーク通信）は、時代の波からニセコでは廃止となりました。そうした状況変化がありますから、基本条例の中で各論的に全部書くのは難しいです。予算説明書『もっと知りたいことしの仕事』くらいになると、情報共有の原点としてニセコでは普遍的な価値を持つものですから、条例に直接盛り込んでもいいかもしれません。こうした普遍性があるかないか、といったことも判断要素になり得ると思います。でも、基本的には住民で議論をして「盛り込むべき」となれば入れてもいいのだろうと思います。4年に一度の条例見直しの機会もありますし。制度を設けたから単純に基本条例に書く、ということではないのだろうなと思います。

木佐：そうですね。

加藤：やはり、いろいろと試し実践を積んでみて、その結果、普遍性があるかないか、住民の価値に合致しているかどうかなどで、判断するのがいいと感じます。

木佐：例えば、町民講座で飽きがくるということは、おそらく絶対にあると思います。長年やっていると。リピーターだけになるとか、マニアックになるとかです。

加藤：そうです。最近では、話題設定もあまり良くないみたいですが。

木佐：つまりね、住民参加が増えて、問題意識が生まれ、情報自体を入手することが可能で、現にその入手能力に長けた人たちが町内に増えてくると、わざわざ集まって、講師が来た時に、夕方や夜に出かけなくても、知りたいことはネットで分かるという層が増えてくると思うのです。一方的な講演会など聞くだけの機会であれば、インターネット中継で足りてしまいますね。顔を見ながら、つまり、フェイス・トゥ・フェイスで行う必要があるような討論などの要るときに絞るとかして、回数は減らされても、私はかまわないと思います。

加藤：実際、回数は減っています。以前の毎月実施ではなくなっています。その代わり、単なる説明の機会ではなく、説明なり情報共有をもとに議論し、意見を集約したり反映したりする場になっています。

木佐：ものすごいショック療法を考えるとすれば、一年間ほど、やめてみるとかね。ただし、再開を前提にしながらですね。全面即時廃止はやはりまずいですからね。「ショック療法、絶対要るね」ということを思い出すように仕掛けながら進めることが大事でしょうか。それから、ニセコ町みたいにこうも変化して行くと、本当に大事なテーマの時だけに、ぽんと開いたほうが効果的ではないですか。

加藤：職員の中にもそうした意見はありました。でも一方で、常に役場が今取り組んでいることを住民に向かって説明し続ける、という場も大事だと思っています。

木佐：今までやられていたのは、初期段階で住民の参加や討論の質が上がって行くまでのテイク・オフと言えるもので、基礎体力づくりだったと思いますよ。だから、子どもが議会や子どもまちづくり委員会まで設けているような町になると、大人には、単なる社会教育的なもの、あるいは、お節介に近いような勉強会はなくてもいいのかもしれません。そうは言っても、「糺《ただ》していく問題がこれほど溜まりましたので」みたいな時には、特番でやるべきでしょうね。

加藤：そうした方法も選択肢になります。住民参加の保障をしっかり保っていくには、さきほどからの議論の通り、制度をきちっと運営していくことと、多様な手段へ常にチャレンジしていくことだと思います。

コミュニティのあり方

> **第15条（コミュニティにおける町民の役割）**
> わたしたち町民は、まちづくりの重要な担い手となりうるコミュニティの役割を認識し、そのコミュニティを守り、育てるよう努める。

加藤：住民視点で重要なこととして、あとは、コミュニティのあり方が当初の基本条例制定時期から課題であり続けています。

木佐：コミュニティ。これ大変なテーマですね。我々が切磋琢磨する全国規模の自主研究会である自治体法務合同研究会では、２００８（平成20）年度に北九州市で全国大会を行った際に「いま，新たな地域自治へ」というのをメイン・テーマにしました。私は、当時、北九州市の自治基本条例作りのお手伝いをしていました。その仕事をお引き受けするときに、基本条例づくりの際にもっとも大変な課題になると直感的に思ったのが、このコミュニティと地域自治会、町内会のあり方です。これの位置づけ、可能性、限界が難しい。それをどう見極めて、どう条文化するかが、大都市なるが故に、大変だと思ったのです。

加藤：なるほど。やはり大きな課題ですね。自治体の規模の大小にかかわらず、とても大きな課題に思えます。

木佐：自治会、町内会のあり方問題について言うと、ニセコ町の場合は、仮に当初のまちづくり基本条例の規定の中では放っておいても、いずれ誰かが気づくし、対処策も相対的には出やすいと思うのです。しかし、北九州市のように5つの市が合併して、現在では7つの行政区があり、そして、今でも旧市の個性が強く息づいていて、市全体の一種の融和も課題であり、加えて、各旧市の中でも自治会・町内会が相当独自性をもっている、となると、基本条例の条文の中で、そう簡単に自治会・町内会、あるいは、広く考えてコミュニティの位置づけ、というのは相当に難しいですね。面積的にも広いので、市の職員間でも、話している言葉でどの旧市地域の出身かが分かるくらいだ、とも聞きましてね。

加藤：自治の歴史の根幹に触れる部分もありそうですね。

木佐：そういう状況ですから、地域ごとに、やはり町内会の性格も相当に違うようです。良く言えば非常に個性がある。それにどう対処するかですが、基本条例の中の情報共有とか、協働とか、美しい言葉をたくさん入れても、それで何かが具体的に変わることにはならないでしょう。

加藤：そうです。私も、「協働」という言葉が一人歩きしているような条例を見ると、かえって違和感を覚えます。家族や親戚の次に大きい地域や自治会といったコミュニティ単位でも、ものごとを考えることが、身の回りのこととして現実的です。だからこそ、ニセコも「コミュニティが大事だよね」、ということを基本条例に入れたわけです。

木佐：一番底辺のところでの草の根民主主義の仕組みの条文化が課題です。

加藤：そこがたいへん重要な部分ですね。同時に、最も難しいテーマですね。ニセコも、町内会に参加しない、町民同士の議論に参加しない、という町民も増えています。「静けさを求めてニセコに来たのだから、わずらわしいものと付き合う必要はない」、「町内会は旧態依然としていて付き合えない」、「誰とも関わりたくない、世話になりたくない」などなど、といった理由。こうしたことも正面から議論をしてみたいと思っているのです。基本条例の次の改正テーマにもなります。特に、基本条例の意味を理解せず、単なるアクセサリー条例としてしか考えていない人に対しても、基本条例の深化といいますか、進化をしっかり見せたいと思っています。

木佐：地域自治のあり方を考えると、熊本県宮原町（現・氷川町）の「まちづくり情報銀行」の取り組み、その成果というか住民自治の発展などは、もっと知られていいですね。要するにお金を自治的に処理する仕組みをきちんと作って、その町民同士の議論で配分額まで決めて、あるいは、自主事業で効率的なしごとをしたりされています。

加藤：そうですね。まさにコミュニティのあり方が正面から考えられ、作り上げられた仕組みではないでしょうか。ちゃんと町内会ごとにマトリックス表まであって、それぞれいくら予算が配分されるかまで透明になっていますね。ちょうど、ニセコの１００回目記念の町民講座の際、宮原町のまちづくり情報銀行に携わった職員の方にニセコへ来てもらって、議論したのを覚えています。こうした住民自治の実践から、とても多くの刺激をいただきました。

木佐：合併が行われた後、今まで議論を経たまちづくりをすることに慣れていない旧町の各地区に、旧宮原町の職員らが毎晩入って説明会を開いたり、討議をされています。議論の風土のないところで、一から議論をしていくのは大変だそうです。道路一本隔てただけの隣町だけど、そちらの町は、旧宮原町のまちづくりのことが全然分かっていないそうです。今でも道路広げてくれとかいう陳情しかないといったことも聞きます。

一般論に戻りますが、コミュニティも歴史があって、会費や経費をどうするか、決算などの公開、そもそも、町内会の加入義務だとか、登録義務とかいろんな論点がありますね。

加藤：かなり無理がある話ですが、あえてこのような視点で議論すると、面白いのではないですか。町内会への加入、参加は、選挙など政治の仕組みと同じ考えで、住民の半ば義務と考えてはどうでしょうか。極論であることを承知のうえですが。加入した町内会が悪ければ、つまり何か問題を抱えていれば、引っ越すか、自らの力でそれを変えなければならないわけです。自治体も一緒です。しかし、一方ではまちづくりの活動への参加や不参加を理由として、差別的な扱いを受けない（10条4項）とする「まちづくりに参加する権利」もありますので、難しいところです。この権利は、コミュニティレベルではどう考えればいいか、という問題もあります。いずれにしても、もう少し議論が必要ですね。

木佐：しないといけないでしょうね。私自身は、この強制加入の義務を認めるかどうかは白紙です。特に、町内会・自治会は、小さな自治体でも何重にも学区単位とか連合組織などがありますし、各狭域自治レベルの問題が、どういう点につき、どこまで大都市型の自治基本条例に書けるのかが思案どころです。今まで加藤さんと議論してきたさまざまのテーマは、結構、世界的普遍性のあるものだと思うのですが、コミュニティ論は、土着的な要素が多くて、「世界基準」を容易に考えることは難しいと思っています。北九州市で自治基本条例の案文を考えていたときは、それこそ第二世代の条例として、これを中国本土、台湾、韓国に影響を及ぼしたいと思っていたものですから、よけいにその難しさを感じました。

加藤：視点が広がりますね。

木佐：どの国も、地域レベルでは、やはり同じ問題があるようです。中国には民族自治区がありますが、憲法で基本的なルールを定めるようになっているそうです。ところが、まだそれが制定されていない自治区が、けっこうあると聞きます。そして、北京とか上海とか、大都市でも、その都市の基本ルールを定めてもいいだろうし、定める必要があるだろう、という風に、私の大学院の講義やゼミに出ている各国からの院生や訪問教員らは考えています。アジアの国々、とくに韓国でも自治基本条例への関心は増しています。余談ですが、私の言うことは日本政府には採用してもらえないので、もっぱらアジア諸国で実現してもらうことを狙っています。インターネットで見る限り、日本の自治基本条例に関する文献や条例が中国本土などでもかなり紹介されるようになってきました。韓国では言うまでもありません。

加藤：そうしたアジアへの影響を考える、というのは迫力ありますね。とても面白い切り口ですね。

木佐：私は、バランガイという自治組織のあるフィリピンとか、さらにはインドネシアの町の基本条例までは現時点では考えていないですが、韓国、台湾、中国本土は、射程に入りますね。そこに、例の「ニセコの呪縛」の第二バージョンが入っていくと、関係者冥利に尽きます。

加藤：コミュニティの問題は、地域自治の根っこになる部分ですから、日本の優れた歴史や地域の風土を大切にしながら、今後も議論していきたいですね。

議会の変化と課題

> **第17条（議会の役割）**
> 1　議会は、町民の代表から構成される町の意思決定機関である。
> 2　議会は、議決機関として、町の政策の意思決定及び行政活動の監視並びに条例を制定する権限を有する。

第18条（議会の責務）

1　議会は、議決機関としての責任を常に自覚し、将来に向けたまちづくりの展望をもって活動しなければならない。
2　議会は、広く町民から意見を求めるよう努めなければならない。
3　議会は、主権者たる町民に議会における意思決定の内容及びその経過を説明する責務を有する。

加藤：議会のことを取り上げましょう。ニセコ町の議会では、基本条例の一次改正の時は、非常に意欲的でした。その後、定数減になった直後の選挙では無投票でした。投票がなかったので、まちづくりのこと、基本条例のことなどについて、議員さん個々の考え方を聞く機会がありませんでした。「無投票でも信任投票を実施したらどうか」と、子ども議会で質問が出たのには驚きました。さらにその後の直近の選挙は、東日本大震災直後ということから選挙運動自体が自粛ムードであったため、基本条例のあり方などの考え方を十分伺う機会がありませんでした。

木佐：なるほど。子ども議会ではちゃんと反応が出ていますね。

加藤：信任投票すべきだという子どもの質問に対し、当時の総務課長が「信任投票という制度はありませんが、この後の4年間でそれが試されます」といった趣旨の回答をしたのも、その通りだなと思います。

木佐：なるほど、どっちも良いセンスしている。

加藤：子どもも含め、町民は議会活動に対して厳しい目で見ているのだと思います。

木佐：だけど、子どもを含めて住民も厳しい目でありながら、前々回の選挙では、各地区代表みたいな形で収まってしまったわけね。10人が。

加藤：これまで改革派といわれてきた議員が引退してしまったこともあるでしょう。もちろん引き続き頑張る人もいます。

木佐：若手はどうでしょうか。

加藤：若手と呼ばれる世代があまりいないのが残念なところです。

木佐：議員報酬はどの程度でしょうか。

加藤：議員報酬は町の予算説明書にも明記しており、15万5千円です。もちろん、ニセコの場合は、働き盛りの世代が議員収入のみで生計を立てるのは無理ですね。政務調査費の支弁もありません。

木佐：報酬オンリーでは本来的な議会活動は絶対無理ですね。すると、次回の議会は多少それを反省して、少し町の中から出る、つまりやや都市型の方が出たりする可能性は、まあ、ない訳じゃない。今後は、完全にこの地区割り的にはいかないでしょうか。

住民として動いたほうが速い？

加藤：住民目線という部分では、議員になるよりも一住民としてまちづくりにどんどん関わっているほうが、自由に動けるし、速いという方もいます。

木佐：なるほど。

加藤：直接参加する方がむしろ速くていいから議員には出ないという方がいて、本来の議会に期待された姿から言えば困るのですね。やる気のある人は議員としてもがんばっていただけると、町にとっても大きな貢献になると思うのですが。

木佐：議員として活動するよりも住民として動く方が手っ取り早いというのも、面白いですよね。そういう点では、日本の議会制度に対して、基本条例が一つの問題を提起しているということですね。ニセコということではなく、特に機能不全の議会制度に対して。私は、今の日本の議会制度は、世界の地方議会制度の悪いところをつまみ食いして集めていると、講演の機会があるたびに言っています。それを今回議員の目の前で言う訳にもいかないから大変ですけど、ニセコ町の場合だったら、住民参加と直接参加、まあ、直接民主主義的な委員会制度があって、そっちのほうがより人を説得するものが、費用対効果の面でもあって、かつ、時間的にも速いというまちづくりの仕組みができてしまっているから、議会が無用の長物化してしまう恐れがある。ただ、町全体のための条例を作る時には、委員会と執行部だけでは、不可能ですから。本当に動いている市民というのは、60代以下ですよね。多くはね。

加藤：そうですね。

木佐：ところが、議員になるのは、定年退職ぐらいしていないと、この金額では、やっていけない。

加藤：その通りです。

木佐：それが、私が見るヨーロッパなんかは、もうちょっとうまくやっていますよね。無報酬あるいは実費弁償程度でありながら、いま言われるような参加をしながらやっているので、どういう議会の仕組み、あるいは議員と執行部の関係がいいのか。基本条例を次回改正するときに例えばニセコの議会制度をいじるというのは、今の地方自治法上は、簡単なことではないですが。何かの手法を用いて本当の民意を反映するような議会に持っていく議論を最低しないと形骸化するだけですね。誰か一人の議員が踏ん張って、やっと議会活動としての形だけ残すのではまずいですよね。

加藤：そうですね。ニセコがということではありませんが、住民の本来の期待に反し、自治体の中で議会がある種形骸化していくということは大きな問題です。栗山町のように、議会自らが自治の改革の先頭に立っていくことも、時には必要ですし、すばらしい事だと思います。

木佐：そう思います。

加藤：ニセコ町は、基本条例を1次改正した際に議会に関する規定が入りましたが、その規定が、今あまり動いていないように思います。その動いていないことに対して、住民目線も厳しくなるのではないかな、と思っています。組織としての議会、その長としての議長の役割も大切ですね。

木佐：やっぱり2期8年とか、議長がきちんとした理念を持って議会を運営するということは、ヨーロッパを見ていると大事だと思うのです。職員も一定期間の継続が必要だと思いますし。話が飛びますが、フィンランドの子どもの学力が高いのは、ごく最近の朝日新聞の現地取材によると、学校の先生が皆修士号を取得していて、そして長期間同じ学校に勤めているからだっていうことです。一般に日本は、この二つの要件が、全部抜けているのではないですか。一つの職業とか職務を長期にすること自体は、絶対的な悪ではなくて、普通は継続性のある仕事や事業には要るのですよね。ただ、人によって当たり外れがあるので、日本では定期人事異動という形で対応している。議会の場合には、叙勲の関係とか、平等な議長経験などの要素から1年交替や2年交替があるのですが。

加藤：そうですね。議会と首長の関係を考えると、馴れ合いの関係になることがいちばん危険ですね。互いに白紙委任的なやりとりをしだした場合、住民から見ると「何をやっているんだ」ということになりますね。夕張市の財政破綻はまさにそこが教訓といえます。この議会の課題は、具体的にたくさんありますので、後ほど議論しましょう。

【コラム4】

まちづくり基本条例10年に寄せて

佐々木静子（自営業・元ニセコ町広報広聴検討会議委員）

「まちづくり基本条例」にニセコ町広報広聴検討会議委員としてかかわったのは10年前になります。

木佐先生、逢坂元町長（現衆議院議員）はじめそれぞれの分野で活躍している方々が議論を尽くしてこの条例が作られました。その中で私は一町民として参加しました。皆さんが民主主義に基づいた揺るがないルールを作ろうと真剣でした。

先日、久しぶりに「まちづくり基本条例」を読んでみました。

前文から目的そして原則と読み進んでいくうちに背筋が伸びていくのを感じました。何度も読み返し、そしてさらに感じたのは清々しさでした。

この条例が制定された折には、広報誌でその内容が詳しく紹介されました。でもその後、多くの人はこの条例に触れる機会は少なくなってきているように思います。繰り返し広報などで取り上げて頂いたら、私のようなものでももっと町民としての自覚を持てるのかもしれないと思います。

個人的ではありますが私がこの条例のなかで気に入っている箇所は、先に触れた前文、目的ももちろんそうですが、第6章（現・第7章）の「町の役割と責務」の第18条（現・第26条）（就任時の宣誓）です。これは町長はじめ町の代表者がご自分の言葉で理念を町民に向って宣誓するというものですが、大統領の所信表明のように国民に（町民に）向いているところが素敵です。

また、第4章の第11条に「満20歳未満の町民のまちづくりに参加する権利」という一文があります。これはぜひ子供たちに知ってもらいたい条文だと思います。きっと子供たちは認められていることに誇りを持つことと思います。

他にも、この条例の中ではとても細かく私たちがこんなときにはどうしたら良いのか迷ったときには導いてもくれます。そして私たちは権利とともに責任もあるのだということを教えてくれています。

私たちの町には素晴らしい「まちづくり基本条例」があるということを今回改めて実感しました。これからは折に触れ手にとっていきたいと思っております。

【コラム5】

まちづくり基本条例制定に関わって

世界　仁（元まちづくり基本条例策定プロジェクトメンバー）

●はじめに

わたしが２０００（平成12）年にニセコ小学校の校長に命ぜられた時期、日本の教育界は21世紀に向けた教育改革の渦中で、地域に開かれた学校づくりが強く求められていました。

そのような折、基本条例案を検討する会に参加する機会に恵まれました。逢坂元町長さんをはじめ役場の職員や他の委員の方々と何度も検討を重ねる過程でわたしは大変貴重なことを学びました。特に、教育に携わる者として学校を変えていくのに大変役立ちました。

あれから８年も経過しているので記憶がかなり薄れてしまいましたが、教育分野の視点から、今でも強く印象に残っていることをまとめてみました。

＜まちづくりと学校づくり＞

当時（もちろん現在も）教育界では「開かれた学校」ということが強く叫ばれていました。裏返せば、学校は非常に閉鎖的だということです。学校内のことは職員間で決めることで、地域や保護者にはあまり口出ししてほしくないというのが本音でした。地域の方々が気軽に学校を訪れようにも少々敷居が高かったようです。このような状況を一歩でも二歩でも改善しようと考え、当時わたしは町のいろいろな方々との人間関係づくりに努めさまざまなご助言をいただきました。中でも、ニセコのまちづくり基本条例制定に関わったことは、新しい学校づくりに大いに役立ちました。

ニセコ町のまちづくり基本条例にはまちづくりの崇高な理念が示されていますが、それはニセコ町のまちづくりの具体的な実践に裏打ちされています。

その第一は「情報の共有」です。ニセコでは予算や税金の使われ方などを分かりやすく知らせる冊子「もっと知りたいことしの仕事」の発行をはじめ、まちづくり広聴箱、まちづくり町民講座、まちづくり懇談会などさまざまな情報発信や住民参加の機会を設けています。

学校でも同じように実践してみようと考え、これまで保護者にだけ配布していた「学校だより」を全町民に回覧で知らせるようにしました。また、教育改革の動向や総合学習などについての学校説明会や地域の方にも授業参観の機会を設けるなど学校の情報を積極的に発信するようにしました。

第二は「住民参加」。今でも強く印象に残っているのは、ニセコ中学校の改築、「あそぶっく」

建設に当たって、大人だけでなく当事者である子どもたちの提案を積極的に取り入れるようにしていたことです。「子ども議会」の取り組みもそうですが、条例の第11条のとおり具体的に子どもの権利をしっかり保障していることはすばらしいことです。

＜住むことが誇りに思える町＞

ニセコ町で3年間暮らしてみて、強く感じたのはとてもすばらしい町、暮らしやすい町だということです。何がそうなのかというと、一言でいえば条例の前文にあるとおりなのです。自然環境は言うまでもありません。先祖代代暮らしてきた人、近年移住してきた人、わたしのような転勤族なども融合して、みんなで町を盛りたてていこうという雰囲気を強く感じました。一人一人の人間が自立し、行動してはじめ集団や社会も質が高まります。これは学校教育も全く同じです。子ども一人ひとりが自ら考え行動できる自立した人間に育てる重要性を再認識しています。ニセコの歴史や風土、町民の郷土愛、相互扶助の精神などが土台となってのまちづくり基本条例なのだと思います。

●おわりに

基本条例の条文の検討に当たって、わたしは「とかく法律の文章は堅苦しく難しい表現が多いのでできるだけ平易な表現にした方がいい」というようなことを述べたように覚えています。今改めて条例を読んでみて、「町の仕事」など親しみやすい言葉が使われているのは、法律には全くの素人のわたしの意見をメンバーの方々が尊重してくださった結果なのかな、などと当時を懐かしく思っています。

基本条例を絶えず見直し、また、町の仕事を絶えず評価しよりよいものにしていこうとするニセコ町に心より敬意を表しますと共に、町の益々の発展を確信しています。

ニセコのようなまちづくりの実践を全国の自治体が実践すれば、日本も真の国民主権の国家になり、もっとましな国政が行われると思うのですが、これはちょっと飛躍でしたか。

（２００８年執筆）

注

4　ニセコ町小学生まちづくり委員会設置要綱（平成14年訓令第12号）、ニセコ町中学生まちづくり委員会設置要綱（平成14年訓令第13号）は、「子どものまちづくりへの参加」に関するニセコ町ホームページ（http://www.town.niseko.lg.jp/machitsukuri/jyourei/kodomo.html）に掲載されている。両要綱ともニセコ町例規集にも登載。また、委員会活動の内容も同ホームページに掲載。

5　ふるさと眺望点については、ニセコ町ホームページ（http://www.town.niseko.lg.jp/machitsukuri/keikan/about/tyobouten.html）で紹介している。

6　やまえ村民テレビ　http://ystv.vill.yamae.lg.jp/

7　山江村メール配信システム　http://mailmg.vill.yamae.lg.jp/

4　条例を生み出し、育てる

ゼロからの制定作業

第54条（条例制定等の手続）
1　町は、まちづくりに関する条例を制定し、又は改廃しようとするときは、その過程において、町民の参加を図り、又は町民に意見を求めなければならない。
（ただし書き以降略）

木佐：松下啓一氏の本は、日本中の現場で非常によく読まれましたので、あえて触れますと、特に、自らが自治体の政策担当者の立場であったということを前提にされた後、「研究者主導で始まった条例制定の動きに、ある種のリアリティの乏しさを感じていた」（同『自治基本条例のつくり方』「はじめに」の冒頭）とも書かれています。我々は、外国の事例の勉強、そして、日本での同種条例の制定企画に関する歴史研究から、「基本条例」と銘打ったものを理論的に果たして作って良いのか、というところから勉強をしなければならなかったのですが、こういうことを住民の方々が彼らだけで先に発想されるかどうか。そもそも住民・町民の信託を受けた当時のニセコ町長（逢坂町長）が、その必要性を感じて制定可能性を模索した、ということで、契機としては十分だと思うのですが、加藤さんは、この点、どう考えられますか。

加藤：それで十分でしたし、そうした契機を得るのにも、多くの町民議論を経ています。少なくとも、自治の当事者が真剣に自分たちの将来を議論している現場では、そもそも研究者主導ということはあり得ません。それこそリアリティがありません。ただひとつ言えるのは、基本条例のような新しいことを仕掛けたいと発想したときに、住民の議論だけでは知識やノウハウが不足することがあります。それを研究者や自治体職員のネットワークで補えばいいわけです。ニセコの場合、札幌地方自治法研究会の力をたくさんいただきました。その知識やノウハウを再びニセコに持って帰り、町長、職員、住民で徹底して煮詰め、毎晩夜中まで議論したわけです。きっかけは何であれ、まちづくりの「基礎」部分を最後はニセコで考えることができたのはよかったし、それが次への大きな一歩になったと思います。

木佐：建物でもそうですが、「基礎」は大事ですよね。「呪縛」を受けた他の自治体が、もし住民だけでニセコ条例の条文の切り貼りに近いことをされているのだとすれば、それは基礎工事なしに、上屋だけを作るようなものでしょう。ただ、すべての自治体が、比較法研究から歴史研究までしなさい、というのも無理な話ですし、場合によっては無駄になるかと思いますが、我々は、ほとんど前例のないところから始めたわけですよね。私たちは、当時の逢坂町長の問題意識を受け、最初から直ちに住民の方々が入っておられる委員会とか研究会で作業を始めていたとすれば、今のこの条例にはたどり着かなかったという気がします。

加藤：ニセコでのきっかけは、首長というリーダーの強烈な問題意識でした。もちろんこの背景には、徹底した町民との情報共有があります。町民の力が、まさにリーダーに伝わり、それが条例づくりの原動力となったのだと思います。そしてただ単純に町内の従来方式で条例作りの検討をしていたのでは、中身のある基本条例はできなかったと思います。当時、木佐先生が中心となって活動されていた札幌地方自治法研究会と共に、条例試案づくりから進めたことが鍵となりました。毎月1回手弁当で札幌に集合する有志の自治体職員のみなさんの協力がなければ、ニセコの基本条例も誕生していなかったでしょう。

木佐：私は2007（平成19）年から北九州市での自治基本条例づくりに関与することになりましたが、ここでは最初から各種団体の代表の方や、公募市民が入っておられます。しかし、この委員会には、市の担当部局にお願いしまして、大学教員2名と弁護士さんにも入ってもらっていまして、この委員会の委員数は16名でした。果たして、この人数だけで基本条例の骨組みができるか、しかも、前例として当時すでに100自治体以上を上回るような数のある基本条例を超えることができるのかは、正直自信がありませんでした。100自治体以上が制定した、となると、私は、自治基本条例は第二世代、あるいはさらに次の世代の標準仕様を考えなければならない、と思っていましたので、本当に市民力だけで骨組みができるのかには疑問を抱いています。市民と、市民代表、そして議会の声はいうまでもなく至上の価値を持っていますが、それだけでは法理論的な面でも、また、比較法的な面でも、また将来を見据えても十分ではない。そこで、外からのさまざまな形の応援団が必要だと考えているのです。

加藤：まったくその通りだと思います。特に地方自治、まちづくりは、日本は意外と成熟しているようで成熟していません。「おらが町」「おらが村」の主張だけでは、何も変わっていけないと思います。住民、自治体職員などさまざまな立場での連携、協力がやはり必要ですね。

木佐：そして、市役所内部でもまだ認知度は低いですし、市民の間では知られていないに等しいわけです。そこで、まず自治基本条例が大事なものであることの伝道師を職員にいっぱい作らなければ、とても啓蒙活動もできない、という風にも思うのですが。

加藤：その通りですね。

基本条例の周知度

木佐：例えば人口130万人の大都市で、認知度を高めるにはどうしたらいいでしょうねぇ。

加藤：我々が基本条例作ったとき「作っても変わるものはない」と言っていたのですが、人口130万人の自治体も、5千人の自治体も、ともに「変わるものはない」のかもしれませんが、「自治基本条例は、まちづくりの実践を積み上げていく地域の『憲法』なのだ」という意識を持てるムーブメントを作ることが必要ですね。

木佐：少し乱暴な言い方ですが、私は、自治基本条例に関して、自治体の規模による差といったものをあまり議論しても意味がないと思っています。条例の本質を考えれば、その自治体としての住民自治を進める意思表示であり、何か大きな問題が生じたときに機能するよう、仮に全体的な条例の認知度が少なくても、意欲、意識のある高品質な条例を作っておく。これにより、住民の「まちづくりにかかわる権利」を保障する、いう考え方もありではないか、と考えます。北九州市で果たして9千人の住民が内容を知っているだろうか。疑問です。この数字が人口の1％なのですが。それでも作ることに意味はある。

自治（まちづくり）基本条例に規範性？

第55条（この条例の位置付け）
他の条例、規則その他の規程によりまちづくりの制度を設け、又は実施しようとする場合においては、この条例に定める事項を最大限に尊重しなければならない。

第56条（条例等の体系化）
町は、この条例に定める内容に即して、教育、環境、福祉、産業等分野別の基本条例の制定に努めるとともに、他の条例、規則その他の規程の体系化を図るものとする。

木佐：「基本条例には規範性がない」ということを言う人が多いので、この点についていろいろ考えているところです。例えば２００４（平成16）年にニセコ町で景観条例を作ったときのように、プロセス自体が基本条例のかなり厳しい拘束の下にあって、職員も住民もその条例のことが頭の中にあり、策定に至るわけですね。その制定された景観条例にも、対話義務が書かれているのですよね。

加藤：そうです。基本条例の精神に従った条例づくりを進めています。

木佐：そうすると、やはり根っこをたどると、基本条例に行き着くわけで、体系性があると言えるのではないですかね。これは、自治基本条例には広い意味で規範性が認められていることを意味しませんでしょうか。研究者は、最高規範性ということと、裁判規範性の有無を問題にするのですが。

加藤：法律の研究者はすぐに法技術的な結果といいますか、具体的な法的効果を求めますが、基本条例はそうした裁判規範性の有無などでは検証できないことが多いと思います。私は基本条例を中心に、ニセコ町の中でさまざまなかたちで規範性が存在すると思っています。

木佐：ところが、懐疑的な研究者もかなりおられますね。川崎政司氏（慶應義塾大学客員教授）などもそうです。基本条例の下に位置する分野ごとの基本条例も、あまり作るべき必要はない、といったことを書かれています。それに対して、ニセコの場合は、景観と環境と、これも基本とは書いてないけど、言ってみれば、まあ景観基本条例みたいな発想ですね。ただ、「基本」と言うと、具体的な規制する条文などを書くべきでないという考え方もありますが。

加藤：ニセコの場合は、景観基本条例と言ってもいいですね。確かに、景観に特化したことを書いており、義務もありますから、単純には基本条例と言えないと思います。結局、今その景観条例で効き目を持っているのは、住民説明の部分が光っているからなのです。新しい開発計画をニセコ町に持ってくる事業者は、やはりそこが最も気になるわけです。「ああ、やっぱりニセコは対話の町だ。厳しいな」と。必ずどこかで地域住民と膝を交えて議論をしないと駄目なのだと。これは、景観条例の規範性によるものと思います。開発事業者のみなさんは、相当真剣に住民説明会に準備するものを役場に問い合わせます。説明会も、役場がセットするのではなく、事業者が主催という形でやってもらっているのです。

木佐：２００４（平成16）年制定の景観条例自体は、第６条で、「事業者の責務」という見出しがありますが、「事業者は、自らの活動が地域の景観に大きな影響を与えることを認識し、その事業活動の実施に当たっては、地域の景観を損ねることのないよう自らの責任と負担において必要な措置を講じるとともに、景観づくりに寄与するよう努めなければならない。」と定めていて、この条例の中で事業者に住民説明義務それ自体を課しているわけではないですね。つまり、事業者が実際に課されている説明義務は、抽象的には、まちづくり基本条例に拠っていると考えることになるのでしょう。

つまり、いままで、実質的に事業者に説明義務を課していて、その結果として、法的な意味のトラブルにまで行った例はないと考えていいですか。

加藤：そうした上で、具体的な住民説明会の実施義務を別に定めています。今のところはトラブルありません。こうした条例の趣旨を役場担当者が事業者にしっかり説明した上で、これまでこういう趣旨でやってきた町だから、役場が説明するのではなく、事業を進める人がきちっと住民の皆さんに向かって開発の意義や説明をするのは当然のことでしょう、というわけです。

木佐：そして、地域に受け入れられてもらう事業者なり、事業経営であれば、むしろお宅にとっても有利ですよということを、本人たちも理解されるということでしょうか。

加藤：そうです。本当にそこで反対運動なり、どうしても合意できないことであれば、そのとき初めて役場が間に入って、場合によっては景観条例の規定によって環境審議会の意見もきちんと聞き、判断させてもらうということになるわけです。こうして規範性を考えてみると、景観条例を結局動かしているのは役場職員であり、住民であり、誰かがまちづくり基本条例をきちっと意識して、必要な行動を起こしているっていうことになるのか思います。何よりも基本条例で培った精神が根本ですが。

こうした考え方は、最近の条例策定にも活かされています。２０１１（平成23）年に入り、2本の新たな条例を制定しました。水道水源保護条例と地下水保全条例です。この2本の条例は、基本条例の下にある分野別基本条例のひとつ、環境基本条例の理念を活かす条例として定めました。この中にも、水資源を利用しようとする事業者は、住民説明会の開催が義務付けられています。すべての流れを通じ、立派な規範性をニセコなりに築いてきていると思っています。

木佐：規範性っていうと、みなさん何かやはり刑罰とか、行政処分が予定されているということを念頭において、議論していると思いますが、これが単なる道徳規範でもない、倫理規範でもないのは、職員の方も住民の方も基本条例を見ながら、うちのまちはここまではやらないといけないという、一種の合意規範にはなっているところに意味なり意義があると思うのですね。確かに、最初は、直ちに裁判の判決が出るときの規範になるか、という話ではなかったと思います。ところが、仮に、説明会などの段階でもめてしまって仮処分事件が起きるとか、もっと具体的に例えを挙げますと、工場ができたとか、クリーニング工場の汚水問題が出て、仮処分申請などの裁判になった時でも、他の事業者は全部従っていて、いわば相互合意の上で、結果として立地できないということが起きた時に、ニセコに即していうと、景観条例や環境基本条例があり、具体的な公害防止協定なども存在する、さらにそれらを導く上位のまちづくり基本条例があって、公害発生の可能性がある施設は、住民や自治体である町との対話が不十分であるから、ここではあなたの仮処分申請は認められないよというような形に、私はなりうるという気がするのですが。このまちづくり基本条例の存在と実践から、この地域における公序良俗とか信義則とかを導けるのではないか、と。

加藤：そういう面では、とても説得力がありますね。それが、まさに実際に今ニセコで行われている通りのことです。

木佐：私は、自分が弁護士としてお手伝いするのであれば、そういう風に話しますね。このまちづくり基本条例は、罰則や具体的な許認可制度を定めているわけではないが、もう実質的に規範性を持っていると言わざるを得ないと思うのですが。

加藤：そうですね。実際にそうやって動いているわけですから。私も、研究者が言う罰則があるかないかですとか、そういった技術的な要件などではない、我々自身が作り上げてきた考え方や精神そのものが規範性をなしているのだと感じます。

木佐：そこで、例えば東京の小田急事件の最高裁判決が環境基本法まで読み込むことで、原告適格を認めた有名な事件であって、ロー・スクールの学生たちはみんなそれを知っているわけですね。学部の学生でも今は知っています。環境基本法というのは、今までは「抽象的なものです」と言ってきたはずですが、原告適格を導く根拠の一部になっています。そう考えると、まさに今の情報共有社会の実践の中で、基本条例自体が規範性を担ってくるようになったと捉えていいのではないですかね。あるいは、規範性が共有化されてきたというか、そういう言い方が、私はできると思いますね。

加藤：そう思います。同じ発想です。基本条例を作ってから動く、何か始める、ということが少なかったからなのかもしれません。しかし、やはり制定の後の実践をきちんとやってきたから、それが自動的に、規範性をたゆまず生んでいると言えます。

木佐：ですよね。国の法律の場合、法律第何号に書いてあると、それらをすべて規範だと言っているのですが、実は、お題目だけの法律はたくさんありますね。特に何々基本法の場合、個別の実施法律がないものも結構あります。しかし、国の法律に関しては条文があると「規範である」と言う。ところが、自治体の基本条例は、それとは違うと主張されるのですが、仮に他の自治体と同じ文言の条文であっても、ある程度、慣習化していき、それに反したら何らかの制裁、ないし不利益があり、町民からの厳しい目線とか、結果として立地できないとか、というものがあると思うので、いくつか挙げてもらった事例からすると、まずは、裁判規範性というよりも、何らかの法的規範性は少なくともあると言ってよいのではないでしょうか。

加藤：法的規範性もそうですが、社会的な規範性ということにまで広がるのではないでしょうか。

木佐：その点は言うまでもないですね。そして、すでに述べましたが、場合によっては、裁判規範としても援用される余地、可能性はあるのかなということですね。具体的に言うと、まさに企業の進出、立地などの場合に、役場との事前交渉、行政側から見た場合には行政指導に当たるとされる法的対話が尽くされていない、その段階で企業が建築確認とか事実上の建設工事を開始するという事態が起きたときに、民事裁判を住民が起こしたと考える。その際の裁判所の判断要素の中に、事業者は、企業住民として自治基本条例が予定する住民との対話を尽くしていない、というような論理構成が本当に不可能なものか。念頭にあるのは、小田急訴訟で最高裁が、環境基本法まで援用して付近住民の原告適格を認めている部分なのですが。

加藤：そのような積極的な判断が生まれるというのも、まさに基本法や基本条例の存在意義なのだと思います。日本人は、諸外国の人に比べ、相変わらず対話や議論が下手で、またそうした訓練もされていないと言われますが、情報共有や住民参加といった、社会行動の基礎になる部分を積み重ねることで、本当の意味の規範性が生まれてくるものと思います。

広域連携の実践

> **第51条（近隣自治体との連携）**
> 町は、近隣自治体との情報共有と相互理解のもと、連携してまちづくりを推進するものとする。

木佐：次は、連携の話に入りましょう。基本条例に規定のある広域連携を実際に提言という形で活かされたと聞きましたが。

加藤：基本条例とは少し離れたところで、自治体広域連携のありかたをニセコから提言、発信してみたことがあります。ちょうど市町村合併の問題が多く議論された時期です。

木佐：２００４（平成16）年頃に合併協議をいったん行った近隣町村の範囲ですか。

加藤：はい。具体的には、近隣の16の町村で地方自治法にいう広域連合（現、後志（しりべし）広域連合）を立ち上げました。その立ち上げ当初の議論に影響している、ということがありました。実際の立ち上げは、当時の首長さん方のリーダーシップによるものでした。

木佐：この提言者がニセコ町側というより、ニセコ町側という意味なのですね。

加藤：はい。ニセコ町側というより、自治体連合そのもののあり方を広く提案したわけです。２００５（平成17）年６月に庁内プロジェクトとして提案しています（注８）。当時の逢坂町長から指示があって、合併議論も一段落していたこともあり、「新しい広域的な連携の仕組みを探ろう」ということになりました。そしてプロジェクトで考えた成果を町長に報告し、町長やプロジェクトメンバーがいろいろな場面で多くの人とその成果を共有したわけです。その中で、ニセコを含む後志地域での具体的な連携の方策としても、貢献できたかたちになりました。

木佐：なるほど。多様な形で、提言を繰り返してきたこと、それが町長の出席する会合であったり、職員が出席する会合であったりで、それがまた受け入れられるようになったと。こういう意味ですね。

加藤：そうですね。提言がそのまま形になったわけではありませんが、考え方や方向性は実現できました。この広域連合の目的などですが、後志広域連合と言いまして、構想はとても大きいと思っています。国民健康保険や介護保険はもちろん、将来的には、教育委員会や農業委員会の事務局など、事務の共同処理を一括で扱うとともに、それぞれがスリムになった基礎自治体として共存しよう、というものです。

木佐：コンピューターで管理できるようなものは、すべて一括で扱っていくのですか。

加藤：そうした発想です。まずスタートしたのは、税の滞納整理事務からでした。

木佐：広域的な滞納整理は、今は全国的にはやっているので、ノウハウ的にはかなり確立してきていてそれほど難しくなかったのでしょうね。

加藤：この後、国民健康保険と介護保険の事務が順次スタートしています。

木佐：ニセコ町の場合、例えば消防は、実態はともかくとして、もともと事務組合でやっていましたね。広域連合で行うという方向は、従来の一部事務組合の運営方法があまり機能していなかったからでしょうか。

加藤：そうですね。事務組合方式というのはたいへん難しいですね。特に意思決定がどうしても不透明になりがちであることが問題です。後志地域にも事務組合がたくさんあるので、それを整理統合するとなると、たいへんな問題です。

木佐：救急体制はどうなりますか。そして、この広域連合策は、将来の合併問題、正確に言うと、合併をしなくていいための理屈づくりでしょうか。

加藤：救急体制も課題ですね。このことに限らず、自治体広域連携の仕組みとしての広域連合は、合併対策のものではありません。「連合の中で何とかやろうよ」という結論になれば、それでも良いし、「これはむしろ合併して進めた方がよい」ということであれば、それでも良いわけです。

木佐：なるほど、そういう考え方は分かります。ただ、ニセコ町の場合には、地域に住んでいる人にとって「ニセコ」という名称に誇りも愛着もある。そうなると、あえて地域性を強く出さなくてもいい広域連合でできる部分とか、コンピューターで処理できる部分とか、お互いに行き来しなければいけない救急とか消防のところは広域体制で、しかし、骨組みの景観とか、まちづくりのソフトの部分とか、そういうものについては、やはり自治体としての各町村が、責任をもったほうが良いという発想でしょうか。私などが考えているヨーロッパに類似したものになりますね。

加藤：確かに、そのような役割分担的なイメージは持っています。北欧諸国でも広域連合と同様の仕組みがありますが、やはり根っこは、まちづくり基本条例で培われた住民自治にとって、どのような自治のかたちが最適か、ということになってくると思います。

木佐：フランス、スイス、ドイツなんか見ると、確かにそのような感じですね。連合市町村とか、郡がこうした機能を担っていますからね。

加藤：そういう面では、我々もたくさん議論しましたが、自治のかたちにも多様性というかバリエーションがあってよい、それをもっと許容していくべきだと考えています。そうしたこともまちづくり基本条例の精神から生まれた議論かもしれません。

条例制定理由の甘さとは？

> **第54条（条例制定等の手続）**
>
> 1　町は、まちづくりに関する条例を制定し、又は改廃しようとするときは、その過程において、町民の参加を図り、又は町民に意見を求めなければならない。ただし、次のいずれかに該当する場合はこの限りではない。
>
> (1)～(3)　略

2　町は、前項（同項ただし書きを除く）により作成した条例案をあらかじめ公表し、意見を求めるものとする。
3　町は、前項の規定により提出された意見について、採否の結果及びその理由を付して公表しなければならない。
4　提案者は、前3項に規定する町民の参加等の有無（無のときはその理由を含む。）及び状況に関する事項を付して、議案を提出しなければならない。

加藤：ニセコ町で最近感じたこととして、条例制定理由の甘さという問題について、少しお話します。基本条例の規定では、条例制定改廃の時には、住民参加の状況を提案理由に記載し議会に提出するようになっています。それが、かなり「甘い」書き方になっていた時期がありました。議会が更に厳しいチェックをしたら、町がどこまでしっかり参加手続を踏んでいるのか、疑問だとするものもあるでしょう。非常に簡単な書き方だと、簡単に参加手続を不要と判断してしまうとか、検証すべき点が出てきています。これは、法制担当課がそうした仕組みをきちんと仕切っていない、ということもあるとは思いますが、運用レベル、つまりそれぞれの原課の担当者時点での問題が大きいですね。担当者が基本条例の意図を理解し、事実として住民参加をしっかり進めたかどうかです。それを条例制定理由の中で、議会にしっかり報告できるかどうかです。

木佐：ただ、この理由というのは、われわれの表現でいえば、いわゆる立法事実と条例化を必要とする論拠ですよね。なぜ条例を作らないといけないのか、ということです。

加藤：まさにそこを事実と共に説明するわけです。

木佐：そのこと自体は、まちづくり基本条例の議会の章に書くのか、条例制定手続のところで、この種の吟味を必要とするという仕組みを書き込まなければいけないのか、ということでしょうが、しかし、この趣旨はすでにニセコ町のまちづくり基本条例から読み取れるはずですよね、これは、職員の中で、基本条例認識あるいは認知度なり意識が希薄化しているということですか。

加藤：ですから、なおさら意識付けしていくことが必要です。この反省から、「法令審査会」という内部組織をつくり、基本条例に定める住民参加が必要となる条例策定の際には、この審査会の審査を通らないと議会に提案できないようにしました。審査会では、法令としての内容審査が第一ですが、条例策定過程において住民参加がしっかり図られているか、情報共有は十分か、といったことも検証しています。実際にこのことが活きたのが、最近策定した水道水源保護条例などです。住民説明会などを十分に実施し、その結果を議会への提案理由に掲載しています。

　計画策定段階での住民参加の進め方など、基本条例に規定する制度の実施について職員研修などを重ねる必要はあります。基本的には、日々の仕事の中で職員が自発的かつ自律的に、意思形成の手続をチェック、実施をしていくべきことだと考えます。あとは、もう一つ、議会の視点からいうと、その参加手続きに対して、どういう参加があって、それではそこで実際に町民の意見はどのようなものがあったのか、それに対し町ではどう結論付けたのかといったことが気になるはずです。基本条例ではむしろそうした議会におけるチェックを強く意識したものなのですが、住民参加の状況に関する提案理由に対しては、議会での質問はいまのところありません。

木佐：確かに、議員が質問しないのも悪いですね。しかし、関心のある住民の方は、ニセコでは、議会での議論を経ずにバイパスで直接参加的に行政へ行って交渉などをしているわけだから、結果としてそうなる事情も部分的にはあるでしょうね。

条例の体系化

第56条（条例等の体系化）
町は、この条例に定める内容に即して、教育、環境、福祉、産業等分野別の基本条例の制定に努めるとともに、他の条例、規則その他の規程の体系化を図るものとする。

木佐：今、ニセコ町に基本条例は「まちづくり基本条例」を除くといくつありますか。

加藤：まだ環境基本条例1つです。ですが、先ほどの水道水源保護条例、地下水保全条例のほかに、文書管理条例のように、基本条例に直接基づく条例として明確に位置づけているものは、いくつもあります。

木佐：各条例に立法理由が必要であるのは当然ですが、「自治基本条例」なり「まちづくり基本条例」の下に位置づけられる各種分野の基本条例も、きちんとした立法理由が必要であることはいうまでもないですね。しかし、原点に返れば、制定前のニセコ町のように、今の自治基本条例に書いていることのほとんどは、本来はなくてもできることですよね。そういう意味で、自治基本条例は全ての自治体が作らなければいけないか、ということについては、先にも出た川崎政司さんなどはやはり批判的なのですね。国の法律で現在、基本法は40件（2011年11月現在）ですが、その基本法は分野ごとのものです。省庁の数からいうと、40件は多すぎるとも言えるし、各種行政分野は多岐にわたるから40でも少ないという見方もあるかもしれません。ただ、現実の基本法には単なる宣言的なものや、一種の利権保障的なものまで、いろいろとありますね。その点、国の法律だって、議員立法の基本法は、ある意味ではいい加減と考えられるものもありますね。

加藤：そうですね。基本法自体、内容の濃さといった点ではバラバラですね。

木佐：自治体の場合、分野ごとの基本条例は、そう無理に制定する必要はないように思います。個別分野の基本条例は、必要だと強く認識した時に作ればいいでしょう。構想というか理念としては、3段階ないし3層の条例体系があっていいし、それが、一見すると美しい自治の法体系にみえますが、小規模自治体で必要のないものをむやみに、全部揃えるのがいいかと言えば、費用対効果を考えても無理だし、意義は少ないかもしれない。ただ、必要な時は迅速に作らなければ。

加藤：確かに、無理な形での体系化を進める必要はありませんね。特に分野別基本条例は、その分野ごとに半ば普

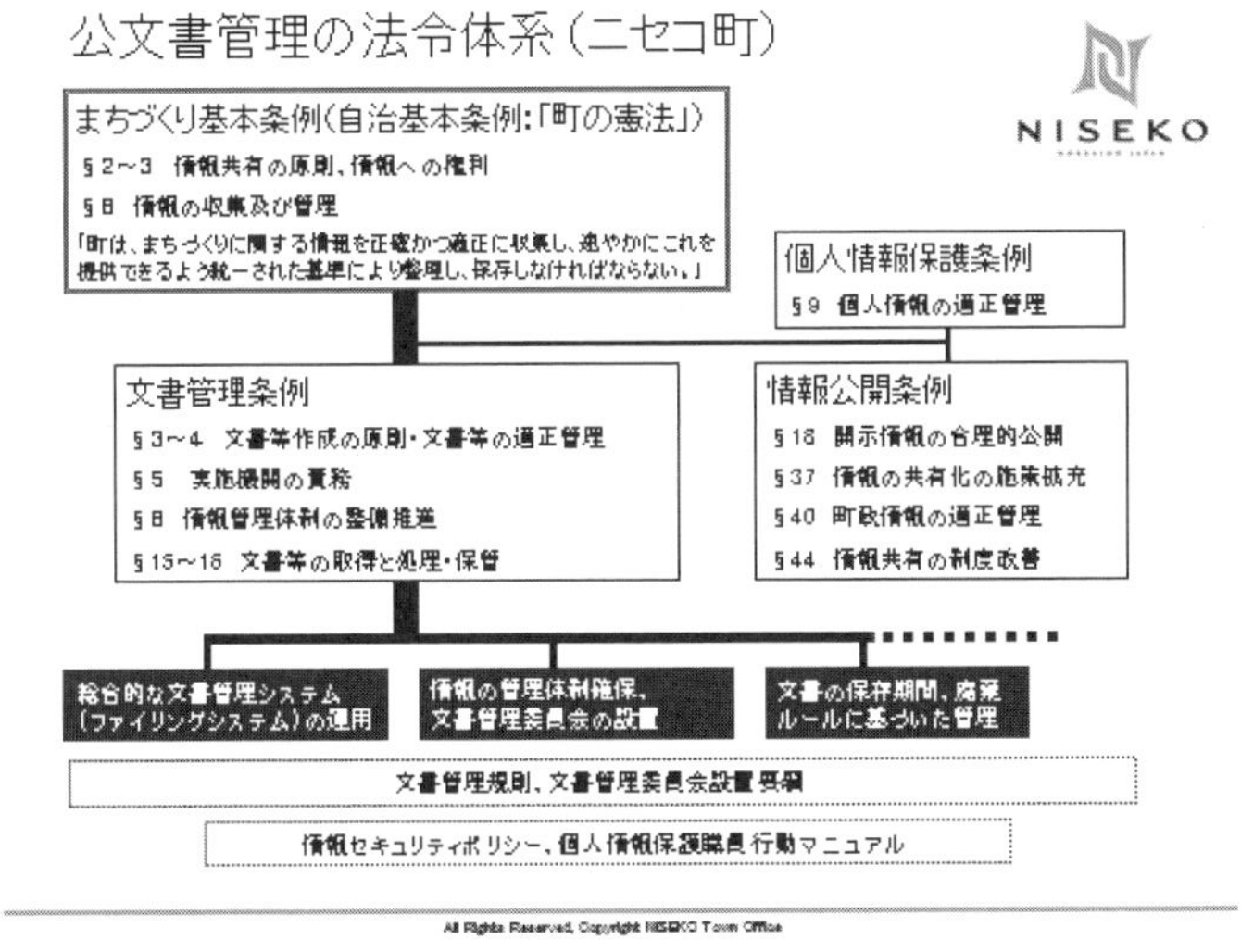

ニセコ町における公文書管理の法令体系

遍的な価値を盛り込んでいく必要があります。そうすると、基本構想（総合計画）ですとか、首長の政策方針ですとか、こうしたものとの整合にも配慮していく必要が出てくると思います。分野別基本条例は、もっと軽量でよいという考え方もあるでしょう。

一方で、分野別基本条例はなくとも、基本条例を尊重し、内容に直結した条例も多々制定しています。文書管理条例などはまさにそうです。法令の体系図を作って、職員の間で共有しています。こうした努力は今後も進めていくべきと考えています。

内部告発制度は？

木佐：内部告発制度の問題も残っていますね。この制度は大規模自治体でも小規模自治体でも、役所の中ではほとんど機能しないように思います。元町長の逢坂さんが引き締まった仕事をされてから、すでに今日話し合ったように、不祥事が起きていないですよね。現時点では必要ないのですが、将来、何が起きるか分からない、というのは事実です。私は、制度として構想するなら、弁護士会などを介在させた外部的コントロール制度にするのが、実質的と思いますが。

加藤：そこは必要だと認識はしているのですが、特に小さな自治体での具体的な制度が思い浮かばないのです。

木佐：当然ですよね。大規模な職場でも、残業手当さえ請求できない。私の勤務先の九大の職員らもそうです。これまで国立大学の法人化以降、労働基準監督署が入ったのは、文系学部だけでも数回はありますが、辞職を決意した人、あるいは任期制で再任の見込みがない、というような職員でないと残業代の請求さえできない。いわんや、公益的な観点から違法行為があると言って告発などをしても、自分が居づらくなるだけですから、私個人は日本社会では期待する方が無理、という諦めた気持ちになっています。
　もし、本気で内部告発制度でも採用するということになれば、その制度を例えば弁護士会との協定というような形式を取って、弁護士に調査に入ってもらい、告発者の告発事項が極力、適正な手続で調査され、告発者を守れるような装置にでもしないとならないでしょうね。実際のところ、大規模自治体でも、人事課と人事委員会が一体化しているとか、情報公開請求した人物と請求内容が、担当課やそれ以外のところにも全部漏れて、告発者や請求者は自治体作成のブラックリストに載っているという現実がありますね。行政職員というのは、役所に入った後は、体質的に、是々非々の判断ができなくなるみたいで、例えば市民が一度、情報公開請求をすると、以後、その人を全人格的に悪人として評価しがちですよね。話を戻すと、弁護士会に内部告発の受け皿委員会を作る旨の協定を結んで、中立的な立場から、調査に入ってもらうというようなものが私は効果的だと思いますね。仮に弁護士が全員が全員、立派ではないとしてもです。

加藤：なるほど。

木佐：そういう意味で弁護士会を活用して、もう一回、地域司法計画と絡めて、議論が再開できるテーマがいくつかあるような気がします。仮に内部告発制度を設けても、とくに行政担当者である副町長などが窓口になる仕組みでは、調査能力、調査手法、その他さまざまな調査手続上の問題を考えるだけでも役所内に体制が作れるとは簡単には思えません。そうなると、まちづくり基本条例で、内部告発制度を形だけ作ってみても、現状では実質的にはほぼ機能しない、と考えざるを得ません。

加藤：行政の組織が小さいほど、中小企業と同じですから、内部だけで解決することも「なあなあ」になってしまう恐れがありますし、現実的ではないような気がします。やはり、外部との関係をいかに作れるか、ということになるでしょう。

木佐：基本条例の規定としては、一応は、内部告発制度の仕組みを設ける旨を定めてもいいのだけれど、仕組み自体は、本当に機能するようにしなければならないですね。

加藤：そうですね。弁護士会ないし弁護士の入った仕組みを考えれば、コストの問題を意識しなければならないでしょう。別の仕組みを考えると、中立性や調査能力が問われますね。ただ一方で何らかの告発者保護制度はあってよい。悩ましいですね。

議会改革は遠い？

加藤：条例を育てる視点として、最後は議会の話です。２００５（平成17）年に行った基本条例の1次改正では、まさに議会の役割と責務についての章を設けるというところが最大の論点でした。しかしそれ以降、基本条例に基づく実践があまり進んでいないのが、大きな問題です。栗山町のように、議長のリーダーシップや、議会事務局の積極的な働き、といったところが議会改革のポイントでしょうか。

木佐：ニセコ町の場合、推測しますと事務局は2人でしょうか。

加藤：2人です。局長と担当者です。小規模自治体のご多分に漏れず、監査委員の事務局も兼ねて仕事をしていますから大変です。ただ、議会事務局というのは、やりがいがありますね。別の機関といっても、職員は首長部局から派遣されますから、役場職員は誰でも経験できる可能性があります。特に事務局長のポストは、本当の意味で動きまわれる人で、議会活動をしっかりサポートするキーパーソンでなくては駄目だ、と思います。議会基本条例を最初に作った栗山町も、そうした動きのあった所ですね。また、難しいのですが、議会の組織としての機動力も重要ですし、住民と直接向き合っていくことも重要です。かつて、「議会に話す前になぜ広報誌に掲載したんだ」と言われることがありましたが、議会、議員自体が町民と直にもっと向き合ってほしいと思うことがあります。

木佐：なぜ、議会というのは変わらないのでしょうね。

加藤：議員という職が名誉職化してしまうからでしょうか。「なぜ議員は選挙が終わると住民のほうを向かないのか」、と思っている人は多いはずですね。

木佐：栗山町の場合はやっていることが評価されて、多数の視察者が来るようになって、議員さん自身も自分たちの仕事に誇りがやはり持てる、という良い循環になっていると思いますね。

加藤：そうですね。ニセコの基本条例でも、改正した時には議会による政策提言活動も意欲的に規定していますが、理念的な位置づけに留まっています。条例には規定したものの、実践としてあまり見られない。以前実施していた議会報告会も今は実施していません。「まちづくり町民講

議会報告会として開催した「まちづくり町民講座」（大勢の人が参加し、議員一人ひとりの考え方などが質問され、関心の高さをうかがわせた）

座」として2回ほど実施した実績がありますが、それも執行機関側で準備したから、議会自らが主催して町民に対して年に1度は報告会を開いて町民と議論する、という意識にならなかったのだろうと思います。ですから、前回の改正以降、条例理念や制度の実践を今後どこまでできるか、ということがいまだに課題となっています。

木佐：そうだとすると、規定を置いた意味はないですね。やってみて、もう一回、次の時に改正規定を入れるとかいう気持ちになればいいわけですけどね。

加藤：そうですね。議会も議員個々人の集合体ですから、執行機関とは違った組織運営の難しさ、意思形成の難しさがあるのだと思います。そこを認識したうえで、その議会活動自体の外部評価というか、議会の動きを誰がチェックするのかということが課題になります。もちろんチェックするのは町民ですが、その方法が難しい。

木佐：本当は選挙の時ですね。ところで、議会のライブ中継は、まだ実施されていないでしょうか。ニセコ町にも光ファイバーが入っているのだから、カメラを入れるだけでできるでしょう。

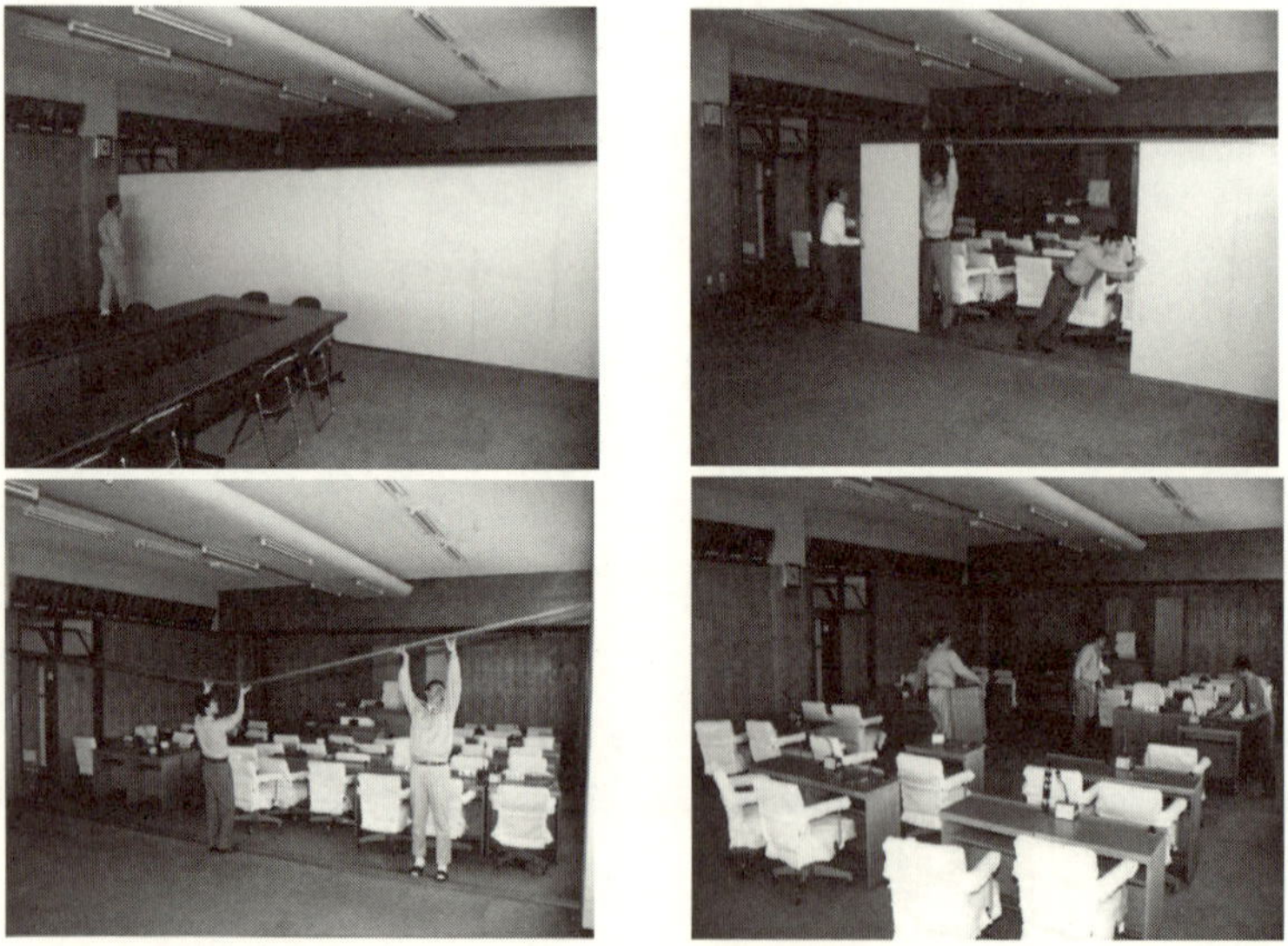

開会中はパーティションで仕切り、議席の机椅子を収納し、庁舎会議室として利用されている（左上）

加藤：残念ながら、まだですね。ライブ中継も積極的にやってはどうかと思います。インターネット上で流すだけでなく、モニターを役場や駅、福祉施設、ホテルなどにも置いたらどうかと思います。たいして経費はかかりません。効果は大きいと思います。

木佐：ニセコ町の場合、議場が例の「にわかづくり」と言いますか、その都度、席や椅子を並べる造りですから、このシンプルで、効率的な構造にカメラを前と後ろに一個ずつ用意すれば足りてしまうのでしょう。

加藤：議会がどんな議論をしているのか、直に町民に見てもらうのがいいと思います。活字として整理されてしまった論議を議会広報誌で読むより、ずっと迫力がありますから。議会の課題は、やはり議会自らの情報共有、住民参加がポイントです。ニセコ町に視察で見える議員の方で、「首長による住民参加は、議会による間接民主主義を否定するものではないか」と指摘される方がいつもいます。私は、首長のことをとやかく言うのではなく、「二元代表の一翼であるはずの議会自らが住民の方をしっかり向いて、情報共有や住民参加をしっかり進められたらどうですか」と、僭越ながらお答えするようにしています。

　夕張市の財政破綻も経験する中で、議会の役割と責務は本当に重いものだと感じます。形式にこだわらず、基本条例などを活用して、活性化の道はまだあると思います。地方自治法の改正により議員定数の法定上限の撤廃や議決事件の範囲の拡大が行われており、地方分権が熟度を上げる今、議会はさまざまなチャンスに恵まれています。子ども議会に対して、「大人の議会をしっかり見習って」と言える自信と活動を今後も期待したいですね。

8　注

「広域行政・行政改革」に掲載。http://www.town.niseko.lg.jp/machitsukuri/gyosei/gappei.html

【コラム6】

農業振興の光明〜ニセコビュープラザ直売会

山本契太（ニセコ町商工観光課長）

ニセコ町内の国道5号線と道道66号線の交点にある道の駅「ニセコビュープラザ」。1997（平成9）年5月にオープンしたこの施設は、全国で初めて株式会社となった地元観光協会が本社を構えるほか、地元農業者など60戸が共同経営する農産物の直売所が併設されている。

現在この直売所では、通年でニセコ自慢の農産物が所狭しと並べられ、最盛期の店舗内は、新鮮な農産物を求めるお客様で大賑わいとなる。今では農業者の欠かせない収入源となっている。

道の駅建設は、後にまちづくり基本条例の柱となる「住民参加」を意識的に実践した初期の事

ニセコビュープラザ外観

ニセコビュープラザ外観（羊蹄山を望む）

ニセコビュープラザ直売所（多くの観光客でにぎわう）

ニセコビュープラザ直売所（地元農家の農産物を揃える。販売状況はコンピューター・システムで直接、生産者の携帯電話にメール送信）

業といえる。建設当初から、フリースペース棟（直売を想定）を設けたことも、農業者の意見が反映された結果だ。

しかし、施設オープン当初は、このフリースペース棟の出店希望者は数名程度、しかも役場担当者が説得してやっと重い腰を上げるという、決して芳しい出店数ではなかった。「直売施設があればいい」という漠然とした意見と「実際に自分が出店する」ことの間には、一元集荷を基本とする地元農協との関係、農作業時間の増大、大ロットで勝負する豪快さに反する小売の気恥ずかしさなど、様々な隘路があったからだ。現に直売スタート時の出店者の多くは「奥さん」名義での出店あった。一家の主がやることではない、という意識が働いていたようだ。このため、スタート時（１９９７（平成９）年）の直売コーナーは実に単調な品揃えで、トマトの時期はトマト、ジャガイモの時期はジャガイモだけが店舗に並ぶ状況が続いた。

それでも、安全、新鮮でおいしい地元野菜には需要があり、徐々にではあるが売り上げは伸び続けた。また、お客様の声が、徐々に出店者の意識に変化をもたらし、今では約４００以上のアイテムを揃え、年間約3億円を売り上げる一大観光名所と成長した。これも農業者の意見を取り入れるシステムと出店者の努力、お客様の声を聞き続けた成果だといえる。

直売所初代会長の堀田氏からこんな逸話を聞いたことがある。「農家の若い奥さんが、『農家に嫁に来て楽しいと思ったことはない。でも今は直売を通じて農業が初めて楽しいと思う』と言ってくれた、会長になって一番うれしかった言葉です」と。お分かりだろうか。農業はまだまだ家族経営が多い業種。夫の両親が経営者であり、若い妻が自由になるお金は限られている。こどもの文房具代金を貰うのも、何となく気が引けるのだ。「直売の売り上げは、私（嫁）の稼ぎ。でも自分のものなど買わない。食材を買って家族の食事の仕度をする。そして『今日の食事は全部私の稼ぎよ！』と心の中で胸を張る。これが私の誇りであり、直売の楽しみです」。同じ若奥さんの後日談だ。

ニセコビュープラザ直売会は現在、農産物の生産履歴を公表し、また北海道独自の減農薬認証制度である「イエスクリーン」への登録品目も増やし続け、お客様に愛される確かな歩みを続けている。

5 「自治体憲法」であるために

第57条（この条例の検討及び見直し）
1 町は、この条例の施行後4年を超えない期間ごとに、この条例がニセコ町にふさわしいものであり続けているかどうか等を検討するものとする。
2 町は、前項の規定による検討の結果を踏まえ、この条例及びまちづくりの諸制度について見直す等必要な措置を講ずるものとする。

基本条例の2度目の重要改正を終えて

加藤：基本条例も、4度の改正、重要な見直しとしては2度目の改正が終わっています。特に、4年毎の評価、見直しは、かなりしっかり取り組んでいると思います。まさに「育てる条例」と位置付けたこの条例の大事な部分ですから。

最近の改正内容ですが、条文では3か所で、次のとおりです。11条2項が新設で、子どものまちづくり参

予算ヒアリング（町長による各課ヒアリング）の公開（上）と
予算編成方針説明会の公開（下）（2011〔平成 23〕年）

加権保障のため、「町は前項の権利を保障するため、規則その他の規程により具体的な制度を設けるものとする。」という規定が入り、「審議会等の参加及び構成」という見出しの31条に第2項が新設され、「2 前項の委員の構成に当たっては、一方の性に偏らないよう配慮するものとする。」とされました。さらに、41条1項において、予算の編成に当たっては、「編成過程の透明性に留意し」というフレーズを追加しました。

木佐：それに、今回は、章のタイトルが一つ改正されて、「第8章 まちづくりの協働過程」から「第8章 計画策定過程」になりましたね。

加藤：そうです。「協働」の言葉が消えました。

最初の11条の改正は、子どもの参加権保障の具体的システムづくりの根拠規定です。これに基づいて、子ども委員会とか子ども議会を正式な町の組織として位置づけることが明確になります。2番目の31条の改正は、いわゆる男女共同参画の実効化が意図されています。ただ、議論の過程で、先生にも指摘されましたが、世の中、男女だけに二分されない時代がくると、男と女どちらの性とも断定できない方達が現れるとき、どうするか、という問題が残ることも自覚はしています。

3番目の41条の改正は、予算編成過程の透明化です。この「編成過程の透明性」という文字から、実際に2011（平成23）年度予算の編成方針の職員説明会を完全公開で、しかも、町のインターネット中継システムの「ユーストリーム」で実況中継をしたわけです。町民で視聴した方も多かったようです。町長による各課予算ヒアリングも公開していますが、ここにも町民が傍聴に来ています。もちろん予約など必要なく、来たい時に自由に傍聴できる仕組みです。こうして、徹底して公開、つまり透明化した中で予算案が作られていきました。こうした予算編成過程そのものの公開は、2009（平成21）年から実施していますが、やはり画期的だったと思っています。

木佐：この予算編成、ヒアリングはすさまじいショックを自治体現場に与えるのではないでしょうか。いずれ、野火のごとく広がっていくと思いますね。さらに、章のタイトルから「協働」という言葉を削除した点ですが、「協働」概念をめぐる深い議論は別にして、ニセコ町条例の場合には、章のタイトルにたまたま「協働」という語が何の脈絡もなしに、何か「残っていた」ような感じで、条文の中に「協働」の語は全くなかったものですから、極めて不自然でしたしね。

加藤：協働については、条例の中で定義をしているわけでもなく、単に章のタイトルに入っていただけで、どうしてこのような形で条例が成立していたのか今となれば不思議な部分かもしれません。ただ、制定当時としては、「まちづくりの協働過程」としては、情報共有、住民参加での計画づくりにおいて、ある程度表現としてしっくりする言葉として入れていました。片山町長も、この削除ですっきりした、と言っていますが、私もそう思います。

　協働という言葉が、財源が乏しいため行政から住民へのさまざまな負担転嫁というような意味合いで使われることがどうしても多くなってきているように思えていたため、ニセコの条例の場合はこれでスッキリしたという気がしています。ニセコでは「協働」というよりは、ダイレクトに「自治」という言葉で表現していきたいと考えています。

情報共有からコミュニケーションの熟成へ

木佐：２回の大きな改正を経て、今後、より熟成させていかなければならない課題というと、どういうテーマでしょうか。

加藤：そうですね。行政サイドから次の課題を考えると、情報共有や住民参加の新たな仕組みづくりに改めて挑戦することです。基本条例を施行してから新しい制度として始めたものがありますね。住民提案型予算ですとか、ふるさとづくり寄付制度だとかが、これにあたります。住民提案型予算（住民税の1％相当額を住民提案により予算化する事業）などは、町民の方からの評判がすごく良かったものです。ただ、進め方がうまくなくて、結局イベント計画ばかりの提案になってしまい、提案数も少なかったという反省が残りました。制度のPR不足、提案から採択、実施までの運営方法の不手際や意思疎通不足など、さまざまな課題が出てきて、制度に対する議会の反対もあり、制度自体を終了するということにしました。

木佐：そういう試行錯誤はありますね。

加藤：そうですね。それでいいのだと思います。ただ、制度の趣旨は町民の目線に立っているのだから、ぜひもうひと工夫して継続して欲しいという意見もあります。そうした制度提案をいかにしているかも役場職員の力の見せ所かもしれません。この制度が面白かったのは、提案者も町民ですし、その内容を審査する委員も全員公募で町民だというところです。町民からの提案を町民が審査し、徹底的に議論した結果を町長に答申する。こうした議論の中で、「こういう提案が出てきたんだけど、他のやり方にすれば、別にこの制度、使わなくても何かできるんじゃないかな」という話がありました。その時委員の1人から、「自分のネットワークの中でこれをつなげれば、すぐに実現できるんじゃないか」という話が出て、別のネットワークの中で税金を使わずに実現するといったこともありました。この場合、「つなげれば」というのは、ノウハウや人をつなげるという意味です。人と人をこうつなげれば、こういうルートでいきてくるということが確かにあるのですね。

木佐：つまり、それはお金をかけずに、何か新しいものやネットワークが生まれるということ、あるいは、公的関与なしに、プライベート・レベルで処理できることで、狙っている目的は実現できるということですね。そういう町民主体の委員会をやっていることが、先にいわれた一種のコミュニケーションの成果でもあるのでしょうね。

加藤：そうでしょうね。まさにベースはコミュニケーションですね。そういう仕掛けをいかにたくさん、しかも多様に持っているかなのだと思います。新しい制度を動かした中で、そういうことがうまれたというのは、やっぱり評価すべきなのかなと思います。

木佐：この事業は何年前からの実施でしたか。

加藤：２００５（平成17）年度予算からです。２００７（平成19）年度までの3年間でやってみました。3年一区切り、ということで休止したところです。休止というよりも、どちらかというと凍結です。次の制度を再提案できるほど、我々に力がなかったとも言えます。この制度を動かすだけでも、事務局としてはとても大変でしたからね。やはり、連携、ネットワークが鍵です。外とのネットワークがニセコの生命線ということが、やはりあります。連携ということにこだわって基本条例を作り込んだ部分がありますので、それ自体をこう肌で感じている役場の職員、それから町民の方がやはり非常に増えてきたし、それが連携の成果だと思いますね。

木佐：そうですね。これに気づく町民という場合は、これは、農・商・観・工、いずれの分野でもそうですよね。議員さんはどうでしょうか。

加藤：どの分野でもおられます。もちろん議員の中でもいます。

木佐：連携の意義や意味に気づいている。まあ、ペンションとか飲食店などを経営されている議員さんなどは当然でしょうけどね。町民講座などを通じた外からのノウハウやネットワークを確保していく、そうしたことも基本条例を通じて目指していくスタンスなのですね。

加藤：そうですね。基本条例で培ってきた「連携」あるいは「ネットワーク」といったものの価値を、更に発展させていくことが必要だと思っています。

自治（まちづくり）基本条例と議会基本条例

木佐：ところで、最近までの動きを振り返ると、議会基本条例が北海道栗山町で制定され、さらには同じ道内の福島町のものと併せて、大きな注目を浴びました。ニセコ町議会は、こうした議会基本条例制定の動きはないのですか。

加藤：ありません。さきほどの議会改革に関連してもお話ししましたが、ニセコ町では基本条例に定めている議会に関する規定をいかに活きたものにしていくか、という状況だと認識しています。議会基本条例の制定と運用の動きは、その自治体の議会が自治にしっかり向きあおうとする強い意志を感

基本条例２次改正に向けた委員会答申（2009 年３月）

じ、すばらしい取組みだと思っています。

木佐：我々の自治プロ（ニセコ町まちづくり基本条例を検討する自主的なプロジェクト・チームのこと）と称するグループで以前検討していたニセコ用の試案の中で、議会に関する部分の案も作っていましたね。

加藤：当時必要と考えられた内容がしっかり詰まっていたのではないかと思います。ニセコ町でも、この試案を参考に町議会で議論され、議会に関する規定を作り上げました。こうしたことを議会基本条例として定めていくのか、自治基本条例の中に定めていくのか、多様な方法があるのではないかと思います。議会基本条例として実践を結晶させていく、という選択肢も、たいへん重いものだと思います。ニセコ町も今後、議会活動を通じ、そうした選択肢が生まれるかもしれませんね。

＜札幌地方自治法研究会　自治基本条例プロジェクト・チーム（自治プロ）による自治基本条例試案（2000（平成12）年6月15日作成）から議会に関する規定を抜粋＞

第2節　議会の役割

（議会の責務）

第5201　議会は、議事機関としての責任を常に認識し、長期的展望をもって意思決定に臨むとともに、町民の意思が町政に正確かつ迅速に反映されることを念頭において活動しなければならない。

（議会の組織等）

第５２０２　議会の組織及び議員の定数は、まちづくりにおける議会の役割を十分考慮して定められなければならない。

（議会の会議）

第５２０３　議会の会議は、討論を基本とし、議決に当たっては意思決定の過程及びその妥当性が町民に明らかになるよう配慮しなければならない。

２　議長は、地方自治法第１２１条の規定により議場に出席を求めた者を討論に加えることができる。

（議会の会期外活動）

第５２０５　議会は、閉会中においても、町政への町民の意思の反映を図るため、まちづくりの施策の検討、調査等の活動に努めるものとする。

２　前項の活動は、議会の自主性及び自立性に基づいて行わなければならない。

木佐：ニセコ町の議会基本条例のことはとりあえずさておいて、実は、最近になって、栗山町の議会基本条例の文言の中に、先の自治プロで検討していたニセコ用の議会に関する部分の案が、ある程度、取り入れられているようだという話を聞きました。これは、どういった経緯でそうなったのでしょう。

加藤：この点は、片山町長から最近聞いております。ニセコ町まちづくり基本条例は当初制定時には、議会に関する規定を全く入れなかったわけです。そのため、これは研究者などから、行政基本条例だ、などという批判も生まれる要因になったのですが、議会の部分は議会で決めて下さい、ただし、参考にしたいということであれば、自治プロの方で、すでに原案のようなものは準備しています、ということだったわけですね。

　この議会に関する部分は、①議会の責務、②議会の組織、③議会の会議、④会議外活動のわずか４条でしたが、議会は町民の意思を正確かつ迅速に町政に反映すること、執行部側から提出された議案への質疑一辺倒の運営ではなく討論を中心にしたものにし、そして閉会中にも住民意思反映のための会期外活動が必要であることなど「議会活動の肝」となるべき事項を規定しています。片山町長の話では、片山さんがこの議会に関する条文案を神原教授に渡されたようで、栗山町条例のお手伝いをされていた神原教授から栗山町議会にアドバイスなさった、ということのようです。

　もっとも、栗山町条例は、条数も多くその規定ぶりは自治プロ案と同じではありませんが、議員間討議を重視し（栗山町条例９条）、執行部側との討論を意識した反問権を規定する（同５条）、そして、議会活動を住民側に近づけていく（町民参加、連携。同４条）という部分などは、私達自治プロがイメージしたものと軸を同じくするものと思います。

木佐：ああ、そういう経過だったのですか。私自身は、自治プロ最終案の議会に関する部分のことはすっかり忘れていましたので、ニセコ町向けの条例案が栗山町条例に何らかの影響を与えていたというのは今まで思いも寄らなかったです。

自治体憲法であるために

加藤：今後の基本条例見直しにあたっては、住民参加や情報共有そのものの理念を再確認し、より多くの町民と共有していくことも必要だと考えています。

木佐：もう少し具体的に説明してもらえますか。

加藤：冒頭で議論しましたが、基本条例でこれまで培ってきた風土や文化、我々の自治に向かう精神といったものを更に共有し、より強固なものにしていきたいという思いです。まさにいま、地方分権の動きは終盤にさしかかっていて、まちの方向性や方針も、ますます共有していくことが大事です。その中でニセコの自治というものをこの「まちの憲法」を通じて次の世代にしっかりつなげていきたいのです。そのために、基本条例見直しのために立ち上げている「まちづくり基本条例検討委員会」の中でも、情報共有や住民参加の考え方はけっして陳腐化などしていないこと、更にその理念を共有していくべきこと、などを確認し合っています。そのうえで、さきほどお話しした「情報共有や住民参加の新たな仕組みづくりに挑戦」ということも必要になってきます。また、対処していくべき課題もあります。

木佐：具体的にはどんなことですか。

加藤：未成年の参加拡充や外国籍の住民との情報共有、真

町の風景（早春のニセコ連峰）

の意味での男女共同参画社会の実現など、権利の保障や拡充なども必要な面があります。

そして、特に重要だと感じることは、自治の担い手である住民自らの意識と行動を変えていくことです。元町長の逢坂氏が言っていましたが、何かあった時に考えるべきことは、まず自分で何ができるか、できないとすれば家族やコミュニティで対処できるが、それでもできなければ役場（行政）で何ができるか、といった考える順番です。地方自治では、昔から日本にあったこの基本を忘れかけている気がします。何か問題があればすぐ他人のせいにしたり批判をする、自分で解決してみようとしない、何でも役場がやればいいと思う、などです。自治の根本的な課題として、基本条例から何ができるか考えてみたいと思います。あらゆる問題、課題の解決につながる糸口を持っているのも基本条例だと思いますね。

木佐：その意味でも、ニセコ町のまちづくり基本条例がまさに「わたしたちのまちの憲法」であるために、工夫や努力を重ねなければいけないのでしょうね。

加藤：そうです。最近私は、自治基本条例は「自治体憲法」と明確に言ってもよいと思っています。つまり、自治基本条例はそれだけのもの、それだけの価値が確実にある、と思うからです。自治基本条例の真価は、まさにニセコでの実践で培われていると自信を持って言えますし、全国各地の自治体でも同様の思いは生まれていると思います。少なくともニセコは、今後もそういう思いでこの基本条例を深化させたいと、町民の１人としても強く思っています。

木佐：手前味噌ですが、今日はたいへん有意義な議論をしましたね。ありがとうございました。

加藤：基本条例の明日への扉がはっきり開いた気がします。ありがとうございました。

【コラム7】

「ニセコ町まちづくり基本条例」と「まちづくり」

渡部誠一（自営業・元ニセコ町議会議員）

現在、私は「ニセコ町まちづくり基本条例検討委員会」の一員として、この条例の見直し作業を行っているところです（平成20年現在）。今年度中（平成21年3月）に答申を出す予定です。そういう立場も含めた、一人のニセコ町民としてこの条例とまちづくりについて考えを述べてみたいと思います。

「ニセコ町まちづくり基本条例」とのかかわりは私が町議会議員の在職中、元ニセコ町長、逢坂氏が議会にこの条例を提案したときからです。逢坂氏が町長になってから、町財政をわかりやすく解説した「もっと知りたいことしの仕事」の全戸配布や、おおよそ毎月開催されていた「まちづくり町民講座」、そして各種委員の町民からの公募の実施などにより町行政と町民との関わり方が以前と比べ確実に増えてきました。町の人々も戸惑いや試行錯誤を重ねながら徐々に、受け入れなじんでゆきました。それは「まちづくり町民講座」での発言によく表れていると思います。当初は苦情や批判のような発言が多く見られていましたが、徐々に問題解決に向けた提案など前向きな意見が増えてゆきました。

私自身、「住宅入居者選考委員会」の当事者として町の側にたって説明をしたときにも、最初は選考過程に不公平な取り扱いがあるのではという疑問を投げかけられました。しかし選考基準の内容を詳しく説明した後には参加者の皆さんに納得してもらえたことを覚えています。このように町民の方々の意識も物事を前向きに捉えるように変わってゆきました。そして、そのような状況の中でこの「ニセコ町まちづくり基本条例」の提案がされたのです。当時議員への説明や勉強会もかなりの回数、時間を費やして行われました。結果として条例成立となったのです。ただ、各議員の中でも考えの違いがあったため「議会に関する条文」は入っていませんでした。しかしながら、4年後の条例見直し作業に向けて議員間での勉強会や視察などを行いようやく「議会に関する条文」を加えるという結論に至り条例が改正されたのです。

さて、この条例の基本部分に「住民参加と情報共有」という考え方があります。地方自治を考えるときとても重要な部分だと思います。町の人々の中にもそのような意識は確実に浸透してきていますし、「まちづくり町民講座」の実施などにより町職員と町民との距離感も近くなったように思います。各種の地域活動を行ううえで「住民参加」はとても重要で不可欠な事です。今日に至るまで、町や実行委員会主催の各種スポーツ大会、お祭り、綺羅街道の植栽事業などのボランティア活動は多くの町民の参加によって成り立っています。しかし、人口４６００人あまりの小さな町の中では、各種の活動の中心となっている人は限られているのも事実です。同じ人間がいろいろな組織に名を連ね、各種ボランティア的活動をしているのが現状です。最初は高い目標、大きな夢を持って活動していても一人一人のパワーにも限界があります。この条例の根幹である「まちづくり」という作業はエンドレスです。条例があるから「まちづくり」に関わるのではなく、このまちに住んでいるから地域の一員として参加するのでしょう。条例見直しの検討委員会の中でも発言したことがありますが、夢や理想、というのは1年後、3年後に完成を目指すのではなく少しずつ、1年に一歩でも前に進めていくことができたなら良いのではと思います。ほんの少しの変化、前進も積み重ねれば大きな変化、前進という結果として表れてくるものです。あせらずに、でも着実にできることから取り組んでいくことが大切なのではないでしょうか。今、社会の状況は大きく変動し嵐の真っ只中というような現実に遭遇しています。そんな中、個々の暮らしも厳しさを増し、なかなか自分以外のことにかまっていられないというのが普通の人の心情だと思うのです。でもそのような中でも、それぞれが関わっている地域や組織の中で、楽しみながら少しでも自分を活かせる働きができたなら、それが「まちづくり」につながっていくのだと思います。

28年前、ニセコで暮らし始めた頃には「まちづくり」なんてことを何も考えていなかった私が今、このような文章を書いていることに少々驚きとうれしさを感じています。それも、この28年間のニセコでの暮らしの中で出会った多くの人たちのおかげかなと思っています。多分これからも今までどおり、あまりあくせくせず、でもあまりサボらずに、日々の暮らしの中でいろいろな人との出会い、関わりを楽しみながら生きていけたらと思います。そしてそのような暮らしの中で周りの人たちと喜びや充実感を共有できたなら素敵だなと思っています。そしてその結果としてこの町が魅力あるところ、社会になって行ったなら本当にすばらしいことです。

（2008〔平成20〕年執筆）

第2部

ニセコ町長へのインタビューから見る自治への展望

interviewer: 九州大学法学研究院教授・木佐茂男

interviewee: ニセコ町長・片山健也

2010（平成22）年2月11日、ニセコ町役場町長室にて収録。その後、補訂

まちづくり基本条例の危機？

木佐：片山さん、2009（平成21）年10月に町長に就任されました。その前は職員として長年にわたって町に勤務されてきました。「まちづくり基本条例」の制定時に職員として期待されていたことは何だったでしょうか。そして、その期待について、現段階において、どのように評価されていますか。

片山：逢坂町政が取り組んできた情報公開、住民参加、住民自治のニセコを作りたい、と進めてきたことは、将来にわたって担保されたものではありませんでした。この条例づくりは、情報公開とか住民参加、民主主義社会における意思決定のあり方を住民の権利として保障しようとしてスタートしました。逢坂さんが退任されて、結果的にはまちづくり基本条例があったからこそ、今日のニセコがあると思います。情報公開に熱心な首長がいるとしても、住民の全員がそれに賛成ということはないです。ニセコの中でも、情報公開総論賛成、個別には反対ということもある。首長が代わり、いわば政権が交代すると密室政治、密室を良しとする力と戦っていかないと民主主義というものを維持できないと思っていますので、まちづくり基本条例があって、職員もそれを後ろ盾にして、住民自治の後退を防いできたという面があるのではないでしょうか。条例制定時に期待した成果は大きくあったと思います。

木佐：この10年間のまちづくり基本条例施行期間内に、危機的状態があったとすれば、どんなケースでしたか。

片山：まちづくりのための全戸配布の予算書である『もっと知りたいことしの仕事』の全戸配布を中止しようとする動きが2008（平成20）年版の発行時にありました。結果的には、職員が抵抗して今日も発行も続いているという例があります。その少し前に、広報誌は毎月発行する必要はないのではないか、その分、職員を減らした方がいいのではないか、という議論があったとき、職員が頑張って発行を維持し続けました。町の広報誌は、歴史的には、お知らせ広報から戦略的、問題提起型の広報誌にシフトしてきて、職員の作業時間数も増大させてきた経緯があります。まちづくり基本条例があったおかげで、今日まで維持できています。現在は２か月に１回はお知らせ版になっている。２名の職員ではまかなえないという事情から、特集は２か月に１回にされていました。それでも今日あるのは基本条例の後ろ盾の成果と思います。

木佐：町民も職員も基本条例があるから、という言い方で、情報公開や広報誌の後退を防げているということですが、そのことは規範性を意識している、という風に言えるのでしょうか。

片山：２００９（平成21）年に準都市計画を実施したときなど、住民自身に具体的に何か影響があったかというと、それはないと思います。役場の内部で職員が必死になって行政の質の後退を防いだのです。住民には情報公開が後退しているということはあまり目に触れなかったのではないかと思います。ここに基本条例の規範性を見ることができます。もし、職員に基本条例意識がなかったとすれば、住民に提供される情報が減って結果としては住民から不満の声が上がったと思います。

「町の憲法」は要らないか？

片山：基本条例づくりの中で、市町村アカデミーで管理者向けのハードな研修を受けているときに、ある先生に自治基本条例を作りたいという話をした時に、「日本の政治制度には馴染まないのではないか、住民と行政の関係は４年ごとに変わるのであって、それでいいのだ、自治体にも憲法が必要というあなたの見解はおかしい」という指摘がありました。自治体行政において、自治体の憲法のようなものがあると、反って住民自治のマイナスになるのではないか、というような趣旨のご意見をいただいたのです。

木佐：う～ん。日本の憲法と憲法実務を念頭において、そう言われたのでしょうかね。

片山：そのとき、その先生に意見を言いました。「自治の現場では、住民の暮らしぶりがすぐに反映するというスピード感があります。我々は身近で住民に接する仕事をしている。実際に仕事をする上で何が問題か。この仕事はどのレベル、時期に情報を出していいのか、いつも不安定な状態だ。首長や上司の政治姿勢を見ながらでないと仕事ができない。それでは住民の信託を得た仕事、組織の運営ができない。どう考えて、どう行動するか、基本的なスタンスを明確にする条例がニセコではどうしても必要だと思います」と。そのことをやらないと、私たちはどういう方針で仕事をしていますということが説明できない。町長の指示で、上司の命令で、ということでは説明できない。自治の現場にいると、自治基本条例はまさに必要なものです。霞ヶ関にいる人にはほとんどわからないかもしれませんね。

まちづくり基本条例の前文

木佐：基本条例の前文について、我々外の応援団は、「わたしたち町民は「情報共有」の実践により、この自治が実現できることを学びました。」という一文に大変驚きました。当時、片山さんの頭の中でもすっと通るものでしたか。

片山：当初の前文では、そのような表現がされているわけではありませんでした。基本条例が時期尚早、いや、そうではない、といろいろな意見がありましたが、私たちの実践をして作り上げてきて今の仕組みがあるということで、現在の前文の基礎ベースができてきました。今の仕組みについて誇りをもって掲げるべきではないか、ということになったわけです。

木佐：今でも、実践面を含めてその精神的レベルの高さにおいて、全国を見ても第2例目はないと思っています。実践してきたから、基本条例として形として残す。自治基本条例・まちづくり基本条例は、２００前後の自治体が制定しつつありますが、実現していることを条例化するのではなく、住民参加や情報共有ができていないから仕組み作りをするために制定するというのが圧倒的ですね。実践済みのことの総合的な成文化、立法化は驚くべきことであったと思いますが。情報公開と絡めて総合的に実践していたところは当時なかったと思いますね。

まちづくり基本条例の定着

木佐：町長としての立場から、道外への影響も含めてこの10年の歩みをどう評価されますか。

片山：制定当時は毎年２０００人を超える視察がありました。そのことも影響して、職員も住民も相当意識が変わったと思います。職員、住民にはそれによってまちづくり基本条例が浸透していったという面もあるでしょう。批判も含めていろいろな意見をいただいたので、２回目の改正に向けても、改正に参加している委員の皆さんも、自治基本条例がある町だということを誇りにして参加されています。住民自治の成果、形成過程の訓練だったのかなとも思います。最近は移住者が多いですが、これらの方々は、移住の理由として、ニセコについてのイメージを持ち、中でも、まちづくりや住民自治に思いがある方は、「ニセコはまちづくり基本条例がある、これはすごい、こういうところで終生を過ごしたい」こう明確に言われることもあります。

木佐：外の目にさらされることで、町民への意識啓発、価値の再確認が行われた、という意味と考えてよいでしょうか。

片山： 逢坂町政誕生以来、住民参加の議論を続けてきた歴史があって、何かを決めるときには住民参加の機会があって当たり前、民主的に決めるのが当たり前ということだから、町の政治・行政の仕組みが大きく変わらないことは前提でした。ただ、政権交代があって、その後、「あれっ」ということはあったかもしれないです。ある事項について、密室型の話は、昔はいっぱいあったわけですが、基本条例があるからこそ、自分たちの町を守りたい、成果とか、職員として頑張るモチベーションの機会になってきたと思います。この慣習となっているまちづくり基本条例を徹底した民主主義社会を模索する次のステージに上げていく必要があります。第2回目の大きな改正をしましたから、それを機会に考えて進めなければならないですね。

木佐： この基本条例改正を契機に、次に進むべきニセコ町政はどのような方向性のものでしょうか。

片山： まず、当分は、ニセコ町に関して市町村合併はないでしょう。ただ、合併否定論者ではありません。地方分権の担い手として地域主権の中で自治体がどうあるべきか、という議論はあるので、中央集権の中にイメージされた自治体が、これから市民の自治機構としてどうあるべきか、今の組織体、今の仕事の仕方でいいのか、住民が担う仕事、株式会社が行う仕事、というような仕分けを住民とともに議論して、海外の自治体が多様性をもっているように、地域主権の中にある自治体のニセコ・オリジナルな地方政府の仕組みができていくのではないか、ということを考えています。地域の意思決定の仕組み、新たな形態のものができていくのではないでしょうか。

議会と執行部の関係

木佐：議会・執行部の二元代表制の見直しということもありえますか。

片山：二元代表制は優れた仕組みだと思っています。ですが、議会の情報が住民の暮らしの中に浸透していく仕組みがありません。例えば栗山町の議会基本条例が知られていますが、議会の議論の形態を徐々に変えていけば、今後いろいろな工夫の中で、住民の暮らしに浸透していくようにと思います。

木佐：議会の基本条例が要るのかは、議会自身が考えなければならないでしょうが、住民と議会、住民と行政の関係などについて、今後、模索、実験も考えられていますか。

片山：光ファイバーを全町内に張り巡らす工事は終わりました。これが完成したことで住民が直接意思決定に参加する仕組みも可能になるかもしれません。また情報共有のツールとしてコミュニティＦＭ「ラジオニセコ」の開局準備が進められています。

失われた20年、失われた４年？

木佐：この間、国政では、種々の失敗もあって、失われた20年が続いてきたわけですね。片山町長誕生までの４年の間の問題状況をもう少し話していただけますか。

片山：これまでニセコ町では交流を非常に重要視してきました。それが、財政が厳しいという理由で、削られていった。私から見ればどんどん「負のスパイラル」に陥ってきた。「井の中の蛙」という言葉があるが、「井」自体がどんどん小さくなってきた。職員も外に出ることがなくなった。情報が入らないから、情報過疎状態になってきた。新たな仕事をやらない。この先どうなっていくんだ、という危機感が職員の中にも出てきました。町閉塞感の中では、ニセコ町役場に入った意味がない、辞めたいと言って相談に来る職員も出てきました。町の地方政府にも政治のダイナミズムがあって、それに住民が関与して、住民が政治をコントロールしていくのが住民自治社会だと思っているので、財政が厳しいというとすべて議論が収束してしまう、そういう誤った価値観が浸透していく。将来に夢がない状況が地域にも出てくる、ニセコは夕張といっしょだ、という話が出てくる。私は財政の仕事もしたからわかるが、ニセコは夕張のような財政状況では全くない。しかし、そのようなトリックのような話が町の中で、職場の中でいっぱい出てくる。そういう危機感から立候補しようとも思いました。今、また良い方向に変わりつつあるように思っています。

木佐：いくら優れた「まちづくり基本条例」を作っても、人間の組織であるから、そのような閉塞的な状況は生まれる可能性がある、ということですね。

片山：そうです。基本条例の精神を体現した職員集団がいて、彼らが最後のところで支え合ってきたというのが現実です。今回の空白期間を見て思うのは、頑張る職員が多すぎたということです。こういう部屋（職員の大部屋の一角に町長室がある）で、職員が頑張るのですよ。住民には後退がわからない。職員が小さい職場内で食い止めている、それが住民の方には分からないのです。どんな権力でも腐敗する可能性がある、だから、どんどん住民に情報を出していくのがいい。後退のことがあからさまに分かれば、まちづくり基本条例が機能しているか疑問に持つ住民も出る。職員が頑張りすぎるのはいかがなものか。住民への説明責任を全うするのだ、という意識で、住民に対して、上から来た指示がこうです、と述べて楽になっていいのです。職員の本来的な雇用者である住民の皆さんに、説明をすることがスジでしょう。膿があれば、早く、全部出すことを考えています。まちづくり専門スタッフである職員の仕事の内容には、そうしたことも入っていて、批判、意見があって、風通しの良いまちづくりができ、組織が成長していくのが重要ではないか。私は、「オープンにしろ」という方針です。隠して、ウソをついた結果が、良いことだったということは一つもないと思います。

職員は基本条例を知っているか？

木佐：この10年くらいの間に採用された新任職員は、採用試験の時点でまちづくり基本条例の存在を知っていますか。

片山：志望動機の段階では、基本条例をまったく知らない人もいます。社会人で応募する方は、インターネット検索をしているので、誰も知っています。大卒で入ってくる人には、単純に公務員という職場として考えて応募している人もいます。

木佐：ちなみに、ニセコ町の基本条例の存在も知らないで入庁してきた新人が良い意味で「化ける」ということがありますか。

片山：社会人はレベルの高い人しか採用していません。大卒、高卒もしっかりとした競争試験で採用しているので問題はないですし、今後、研修もどんどん増やしますので、そのことによって変わっていくと思います。

町長になって基本条例の実践を見る

木佐：基本条例ができてもニセコ町の行政も具体的な町政の進め方も変わらないはずと言ってきました。移住者の方が少なくないということも知られてきました。職員から町長の立場に変わられて、大局的な立場から、基本条例をどのように見ておられますか。

片山：情報公開とか住民参加をやって白紙からの議論を徹底してやって、それを裏打ちするものとして基本条例を制定し、ひとつの、別のステージに上がったような気がしています。かなりオープンなことばかりやってきました。そのことに対する批判があります。各論では全員が賛成している訳ではない。とりわけ古い方にとっては、全部オープンにされることに抵抗感もあるでしょう。その流れの中で、本来ニセコがやるべきことが行われなくなってしまっていることが、一部の議員さんを含めて目に見えて分かってきて、役場の職員や役場の動きに興味がある住民の皆さんにとっては、大いなる空白というか、大いなる後退のように感じる人たちがいらっしゃった。過去に住民自治・情報公開を徹底してやったときと、そうでなくなった時期とを比べると、住んでいる人たちの動きとか誇りがなくなる気配を感じ、あるいは、インターンシップの学生たちが少なくなった。海外から受け入れてきた職員がいなくなったとか、そういういらいら感、焦燥感が住民の中に生まれてきました。今回、私の選挙では、それが多少爆発した面があるでしょう。これまで着実に進めてきたものがベースになって、住民による自治、地方政府の役割に対する期待感が、今回高まったように思えます。

木佐：財政危機が理由で、外国出身職員の雇用、インターンシップとかができなくなっていたのですか。

片山：予算だけから言えば、ほとんどの経費は国が持つ制度を活用しているので、財政面での影響ではないのです。そういう受け入れの仕事は職員に負担がかかるのではないか、という気遣いに基づいて、お断りの文書をあちこちに出して、よそとの交流をどんどん止めてきた、ということなのかなぁ、と思います。

木佐：職員にとっては楽な面、超長時間労働が少し減って良くなる面はあるかもしれませんが。町民の中でアンテナの高い人には、新鮮な刺激材料がなくなると感ずるようなことがあったのでしょうか。

片山：職員にとっても、外から来る人が減って楽になるというような感覚はないと思う。逆に寂しがっている職員

木佐：基本条例の存在が、職員の中ではこの4年間の後退を食い止めている面があることが分かりましたが、住民の方が多いと感じます。どんどん閉塞的になっていったのでは、と思います。

の間ではどうだったでしょう。

片山：基本条例があるとかないとかではなくて、役場全体のスピード感とか、動きとか、何か緊張感のなさとかを役場に出入りする人は感じていたと思いますし、住民の皆さんから聞くことも多々あります。

まちづくり基本条例の効果？

木佐：この間、町内の人たちが種々のネットワーク、アメーバ状の交流が増えてきた、ＳＯＨＯのような事業形態が増えるとか、役場の外でも町の雰囲気全体、人の動き、流動性、ネットワークはひとりでに増えている面があると加藤さんは言ってましたが。

片山：２００４（平成16）年に総務省が実施した「事業所・企業統計調査」による民間事業所の従業員数において、ニセコ町は全国の82番目に入っています。この統計に上がっている事業所での雇用者数が増えている自治体は北海道では4つだけです。10％増えている自治体が１００以内に入っているのですが、その増加の理由が、全国の市町村でニセコ町だけ不明だ、ということになっています。他県であれば、企業の工場ができたとか、全部、理由が分かるのです。ところがニセコだけは特別の産業があるわけではないのです。そのため国の担当官が調査に来ました。逢坂町政により、ニセコのブランドを売って、観光振興の拡大になったレストランなど商売しようとする人が増えた、少しずつだが事業者数、雇用者数が増加してきたことがわかったのです。。良いイメージ、あるいは基本条例ということで産業振興になるのか、という声はあったが、まちづくりにより終の棲家にしたいとか、町が動いているところ、生き生きと交流していく町が住みやすい町、オープンな町という評価になっていった。住民自治の積み重ねが町自体のイメージ・アップに至り、新たな産業を誘引するものとなっていると思います。

木佐：人口が4700人を超えたということですが、小さなお子さんが近隣自治体と比較して多いですか。

片山：過去の人口のパイが大きいときとは比較になりませんが、近隣自治体と比べると多いです。出生率は変わらないです。しかし、他の同規模自治体と比べて、高齢化率が低い、人口の減少率が小さいので子どもの数は、相対的に多い。このような田舎、規模では高齢化率の低さは顕著です。

木佐：基本条例の中で、どの部分が一番生きてきたということでしょうか。情報公開、住民参加ですか。

片山：情報公開条例は先に作っていますので、それ自体は基本条例の中では意義が大きくない。自治体の意思決定の全体像が基本条例で整理され、計画策定の手続なども基本条例で書かれているので、それらの意味は大きい。議会に提出する条例も住民の意見を聞き、町としてしっかり受け止めてから提出するという実践が積み重なってきているので、意義が大きいです。

木佐：どの条文が生きていた、という質問自体がナンセンスですか？

片山：首長のほか特別職も含めた「宣誓」の規定の意義は大きいですよ。

木佐：ところが、この規定は、他の自治体でもほとんど受け継がれていない。そもそも「宣誓」することの意義について怪しまれているところが多いですね。宣誓させて意味があるのか、補助職員である特別職は首長の監督下にあるのだから法的に無意味だとか。宣誓規定を入れている他の自治体は合併で消えた町村もあって私は見つけていないのですが。

片山：こういう町長という立場になって、議会の場で住民に向かって宣誓するということは本当に意味の重いものですね。自分の言葉ですることになっているので、自分が拠って立つべき行動原理を入れることになりますから、自分自身の行動規範としても大きいと思う。住民・議会の総意として決めた基本条例を遵守するかどうかを宣誓するから、為政者にとって、宣誓させられるということは非常に大きな意味を持つ。これからの自治基本条例において是非とも必要な規定だと思います。

木佐：もともと、この規定は、札幌の地方自治法研究会のニセコ町自治基本条例プロジェクト(自治プロ)の中で、「冗談からコマ」みたいな話で出てきたのですが、実効性は大きいのですね。就任時にされたある特別職の方の宣言には、非常に感動的なものがあったという話も聞いていますが、片山さんご自身が議会に職員として出席されているとき、同様の感想を持たれたようなケースがありますか。

片山：当時の収入役の方が、私にとっては感動するような宣誓をされました。議事録に残っていると思います。短いですが、自分の思いをきちっと実直に仕事をされる方でしたが、その方が住民自治とかの思いを持っていることがにじみ出ているもので感動しました。それから、一般の職員の就任時の宣誓内容についても、日本国憲法のみではなく、まちづくり基本条例をも入れています。

木佐：日本中でほぼ統一的に行われている職員の採用時の宣誓の文言が変更されるのですね。自治体職員としての就任時の宣誓に基本条例を入れているところは、他にはないような気がします。調べてみる必要があります。

職員の服務の宣誓に関する条例から（平成22年3月改正）

（別記様式）宣誓書

私は、ここに主権が国民に存することを認める日本国憲法を尊重し、かつ、擁護することを固く誓います。
　私は、地方自治の本旨を体するとともに、ニセコ町まちづくり基本条例の理念実現のため、公務を民主的かつ能率的に運営すべき責務を深く自覚し、全体の奉仕者として誠実かつ公正に職務を執行することを固く誓います。

そもそも町長選に出た理由は

木佐：さて、改めて、出馬される際の決定的動機は何でしたか、と正面からお尋ねできるとすれば・・・

片山：一番大きな動機は、地方自治の制度が大きく変わろうとしているときに、自治体がきちんとした政府機能を発揮できるのかが決め手。日本の中で多様な風土、暮らしによって違う制度であってよいと思っているので、地域の自治体からきちんと制度設計を提言して発信しなければならない。その時期に、当時のニセコ町役場は、ほとんど機能していない。何の発言、提言をしていない。それで本当にいいのだろうか。これまで提言・実践首長会など、合併特例法の見直しにも提言書を出しました。夕張問題に関する破綻についても職員として提言してきました。それこそ、役場の中で議論して、制度改正として提出することが大事である。しかし、職員時代の最後の時期は、役場の外でするしかなかった。もっと役場の中で、オープンに、ニセコ町役場のありようなどを議論できるところにしなければならない、これまで私たちがやってきたことは何だったのか、蓄積がもったいない、そういう危機感があって、ともかく変えなくちゃいけない、という思いで立候補しました。

木佐：役場の外で、具体的には、北海道内を見てもさまざまの研究会や勉強会がありますが、外からの期待の声とか、今、ニセコはどうしているんだ、というような声が届いていたのですか。

片山：それはもう、いろんな場で聞きました。特に国や北海道庁の中からは、いったいニセコ町はどうしちゃったの、と聞かれました。応募とか、アクションとか、うち（ニセコ町）がやりたいとか、ここがどうなっているという問題提起などほとんどなくなってしまった。職員レベルではちょっとあるけれど、町としての意欲的な姿勢がなく、国や道庁側から「ニセコに何か情報を伝えてもナシの礫だけど」という具合です。そのことに対して、変えなきゃいけないな、という思いが強くありました。

木佐：一番活気があった時期と比べると、当時は、ニセコは多くのことで問題提起、応募では一番乗り、活気があって手強い意見を述べる、そのような手強い相手と見えていたが、そのニセコ町の様子が変わってきて最初に気づくのは相手方であった国や北海道庁の官僚の方たちでもあったということですか。道内の市町村の仲間からは問題点の指摘はありましたか。

片山：役場の中、それ自体の様子は外にわかりませんから、道内の仲間から何かある、ということはあまりなかったですね。

木佐：私自身は、ほぼ毎年のようにニセコ町の役場の中にも入り、皆さん役場スタッフの方たちとお話しする機会が少なからずあったのですが、今お聞きするような雰囲気にあったことの全体像は容易に想像できませんでした。皆さん、そこまでおっしゃらないから。

片山：職員という立場からは、ことにオープンでない職場にあっては、職場の事情を他人に言ってみてもプラスの面はほとんどないから、そこは黙っていた方がいいという状況だったと思います。

議論する風土

木佐：有島武郎以来の「相互扶助」の風土というのは良く知られたところだと思いますが、議論する風土、討議する風土というのはこの10年ないし15年のうちで、住民の中では定着していると見て良いのでしょうか。

片山：住民の皆さんの中では定着してきていると思います。ただ、職員の中がどうか、というと、やはり、ときの為政者が変わると職員の行動自体が変わっていくのですね。かつてのように、活気があったり、緊張感があったり、どんどん自由にものがいえたりできた時期でなくなると、全体的にはその勢いが急速に衰えていくことになります。私は、復活させて、次のステップへ展開したいなと思っています。

木佐：委員会を役場の外でやる、というようなことを聞きましたが、討論の場も、場所を変えたり、雰囲気を変えたりする、あるいは、住民間のことでもみんなで決めなくちゃ、というところまで来ているのですか。

片山：ニセコ町全体で意思決定することを地域単位で議論する、と言うことはそう多くはないと思いますね。ただ、これまで地域の土地利用をどうするか、について地域で利害関係のある方たちが集まって議論することは過去10年以上やってきましたのでそういうことはいいことだ、もっとやりたいという話はあちこちで聞きます。これから総合計画の見直し作業に企画課が入っていくのですが、地域のコミュニティ計画をひとつ作って、地域の皆さんが入って、そこで揉んでいって、それをまとめてニセコの総合計画につなげようと思っています。

木佐：地域の皆さんの合意だけでは難しい忌避施設、嫌悪施設については全町的な調整が必要だと思いますが。

片山：それは何の問題もないと思います。過去、ゴミの最終処分場設置の際にも、徹底した情報公開で、何一つ隠すものがないということで、最終的には反対運動をされた方も合意され、一緒になってできましたので、信頼関係が構築できると思っています。

今後の町議会のあり方

木佐：議会との関係、あるいは議会改革については、どのようにお考えですか。

片山：これからの議会は、討議型のものに変わっていかなければならない。議会の形態を円卓にしたり、いろいろなことを議長さんらと議論しながら考えていきたいと思っています。

木佐：議会基本条例は不可欠の仕組みと考えておられますか。

片山：まちづくり基本条例の中で議会のあり方の大綱を規律し、自らの規範である会議規則で具体の事項を定めるというので十分だと思います。それで対応できることだと思います。

マニフェスト、住民の目線、職員の目線

木佐：(町長就任後、4か月近い段階でのインタビューですが）町民の方と接する場面は、普通の市町村長よりも多いと思います。住民にはどのような反応を感じておられますか。

片山：私が考えたテーマは、「公正、スピード、おもいやり」、ですので、皆さん、スピード感は期待されていると思います。管理職会議でもそうですが、スピード感、住民の方へのレスポンスは相当に速くなっていると思います。

木佐：職員には片山マニフェストが理解されていますか。

片山：就任して2週間後に、各職場の大きな事業のヒアリングをやったのです。新年度予算編成に向けて、ほとんどの課が私が選挙中に訴えた政策集の内容を入れ込んでいましたので、職員のプロ意識は高いと感じられて、嬉しかったです。

木佐：首長のマニフェスト、総合計画、まちづくり基本条例の関係がきれいに並ばないケースが生じますが、この3つの関係については、どのように考えておられますか。

片山：実際にまだ、総合計画が後2年間動きます。その見直しの際に、私の選挙で訴えたものが入っていきます。総合計画にとけ込ますことが可能です。全く、異質なものが出てくれば、基本構想の改正を議会に出すべきだと思います。それによって、予算、総合計画に裏打ちされていく。私自身はマニフェストという言葉は1回も使っていません。マニフェストという政権公約が機能するかという点について、相当疑念を持っています。「私の政策」としか言っていません。町長になるにあたっての方針、マニフェストは実施時期と財源を明確にして、と言われるのですが、役場の中にいて財政も担当したことがありますが、実施時期や財源を書いても実際には意味がないと思っています。いわゆる流行のマニフェストを住民の投票行為の基本的判断材料にすることはおかしいと思います。候補者は、いくらでも絵を描けます。それを信じて有権者が行動すれば、詐欺のようになります。

木佐：総合計画の見直し時期に当選されたので、ここは運良く調整が可能ということですね。

片山：そもそも、総合計画は、随時見直して時代に合わせていくことが必要だと思うのですが。

木佐：民主主義なり住民自治が身近でできるのは小規模自治体だからだ、という意見が結構根強くありますが、そのようなことを主張する方は多くが市町村合併推進論者であり、結局、住民自治の充実は望んでいないのだな、とよく思うのです。例えば、北九州市で自治基本条例を制定する作業のお手伝いをしましたが、ざっと

97万人くらい住民のうち、おそらく1％も知らないまま、自治基本条例が可決される。1％と言えば、1万人ですが、市の係長でも策定過程にあることを結構知らないし、いわんやこの間、北九州市役所に通い続けたのですが、タクシー運転手は一人も知りませんでした。私が弁護士として北九州市民の依頼者や相談者、さらには同市に住んでいる弁護士と話しても、自治基本条例のことは誰も知らないのです。そういう自治体で制定する意味がどれほどあるのか、と敢えて片山さんのご意見を聞いてみたいのです。私には制定の意義について別の回答がありますが。

片山：社会運営、組織運営の上で全体の意思決定の決まりがあるかどうかは決定的に重要ですね。自治体規模の大小は関係ありませんね。大きいから民主主義が機能しないというのはあり得ない。大きさによって、いろいろなやり方がある。発想自体がおかしいと思います。大きいからこそ、なおさらいろいろの参加のツールが用意されるべきで、それを住民が使えるようにならなければならないですね。

木佐：作るプロセスでは住民が参加していないから、1％も知らないから作るべきではないとか、作ってはならないとか、という意見についてはどうですか。

片山：それはおかしいですね。全員が参加することが重要であるのではなくて、思いのある人が参加できるようにしておくことが大事です。広報誌その他のお知らせなどで、誰もが知りうる環境にしてあれば、仮に会場には10人、20人しか来なかったとしても、それはそれでいいと考えます。

木佐：パブリック・インボルブメントの徹底ということが、片山さんの政策では重要な要素になるのですが、職員にとっては負担ではないのか、という点についてはどうでしょうか。

片山：結果的には職員にとっては負担になることはない。多少は手間がかかるかもしれない。楽になる。終わった後に、問題になったとしても、恣意的にやったことが何もないので、関わった方がその問題提起者を説得するとか、説明をしてくれるので、終わった後の解放感、達成感、喜びは大きいと思います。

公文書管理制度　ファイリング・システム

木佐：文書管理制度について、その意義を簡単に整理していただけますか。

片山：１７００万円でファイリング・システムの制度化をしました。２年間かかったのですが、職員の仕事の仕方は変わりました。書類は例外なく30秒以内に出さなければならないとか、担当職員がいなくても誰かが回答できる、というように、説明責任のツールとして開発してきました。今は、主権者である町民が利活用をするために文書を管理しているという１８０度変わった意識で行っていると思います。

木佐：職員全員がそれに慣れることが可能ですか。

片山：過去の簿冊式に慣れた人には難しいところがあります。文書を私物化していたのが楽しかった時代の人には。今後、完全に血肉化するのには、すっかり世代が入れ替わる数十年という時間がかかるでしょうね。

まちづくり基本条例における「協働」の語の削除

木佐：まちづくり基本条例から，改正時に「協働」という語を削除されましたね。

片山：もともと、行政と町民が一緒になってやりましょう、というイメージで入れていたのですね。最近では、全国的に、対等なパートナーシップの一つとして協働原則が出ている。私たち役場は、住民の安全や安心のために融け込むように存在する、主権者あっての組織です。主権者が上部だとすれば、役場・職員は下部に当たる。だから、対等という意味での「協働」は、おかしいのです。

町民憲章のゆくえ

木佐：町民憲章との関係について、どう考えられていますか。とくに、多くの市町村の憲章で出てくる「きまり」とは何か、というのが気になっています。ニセコ町の場合、5項目からなる町民憲章の第2項に、「きまりを守り明るい社会をつくりましょう。」というのがあるのですが。

片山：いまのところ、町民憲章をいじる気はないですね。今までは、憲章での「きまり」は、社会規範のこと、まちづくり基本条例の制定後の今は、まちづくり基本条例を頂点とする「法」として整理をしたので、意味ないし理解を少し変えたということでいいのではないかと考えています。

町の風景（春の羊蹄山。ニセコ町ビューポイントの1つ。本書88頁参照）

まちづくりにおける「遊び」

木佐：「まちづくり町民講座」が121回も続くというので、生真面目だという面を持ちますが、他方で「遊び心」がまちづくりに入って良いのでは、という感想ももちます。これについてはどうでしょう。あそぶっく、綺羅街道、など。私は、もっとウィットが入ったものになればいいかなぁ、と。ある市の自治基本条例を作ろうとする議員有志主催の市民公開のシンポジウムの中で、休憩時間帯に議員中心の議員バンドを入れて開催したら、大変好評でした。飲み屋のママさんたちが花束をもって来たりして、雰囲気が大いに変わりました。

片山：「遊び」とか「楽しみ」をもっと入れようと思っています。一つの文化だと思います。

地方自治の法制度改革

木佐：地域主権基本法ができるとすれば、何を書き込んで欲しいですか。

片山：中央政府と地方政府の役割分担について書いて欲しい。余計な規定は全部削除して欲しい。議会、首長などについて、地域住民が自分たちの政府の制度設計をするという仕組みにして欲しいですね。

木佐：総務省の職員らの間でも、現行の地方自治法が事細かく書いていることについて反省的議論がありますが。

片山：邪魔をしないで欲しい。住民投票法を作るという動きがあるが、それは余計なことである。熟議が求められる自治の現場にいる者として、このような動きは、ちょっとずれているなという感じがします。

第3部　ニセコ町まちづくり基本条例10周年記念シンポジウムの記録から

自治基本条例をより深く理解したい人へ

パネリスト　逢坂誠二氏（衆議院議員、総務大臣政務官、元ニセコ町長）
　　　　　　松田裕子氏（自営業・ニセコ町まちづくり委員）
　　　　　　坪井　訓氏（ニセコ町まちづくり委員）
コーディネーター　名塚　昭氏（釧路公立大学事務局長）

※肩書きはシンポジウム開催（２０１１（平成23）年2月19日）当時。以下敬称略

○名塚：これからは、大人のパネルディスカッションでございます。先ほどの若い人たちのパネルディスカッションはすごい熱気でした。こちらも負けないように頑張りましょう。

それでは、ここで少し進め方について説明をしたいと思います。テーマは「まちづくり基本条例の10年とこれから」として、ポイントを4つ程度にしぼりたいと思います。

1つ目は、まちづくり基本条例に対する評価です。大くくりでの受けとめや感想を述べていただきます。

2つ目は、制定から改正時に至るまでの苦労話をお聞きします。苦労話からこの条例の隠れたポイントを探りたいと思っています。多分この会場には何人か自治体職員の方もいらっしゃいます。首長から、まちづくり基本条例だとか自治基本条例をつくれと言われてプレッシャーがかかっているかもしれませんが、ポイントをつかまえていただければ、気が楽になって、あーニセコに行ってよかったなと思われるでしょう。

3つ目は、「自治体にとって基本条例というのは本当に必要なのか」を中心にディスカッションをします。そして最後4つ目は、まとめです。「まちづくり基本条例の役割やまちづくりのこれから」を考えたいと思います。

まちづくり基本条例の評価

1つ目のまちづくり基本条例の評価です。自治基本条例は自治体が憲法を持つことだと言われることがあります。憲法というのは国家のレベルのものと私たちは思ってきました。自治体が憲法を持つということに対してどちらかというと否定的な流れが10年以上前にはありました。「自治体の憲法を」それはタブーだと。ニセコのまちづくり基本条例はこのタブーを破ったものと言えます。先ほどの木佐先生のお話によると２００もの自治体が自治基本条例を既に制定されていて、今もまだまだ制定が続いているという状況です。先行例として日本の自治史上では１９７２年に川崎で都市憲章条例を試みた。それから20年後の１９９２年には逗子市が、やはり都市憲章条例の制定を試みたものの、いずれも未成立で終わりました。ところがニセコは、「情報共有」という取り組み、これをきちんと形にしていきたい。「町政への参加」というのを形にしていきたい。この２つのことをベースにして基本条例を創りあげていきました。

今や、どこの自治体の自治基本条例を見ても実はこの２つを外しているところはない状況です。

さて、パネリストの方にそれぞれ、まちづくり基本条例の評価、感想のようなものを述べていただきたいと思います。まずは、逢坂さんからお願いします。普通なら逢坂政務官と言うところですが、今日は逢坂さんと呼ばせていただきます。

○逢坂：逢坂誠二です。町民の皆さんには本当に長い間お世話になりまして、また改めてここでこうやって話ができるというのはうれしいなと思っています。それから、町外から来られた方も、このニセコのたった50条か60条ぐらいの条例のためにわざわざお金をかけて来ていただいて、ありがとうございます。

私、実は今回ニセコへ来るかどうしようかちょっと躊躇しておりました。行ったら楽しいだろうなと思う気持ちがある反面、もしかして、まちづくり基本条例10年といって惨たんたる姿、悲惨な姿になっていたらどうしようかなという思いもありました。その少し前ですけれども昨年の国勢調査の人口速報が発表されて、ニセコの人口が増えているなと。人口が増えていることだけがいいことではないのですけれども、よし、これは輝きを失っていないひとつの証拠だなと思ってちょっと心が明るくなりました。

そして今日この会場へ来て、さっき子供たちの話を聞きました。正直言いまして涙がたくさん出ました。

非常にいい話でしたね。特によかったのは、ジャングルジムに対して教育長が答えられなかったシーンです（93頁参照）。大人は何も答えを持っていないのです。あれが私は自治だと思います。

たくさんいい話があったのですけれど、もうひとつ印象に残ったのは、学校給食がおいしいという話をされました。あれが子供の本当の声だと思います。実は私が町長のときに、まちづくり基本条例ができる前だったかもしれませんが初めて子ども議会をやりました。当時教育委員会にいた林知己課長が物すごく頑張ってくれて、準備をして子ども議会を開きました。最初だったのでやっぱり緊張感がありました。子供たちの発言は余り詳しくは覚えておりませんけれども、道が暗いので街路灯を立ててほしいというようなお母さんが言うような話をしていたり、あるいは、ニセコには地下鉄がないと言った子供もいたかもしれません。でも、それはそれで当たり前だと私は思いました。その1回目の子ども議会の最後に話した子供が、また非常におもしろいことを言いました。ニセコの学校給食はおいしいと、今日と同じようなことを言ったのです。でも、その次にその子はこう言ったのです。女の子だったのですけれども、おいしいのに量が少ないの、私もっと食べたいのと。私は、あれが当たり前のことだと思いました。

当たり前のことというのは、実は今、日本の国は必ずしも当たり前のことが当たり前に行われていないと思います。でも、子供のときから社会に対して当たり前の発言ができる場をどうやって社会全体が作ってあげられるか。子供なのに無理をして大人が言うようなことを言う必要はない。8歳の子供には8歳の子供なりの発言の仕方がある。15歳の子供には15歳なりの社会の見方があって、それを社会が受けとめる。そうして、20歳になって、30歳になってという段階を踏むプロセスみたいなものがあっていいはずなのに、随分今は無理があるなとあの当時も感じていたのです。でも、今日の姿を見ていて非常によかったと感じました。

まちづくり基本条例がよかったかどうかというのは私には必ずしもわからないところがありますけれども、今日の姿を見て、とりあえずまあまあこんな感じかなというところです。

○**名塚**：それでは、制定時から改正に及ぶまでかかわってこられた松田さん、よろしくお願いいたします。

○**松田**：今日の子供たちのパネルディスカッションを聞いていて、私もちょっとうるっときてしまったのです。やっぱりそれにかかわった者としては、本当に子供の素直な言葉が出てくるのはいいなというのと、私も子供のころにああいうところに出て発言をしていたら、もうちょっとましな議員になれていたかなというのが正直な話です。

基本条例の制定前に逢坂さんが町長になったおかげでいろいろこき使われたというのが町民の正直な意見では。協働の名のもとに、やれ何とかの審議会に出ろとか、何かのまちづくりがあるからとか、そういうのでたくさん時間を費やしました。でも、その土台があって議員という立場にさせていただいて経験をさせてもらった。それで現在の私があるのですけれども、基本条例の成果がどうこうというのは、先ほどもありましたが「何も変わらない」というのが正直なところですが、しかし、一歩町の外に出たときに、ニセコ町では当たり前の「情報共有」だとかに驚かれる方がいたりして、この町の持っているすごさを本当に痛感するのです。外に出て初めて理解ができる。町の中にいると当たり前になってしまって、ありがたさも何もよくわからない。ですから子供の質問に答えられないような行政職員というのはどうかと思っていますので、やっぱり一層の努力をしてもらわないと困るなというのが今日、最初に思ったことです。

○**名塚**：なかなか厳しいお話も含め、ありがとうございます。この先が大分心配になってまいりました。それでは、第2次の基本条例改正にかかわられた坪井さん、よろしくお願いいたします。

○**坪井**：私は、3年と少し前になりますか2007年の10月に母親がおりますニセコにUターンしてまいりました。

現在、元町、道の駅の近くに住んでいるのですけれども、87歳の母親を在宅介護しながら暮らしております。

私がニセコ町のまちづくり基本条例に接しましたのはこちらに戻ってからでして、インターネットで事前に見ることも十分できたわけですけれども大変不勉強で、こちらに来てからその条文のひとつひとつに接したということであります。一言で申し上げますと、大変深い感銘を受けたというのが最初の感想でありました。住民の自治を認める、住民の側から町の行政などに対する権利を保障するという、こういう概念が条例として制定されているということに驚いたということがひとつと、前文を含めまして格調高くこれから町が目指す方向が書かれておりまして、あー、こういう町で、こういう考え方をしている皆さんに囲まれて定年後の日々を暮らしていけるのは大変幸せなことだなと思いました。これが条例に対する私の第一印象であります。

私のように戻ることが当たり前のように戻ってきた人間とは違いまして、ニセコを移住の地、新しい居住地として選ばれた方々にも、この条例の存在が幾つかある移住地候補の中からニセコに決めるに当たっての要因のひとつになったと聞いたことがあります。この条例はそういう力も持っているのではないかと感じております。

○逢坂：今の話を聞いていろいろ思い出したのですけれども、あんまり選挙の話をするのはどうかと思いながら話をさせてもらいたいのですが、１９９４年の8月に私がニセコ町長選挙に立候補したときは、町民の皆さんは、随分無謀なことをするやつだなと思われたことでしょう。私はニセコに親戚もありませんでしたし、特に政治的基盤があるわけでもなかったですし、あのときの退職金は90万円でしたからお金もないのはみんなが知っていたとおりであります。
それで、8月に役場をやめて選挙が10月でした。それまでの2カ月の間、私は何をしたかといいますと、先ほど木佐先生がパンフレットを見せてくれましたけれども、あのパンフレット以外に5種類のチラシのような冊子のようなもの、手刷りといいましょうかガリ版刷りのようなものを5種類出しました。それを作っていくプロセスが実はまさにまちづくりのプロセスでした。というのは、町民の皆さんのところへ行って私の話を聞いてもらいたい、私はこんな思いでまちづくりをしたい、だから選挙に出ようと思っていると。応援をするかしないかは皆さんの自由なので、投票のときにそれは決めてもらいたいけれども、とにかくニセコの町について思うことをいろいろ聞かせてもらいたいということを踏まえて、5種類ほどのパンフレットを作ったわけです。そうして今後の話し合いによってその内容は変わり得ると私は思って、最終的に11月からニセコ町長になったわけです。

そのプロセスの中で私が痛切に感じたのは、町民の皆さんには町についての基本的な情報というものはほとんど伝えられていないということです。ニセコに借金がどれぐらいあるのかということもほとんどわからない。もちろんそうです。役所は言っていませんし、貯金がどれぐらいあるのかも言っていない。その中で、まちづくりに対する要望だけは来る。あるいは、何か整備をしてほしいと町民の皆さんからいろいろ言われる。でも、そのお金はほとんどが借金と補助金で賄わざるを得ないのがニセコの現状です。そういうこともわからずにいろんなことをおっしゃっている。あー、これはまずいなと思いました。

さらに、当時、日本の国には400兆円の借金がありました。今は900兆を超えていますけれども、そのとき私は既に借金の多さに危機感を持っておりまして、とにかく情報共有しなければこの町はもうだめになるというのが私の強い思いだったわけです。そうして、少しでも多くの場面で町民の皆さんにかかわってもらうこと。そうすることが、最終的にいろんなことを進めていく上で最後は筋の通った魂のこもったものがやっていけるのではないかというのが私の思いでした。

実際に町長になってみて、そういうことをたくさんやりました。そうしたところ、松田裕子さんのようにいろいろ応援してくださる方もいたのですが、実際本音のところはさっき松田さんが言ったのが本心だと思います。面倒くさいよ、何でもかんでもさせるなよ、私たち暇じゃないのだよ。それはお金があって時間のある人はいいかもしれないけれど、そんなのやれっこないよという声がありました。それから、今日も議会の皆さんが来ておられますけれども、議会の方からも、何を言っているのだ、若い町長、おまえ、自分で決められないから町民を入れて決めているのだろう。そんなの責任転嫁だ、ずるい、というふうに言われました。何でもかんでも本当のことを教えたら町民はモノを要求できなくなる。それ、おまえずるいと言われたのも事実です。でも、そのときに私が、本当にそれじゃあ何も教えないほうがいいですか、本当にそれじゃあ町民が参加しなくていいですかと言うと、いやいや、それはやっぱり適当にやらなきゃだめだなと。でも、適当にやらなきゃだめだなというのは私には正直なところ理解できませんでした。

それで思い至ったのが、それじゃあニセコのまちづくりのルールを紙に書いてぶら下げておけばいいじゃないかということです。そのころ私は自治基本条例というものがあるのも知りませんでしたし、スイスの小さな町や村にも憲法があるなどということも知りませんでした。ただ、幸いなことに職員時代から札幌の木佐先生の勉強会に出入りをしておりましたので、木佐先生からもいろんなことを教えてもらう中で、いわゆるニセコの現場における自治の実際のやりとりしか知らない逢坂誠二と、理論や理屈、世界のいろんなことを知っている名塚さんや木佐先生や今日ここに来ている人たちの、ある種共同作業で条例づくりが進んでいったというのが最初のきっかけではないかと思います。

評価とはちょっと違うのですけれども、入り口はそんな感じだったと皆さん理解してもらえればと思います。

○**名塚**：ニセコの動きに触発をされたという私のような法制にかかわっていた者は何人かいたと思います。行政の情報が十分行きわたった中で住民との情報のやりとりをしていく、そういう仕組みを本当に考えている自治体もあるんだなと。これは驚きでした。

今度は松田さんに振ろうと思います。松田さんは、情報共有の関係からいうと、議員ということで情報は意外と早く手に入る立場にあった。それで、もし議員の方がいらっしゃったら失礼かと思いますが、議員の人たちが一定程度威厳を保てたときというのは、町民の方よりもほんの少しでもいいから情報を早く知っている、それから、もう一歩深いところを知っているという部分にあって、そういうことになってくると議員さんを通じて例えば町や市との間のコミュニケーションを図っていくのが一番の近道だと、多分そのときは思われていたのだと思います。

そうすると、松田さんの立場からすると情報共有そのものはそれほど心の中から願わなくてもよかったようなところがあるかもしれないのですが、どのような感じだったでしょうか。

○**松田**：ちょっと裏話を聞きたいというニュアンスに聞こえたのですけれども、私個人としては、残念ながら住民より先に情報を知るほどの議員の立場にはなっておりませんでした。これがもうちょっと長くやっていれば、ちょっとおいしいところを持って住民との駆け引きがあったのかもしれませんけれども、残念ながらそういうことはなかったというのと、もともと生まれ育った地域性の違いなのかもしれないのですけれども、行政や、ある程度権威・権力を持った人たちにおもねるというか、すり寄っていくという地域ではなかったものですから、行政職員に対しても何のへつらいもなかったというのが正直な話なのです。ですから、個人的には、情報は誰のものだ、住民のものではないのかという単純な発想です。ここにいる方々はどちらかというと自治オタクの方がたくさんいらっしゃって、本当に難しいいろんな言葉はよくわからないのですけれども、単純に、住民に対して情報というものを何で隠さなければいけないのというが私の発想です。

それで、この制定に当たっていろんな方々がかかわって、すばらしいものを土台として作っていただいて議会でいろいろもんでいくときに、今いろんなところで言われている議会というもののあり方自体に私自身も非常に疑問を持ちました。住民の代表である議員というのに対して、基本条例は町民に権利を与えているわけです。逆に、行政職員には義務を与えている。そういう意味では住民にとってはプラスじゃないかと。そのプラスなことに住民の代表である議会が反対するというのはどういうことなのかと非常に疑問に思ったのですけれども、反対そのものをオール与党でする必要もないと。反対は反対で、いろんな考え方があるから、それはいろいろ議論をする中では、いいと思うのです。ただ、住民としての権利行使に反対することは全くあってはならないというのがそのときの正直な感想です。

基本条例の制定・改正を振り返って

○名塚：次は、制定・改正時の苦労話というところに入っていきたいと思っています。

先ほども申し上げましたけれども、当時まちづくり基本条例、自治基本条例を制定しようとするときにはベンチマーク先、つまり参考とするようなところ、それから比較をするモデルがなかった。どこの自治体かは知りませんけれども、先ほど紹介のあったニセコのものをコピペした条例前文には正直驚きましたが、それすらもできないようなとき。これはやっぱり大変だったなと思います。

それから改正に当たる部分に関していうと、条文数からいうと、先ほど逢坂さんはたかだか50条程度と言いましたが、自治体レベルにおいて50条も持っている条例というのは相当大がかりな条例。それも、理念やら実践部分やらいろいろ入り込んでいるこの条例をメンテナンスしていくということは、それを飯の種としている法務系の人間にとってもとても大変なことです。制度自体を運用していくだけでも本当にいっぱいいっぱいだろうと思います。ところが、条例を見ると見直しや点検条項というのが入っています。札幌の研究会でも、やっぱり見直しは大事だけれども、10年に1度くらい見直せばというくらいの気持ちで試案はできています。いざふたをあけてみたらニセコのは、何と、4年に1度見直す、とんでもない、本当にできるのかと私どもは思いました。今ニセコ町の職員でそういう方はいらっしゃらないだろうと思いますが、この見直し・点検条項は私だったら恨みたくなりますね。

　さて、制定に当たっての苦労話となると、やはり、当時、北大の木佐先生の研究会に通っているニセコ町の職員の人たちを、遠隔制御されていた逢坂さんからお聞きしたいですね。

○逢坂：苦労話というか、最初これをやろうと思ったときに、今日はこの会場に来ておりませんが、個人名を出して恐縮ですが山本契太課長、当時は係長だったかな。山本契太君を呼んで、君、法学部だったよな、実は私はこんな条例を今度作りたいと思っている。札幌でも応援してくれる人たちがいるから、山本君もその研究会に行って一緒に勉強してくれないかというような話をした記憶があります。そうしたら山本君は私にこう言ったのです。町長、僕、法学部なのですけれど、法学部の前に「あ」がつくのですよと。何だそれ、あほう学部だと言うのです。おまえ、それはないだろうと。でも、何となく山本君もその気になってくれた。

　それから、片山町長さんは窓口課というところにいました。窓口課へ行く、そして窓口の仕事をやるというのは、役所では一般的に言うと左遷なのです。でも、私はそうは思っておりませんでした。窓口の裁きが町民の皆さんとの接点の上で一番大事で、ほとんどの役所はそれぞれの課へ、市民や町民の皆さん今度はあっちへ行ってください、今度はあっちへ行ってくださいと、いわゆるたらい回しをするわけです。窓口課の管理職が優秀であれば絶対たらい回しはしないわけです。もちろん片山さんは町長になるぐらいですから当時から優秀でした。片山さんにその仕事をやってもらって、片山さんにも基本条例検討をお願いしたというのが地元ニセコでの舞台の作り方です。

それともうひとつが、先ほどの高校生の彼女がこう言いましたね。歩いて通うので、高校までの間に坂があって嫌だと。じゃあスクールバスを出しましょうか、じゃあ坂を何とかしましょうか、などというのが今の地域の問題解決の仕方、今の自治の解決の仕方かもしれませんが、私はそうは思わない。ニセコは坂があるのだよね、坂があるからニセコらしいのだよねということを町民全体でまさに共有できるという か、その思いを子供たちも含めて、そうなのだよ、坂がある町なのだよというふうに、その坂を当たり前のこととして日常として受け入れられるような雰囲気をみんなで作っていけるかどうかが大事だと思っているのです。多分、彼女は町外から来ているのでしょうね。でも町民の皆さんがそういう思いで彼女に接してあげれば、彼女は多分この後ニセコを離れてどこかへ行って暮らすと思います、どこかで仕事をすると思いますが、絶対間違いなく坂のある町ニセコのことをふるさとと思ってくれるはずなのです。私はこれが地域づくりだと思っています。だから条例も、あんまりがっちりと法的に正しいことだけを並べたら多分地域づくりにならないと思ったのです。だから、そこは精神とか理念とかを入れなければいけないと思いました。

それから、もうひとつ。実は、条例制定を議会に出す直前に事件が起きました。それは、ニセコ町が自治基本条例を制定するみたいなことが北海道新聞の1面トップに出たわけです。本来であれば、すばらしいことだと言われるはずのことなのですが、当時の議会からは猛反発が来ました。議会に議案を提案する前に、あたかもこんな条例ができるかのような記事を出して、とんでもない。こんな条例は許さないということになったわけです。でも皆さん、それはおかしいですよね。先ほど木佐先生が紹介してくれたスイスの例を見ても、町民の皆さんもどんな議案が出ているかということがわかって、いろんな議論があって、それを踏まえて今度は最終的に決める議会の場で議論をして議決するか否決するかというのを決めるわけですから、私はあのときに、あー何としてもこの条例は通さなければいけないと思いました。

議会の中でいろいろ議論があって、先ほどの子供の参加のところは随分議論がありました。それから、町民憲章があるのにこんなものを定めるのはおかしいという議論もありました。それからもうひとつ、先ほど木佐先生が指摘した点なのですけれども、4年に1回見直すという条項について議論がありました。4年に1回見直すような不完全なものを議会に出すな、そんなものを出しちゃいかん。おまえだっていいと思っていないのだったらこれはだめな条例なのだから、だめな条例は世の中に出しちゃいけないのだと。そこまで言葉は激しくなかったですけれども、今は引退された方からそういうことも言われました。でも、そのときに私はもうひとつのことを思いました。違うと。まちづくりというのは、決まったレールがあって何も完成されたものではないのだ。常に転がっていかなければいけないので、仕組み・制度そのものも、押さえなければならない理念はしっかり押さえなければいけないけれども、ある種バージョンアップしていくというのがまちづくりのあり方だ。だから条例がそうであっていいはずだと思って、ここは、私は譲りませんでした。条文全体は全然譲らなかったのです。だから今にして思えば、苦労のようなものはなかったのですけれども、制定のプロセスそのものが自治やまちづくりの課題や問題点を一緒に議論しながらというか包含しながら来たのだなと思います。

それで、結果的に議場にテレビカメラがたくさん来て議決というふうになりました。町の議会にテレビカメラが来るなどというのは、事件でも起こさない限りあり得ないのです。事件が起きて、町長が何か謝罪をするぞとか議会を解散するぞというとき以外は多分、町議会にはテレビカメラは来ないのですけれども。いままで条例制定でテレビカメラ、マスコミ各社が入ることはなかった。実際に議決が何対何になるか私はわかりませんでした。結果、10対5で可決ということになったわけです。正直言いまして私はちょっと残念に思いました。10対5か、うーん。12対3ぐらいかなと思っていましたが、結果10対5でした。でも、その直後に電子メールで友人から連絡が来て、札幌医科大学に勤めているのですが、彼が、逢坂よかったなと言うのです。それで、何だよ、おれは10対5で落胆しているのにと言ったら、彼は世界の事情に詳しくて、イスラムとかユダヤの世界では１００対０でみんなが賛成するというのは決していいことだとは言わないのだと彼が言うのです。しかも新しいことをやるのだから、３分の１くらい反対があるというのは実に健全な議会だなと彼からメールが来て、あっ、なるほどと。また、おまえのことだから根回しとかしなかったのだろうと書かれていました。このように、３分の２賛成で３分の１反対というのは非常に健全だと言われて以来、私は結果のことは忘れていたのですが、今日また改めて10対5というのを聞いて、いろいろあった制定までのことを思い出しました。

○名塚：同じころ逆の立場に身を置かれていた松田さんはどのような動きをとられていたのでしょうか。

○松田：町長は気軽ですよね。その当時、議会は大変でした。10対5には多分ならなかったと思います、最初の段階では。非常に厳しくて、何人かで集まりながらいろいろ話をして、やっぱりこれは何としても可決させるべきだと、ない頭を振り絞っていろいろ考えて、一部の議員さんに説得を重ねながら何とかしていきたいなということで進んでいたのですよ、実は。

○逢坂：（小さい声で）ありがとうございます。

○松田：それでようやく10対5になったのですけれども、先ほどおっしゃったように反対もやっぱり必要かなと。すべて１００％でいくというのは逆におごりが出てよくないのかなと私も思っていますので、反対した人に云々かんぬん言わないのですけれど、私が一番心に残っているのは子供に対する権利条項というのですか、成人前の子供たちに権利を与えるのはいかがなものかと。さらに、権利など子供が成人する前は危険だという言葉が1回出たのです。そのときに私は、何で子供が危険なのだととても悔しくて・・・。そして愕然としました。

改正に関しては、どんな条例もそうですけれども今の憲法だって既に古臭くなってしまって、それが足かせになっていることだってあると思うのです。ですから、今はすばらしいのかもしれないけれども、ドックイヤー、マウスイヤーと言われるほど本当に時に流れが速い状況では、やはり4年ごとに見直すというのはいいことと私は正直思っています。

○逢坂：改正作業って大変なのじゃないですか。

○坪井：いやいや、そんな。ぼーっと参加していましたから、そんなに苦労なんてありませんでした。経験豊かな方たちが周りにおられましたので、私は勉強がてら改正のための委員会に参加していたという感じなのです。ですから改正に当たっての苦労というのは特にございませんでしたけれども、課題のようなものが見えてきたことが幾つかありますので、そのことについて述べさせていただきたいと思います。この条例の価値といいますか値打ちといいますか、それが町民全体のものとして共有されていないのではないかと感じたことがあります。町民懇談会なども既に条例制定前から行われていまして、その実践を経た上でこの条例が制定されたということでありますから、町民の皆さんにはもう空気のような存在で、特別この基本条例があったからどうのこうのというようなことはないのかもしれません。

よく条文を見ていきますと大別すると主語が3つあります。「わたしたち町民は」というのと「議会は」というのと、そして「町は」というのがあるのです。「町は」の中には「町長は」とか「町の機関は」というのも含まれますけれども、条文の大半は町がやらなければいけない責務を定めたものなのです。全57条のうち議会条項が8つくらいありますか。それで、前文に「わたしたち町民の権利と責任」という言葉がありまして、その「責任」というのが過大になると嫌だなという感じがありました。それが10条項あるのですけれども、そのうちの5つは、町民の責任というよりは、むしろ権利について述べた条項です。それで残りの5つをひとつひとつ見ていきますと、先ほど木佐先生が「普遍的な倫理観」という言葉をおっしゃいましたけれども、その範囲を逸脱するものではないと私は理解いたしました。ですから、もし町の仕事が十分にできていないことがあれば、町民はこの条例を手にして、できていないのじゃないですかというふうに問題提起ができるわけです。町の職員の皆さんも、条例に定められているわけですからそれは拒否することはできませんね。そういった意味では町民は大変大きな権利を持っているのだろうと思います。

それで、先ほど地方分権改革とか地域主権改革のお話をされましたけれども、大変な格差社会が出てきまして、自治体が存立していけるのかどうかという非常に大変な時期に今差しかかっているのではないかと私は思うのです。そのときに、小さな町が自治を保ちながら運営していくという、そういう立場を確認した文書としてこれはひとつの力を発揮する。そういう情勢の中でこそ力を発揮するのではないかという気もしております。ですから、ぜひ町の中にこの条例が持っている積極的な意味、価値というのを広めていく必要があるのではないかというようなことを検討委員会に参加する中で私は感じました。

○逢坂：今の話は非常にうれしい話ですね。実は、まちづくり基本条例を制定して、制定前と制定後で何が変わるのかという質問は随分いろんなところでたくさん受けました。情報共有だとか住民参加だとか、みんなで物を考えたりするということは以前からやっていたはずですから、条例ができてもできなくても何も実は変わらないのだというのが多くの説明だったのです。でも私は、その中でひとつだけ間違いなく変わることがあると言ったことがあります。

それは、条例ができる前は、例えば役所の側、町長が町民の皆さんに説明をしないでいろんなことをやったことに対して、町民の皆さんは文句しか言えないのです。それはおかしいじゃないか、何でやらなかったのですかと。でも町長は、いやいや、そんなことを言ったって時間がなかったし、おれは説明しなかったよ。まあいいじゃないかということで、要するに苦情のやりとりでしかないわけです。ところが、まちづくり基本条例ができてからは今度は文句ではないのです。条例の何条に書いてあるのにやらなかったでしょ、これは条例違反じゃないですかということで明確な町民の権利として述べることができるのです。それは苦情ではない、文句ではないわけです。この点は間違いなく大きな変化なのですね。だから、まちづくり基本条例についていろんな意見があることは私も知っていますけれども、少なくともあれを作るときの立場は、町民の皆さんに力を与えようというのが出発点のひとつだったということです。

○坪井：単に理念を規定しただけではなく、実利の点でも有用な文書だろうと思います。

○逢坂：それから、先ほどの坪井さんの話でもうひとつ大事な指摘をいただきました。それは、あの条例の中に「責任」という言葉が何カ所か出てきます。あの言葉は実は相当我々は悩みました。特に、だれと議論したのかな。福村君と議論したのか山本君と議論したのか佐々木隆係長と議論したのか忘れたけれども、あの寒い議場のあの会議室で何度も何度も議論をして、本当にこの「責任」という言葉を入れていいかどうか、これがまちづくりに対するある種、役所の傲慢、押しつけになるのではないかと思って、よくよく慎重に慎重に考えて、極力「責任」を外してあの程度になったのです。本当はもっと多かったのではないかと思います。でも、それも今、坪井さんに指摘をしてもらって、ぜひ今日ここにお集まりの皆さんにも、そんな思いがあってでき上がっているということをご理解いただければと思います。

それから、もうひとつ私には実はまちづくり基本条例に対して思いがありまして、デュープロセスという考え方がある。デュープロセスというのは、何か物事をやるときに経なければならない手続ということです。だから、例えば条例を世の中に出すのであれば、条例案を作ったら町民の意見を聞いて、また何日かたってからさらに意見を聞いて条例案を作っていくという、手続を進めていく上での順番のようなものを定めるデュープロセスという考え方です。当時まちづくり基本条例の議論をする前ですが、日本でも行政手続法というのができました。日本の行政手続が余りにもルールがなさ過ぎるのでおかしいということで、これは実はアメリカからの外圧もあってできたのですが、何とかデュープロセス、役所がやらねばならないステップをちゃんと書き込みたいという思いがありました。だから、これも先ほどの坪井さんの指摘なのですが、役所が本当に、ここのポイントではあれやる、これやるというのは結構多く書いてあるのです。だからぜひ町民の皆さんは、役所がそういうことをしなかったら「条例違反だ」と片山町長をつるし上げていただきたいのです。私はもうその職を解かれましたので。どこ行っちゃったかな（片山町長を探し場内を見渡す）。

だから、あの中で、条例を制定したり改廃したりするときに必ず町民の意見を聞けということが書いてあります。町民の意見を聞かなかったときは、なぜ聞かなかったのか理由を書いて議会に出さなければならないことになっているのです。実はあれは結構重たい規定でして、昔は町や村の条例というのは議会が始まる直前に慌てて職員が、「町長、この条例、忘れていました」みたいなことで、「すみません、判を押してください」と持ってくることがあるのです。こんなの私は許せないわけです。だけれども議会日程は迫っている。だから、そこに必ず町民の意見を聞けという規定を入れると、あらかじめ早く準備しなければいけないわけです。もし仮にやらなかったら、なぜやらなかったのか理由を明記しないと議会に出せないわけです。そういうのも埋め込まれているということも、ぜひ皆さんには知っておいていただきたいと思います。

まちづくり基本条例の必要性

○名塚：さて、既に次のテーマの「まちづくり基本条例の必要性」というところに話題は入っているかと思います。では、ニセコにおいて、この基本条例が実際に実効性を発揮したような事例があったことを、昨日ちょっとお話を聞かせていただきました。坪井さんのほうから、この（『もっと知りたいことしの仕事』）関係のお話を、ぜひよろしく。

○坪井：これ（『もっと知りたいことしの仕事』）を見たときに、すごく高く評価できる取り組みだと私自身も思いました。私のところに東京時代の友達がしばしば遊びに来るわけですけれども、これを見ますとニセコはすごいことをやっていると言うのです。自分たちが納めた税金がどういうふうに使われているのか、これが全戸配布されてそれを知る機会が提供されて、しかも、これでいいのかどうか自分の力で検討する機会が与えられていると。このことにみんな大変強い印象を受けて、こういうのがうちの町にもあればいいなというような感想を漏らすのです。

それで、今、名塚さんがおっしゃった話というのは、これがある時期、「全戸へのあまねく配布から希望者への配布という手法へ切りかえる」ということが検討されたようなのです。そうすると全然意味合いが違ってきますよね。情報提供という視点からもそうですし、全部の家庭に配布するというのと希望者だけにお届けするというのでは全く意味合いが違うということで、自治基本条例があったおかげで全戸配布が継続されたのではないかと私は思います。

○逢坂：そうですね。

○名塚：これは、どなたかがその動きを察知して、自治基本条例を守るためには希望者だけへの配布にするのはおかしいという具体の動きのようなものがあったということなのでしょうか。

○坪井：あれはたしか町民講座の席上だったと思うのですけれども、先ほどから名前が出ている加藤さんが司会をやっておられまして、そのときに当時の町長の考え方をぽろりと漏らしたわけです。実は近々これが全戸配布から希望者への配布に切りかわるようなのだけれどどというお話があったものですから、それは自治基本条例の精神と違うのじゃないかと発言をした覚えがあります。

○逢坂：(『もっと知りたいことしの仕事』を手に取りながら）この話をちょっとさせてもらうと、私が１９９４年に役所をやめて10月の選挙に向かうプロセスの中で必ずこういうものを作りますということで説明をして、それも多分、私が何枚か印刷した紙の中に書いてあったもののひとつだと思います。それで実際町長に当選して、それじゃあこれを次の年から作ろうと思って、これはとってもいい方なので名前を出しても怒らないと思いますが町民の皆さんにリアリティーを持ってもらうために、当時、広報をやっていたはずですが田中一男課長にお願いをして、田中課長、こういうものを作りたいのだと話をしたら、田中課長がなかなか仕事をしないのです。それで、田中さんには悪いのですが、何で早くやらないのと言ったら、町長が言っていることのイメージが全然わかない、一体どういうものを作ったらいいのかと言ったので、私が、だって議会にいつも予算書にあわせて説明の資料をいっぱい出しているじゃないですか、あれをホッチキスでとじただけでいいから、そういうものでいいのだと言ったら、田中さんが、あっ、町長そんなのでいいのですかと言うのです。それでいいのだよ、それでと。だから多分、16年前の『もっと知りたい』を持っている方がいたら今とは随分質の違うものだと思います。

私が何を言いたいかというと、理念が明確になっているのであれば、最初はそれはできがよくなくてもいいのです。それでだんだんだん育てていけば、16年前には想像もつかないくらいのすごいものになっているということなのです。これが自治のプロセスであり、まちづくりの醍醐味なのだと私は思うのです。ぜひそういう思いを、今日、町外から来ている人にも持ってもらいたいのです。育てていくということがやれるのです。最初はどんなに小さくても。

それで、実はこれに関して思い出がありまして、補助金とか負担金とかの一覧表は今もついていますか、片山町長さん。

○片山：ついています。

○逢坂：この補助金・負担金の一覧表を見て、当時ニセコ町外から移り住んできた方がびっくりしました。こんなに補助金を出しているのですか、こんな2万円ぐらいの補助金で何か効果があるのですかということをその方から提起されて、その方がこれに付せんをいっぱいつけて、この補助金はちょっとおかしいと思いますと私のところに持ってこられたのです。その方はもうお亡くなりになったのですが、私が、あなたの思いだけでこの補助金全部変えるとか変えないとか言うと、あなたがつらい思いをされても困るので補助金検討委員会を作りましょうということで、補助金検討委員会で議論をしてもらって最終的に補助金の整理をすることができたのです。それはやっぱり『もっと知りたい』を作ったひとつの大きな成果だったと思っています。

○**松田**：私は、予算書と、この『もっと知りたいことしの仕事』を2つあわせてよく議会の中で見させていただいたのです。議員といっても、一般の町民からぱっと出るわけですから予算書の見方がよくわからないのです。国のやり方そのままですから、ぱっと見たときに「何これ？」というのが正直なところで、「起債って何」から議員だって始まるわけです。そのときにこれがあって、町のお金がこういうふうに使われるのだなということでは本当に勉強になりました。

基本条例の一番の利点というのは、私が思ったのは、トップが替わったときにいかにこの条例が運用されるかということなのですね。先ほど、どこかの市で基本条例は作ったのだけれども、トップが替わったことによって黙殺されてしまったというのを聞いたのですけれども、せっかくいろんないいことができたとしても4年ごとの選挙のたびにそれがトップの考え方によって、情報は隠すとか、やっぱり自分の都合のいいようにしたいというふうになったら本当に困ると思うのですけれども、この基本条例があることによって情報を共有できるという意味では大変いいシステムだなと痛感しました。

○**逢坂**：せっかくなので国の話をちょっとさせてもらいますと、もちろん国にも予算書というのがあります。国では、今やっていますけれども予算委員会で予算の議論……。実は、予算委員会で予算の議論は全くしていません。これはインターネットで流れても何の問題もないのですが、全くとは言いませんが、一部しかしていません。それで、私は国会の予算委員会で予算書を持ち込んで議論をしたことがあります。野党時代です。そうしたら当時の財務大臣からこう言われました。予算委員会に予算書を持ち込んで議論をしたのは余り見たことがないけれど、もしかしたらあなたが初めてかもしれないと。国の場合も自治体の場合もそうなのですけれども予算書を見ても本当のことは何もわからないのです。これは絶対おかしいのです。

これは自治体だから何となく気がつきやすいのですけれども、国の予算書を見て税金の使われ方がわからないなんて、それはどう見てもおかしいのです。だから、たまたま今私は総務省でこういう仕事をさせてもらっていますので、片山大臣とも相談をして今の国の予算書のあり方を見直さなければいけないと思っています。もちろん『もっと知りたい』のようなことは必ずしもできるわけではありませんが、今よりももっとわかりやすくしないと、これはどう見ても民主主義ではないと感じます。

国はそんな雰囲気です、まだ。だから、国は大分遅れているのです。

フロアーから

○名塚：さて、時間も大分押してまいりました。ここでフロアーの皆さんにも少し参加をお願いします。外の目でニセコの取り組みについて言及していただきたいと思います。それから、自治基本条例、まちづくり基本条例が伝播をしていって、実際に他の自治体でそれに取り組まれたというような事例があれば、それもお聞きしたいと思います。さらに、町政の中心である町民の方から感想なども聞けたらと思っています。

○内田：北海学園大学の内田と申します。いろんな思いを持ちながら聞いていましたけれど、私は今、経済学部で地域社会論という授業をやっていまして、その中で北海道の白老町と八雲町そしてニセコ町を取り上げて、そのまちづくりについての話をしています。それで、八雲町も昨年ですか条例を作りましたので、この3つとも全部条例ができたので、先日行った後期の試験問題の中で、「ニセコ町のまちづくり基本条例、白老町の自治基本条例、八雲町の自治基本条例を比較して、その特徴と違い、そして評価を書け」という問題を出したのです。

その中でほぼ9割方、ニセコの条例が最もすぐれていると学生たちは条文を読んで評価をしたわけですが、その中で特に取り上げられていたことは、3つの条例は似たようなことを定めているといいながらも、ひとつは、20歳未満の子どもたちのまちづくりへ参加する権利がきちんと示されて、そして先ほどのような子ども議会などを開いてそれを反映させているというところです。八雲の条例にも実はそのようなことが書いてありますけれど、権利とまでは書いていないということを指摘していました。

それから、最も多く、そして一番重要なのですが、ホームページを見ますと「育てる条例」ということが書いてありまして、先ほど来、出ていましたが4年に1度見直すことが既に行われていて、そしてそれが進化していっていると。そこの部分がニセコの条例では非常に評価が高いと多くの学生が書いていました。

私の専門は社会教育学なのですが、そういう視点から見ますと、まさに情報共有というのは住民が自分の「わかる」を豊富化させていくそのプロセスだと私自身も学生に教えていて、情報公開では、ただ伝えた、もしくは伝えたつもり。それに対して住民は、気がつかない、知らない、わからないという状況が多いわけですけれど、実は情報共有の中ではそれを、何となくから知識としてわかっていく。そして、みずから行動できる。そういう「わかる」を豊富化していくものが情報共有だと学生たちに伝えているわけですが、まさにこの「育てる条例」の見直し作業はその学び直しの作業であって、そういう「わかる」を絶えず豊富化させていくということがニセコの条例にはあるのだと思っています。そういった意味でニセコの条例がほかの条例にも影響を与えていくことを祈っていますし、今日の話もそのことを確認させてくれるお話だったと思いました。

○名塚：パネラーの方、何かコメントございますか。

○**逢坂**：私からばかりで申しわけないのですが、この本（『わたしたちのまちの憲法』）の中に名塚さん、木佐先生はじめ研究会の皆さんにお作りいただいたニセコ町まちづくり基本条例のいわゆる原案が入っています。ところが、私はこの原案をそのまま採用しませんでした。採用しなかった理由は幾つかあるのですが、それを今度は先ほど名前が出た山本契太君にお願いをして条文を全部ばらばらにして再構成するという作業をしようと言いました。再構成というのは、どういう考え方で町を作るかの章立ては、やっぱり我々自身の手でやらないとだめだと思ったのがひとつです。

それでばらばらにしたということと、もうひとつは、確かに条例はある種法律でありますから法令的に正しくなければならないのですが、それ以上に、町民が読んでわからなければだめだということであります。だから、法令用語として多少ふさわしくなくてもいいだろうということで、名塚さんや木佐先生には大変失礼だったのですけれども大分言葉をばっさりと入れかえました。しかも、その言葉を入れかえるときに随分と悩みました。本当に1つの言葉について何回議論したかわからないぐらい悩みました。その結果、当時の条例としては条例らしくない条例になったのが、多分、今の学生さんがニセコの条例がいいよねと言ってくれた理由だと思うのです。でも、法律的に本当に耐え得るかどうかというところは大きな課題として残ると思っています。

それからもうひとつ、先ほど来出ていた前文です。これは多分、一番エネルギーをかけたと思います。これも、寒い日、暖房のない役所で何度も何度もやりとりをして、そうして実際紙に書いて、どうもよくわからない。それで、ワープロで打ってプリントして、目で見ていいかどうか、読んでみていいかどうか。全体を紙に写していいかどうか、手書きでまたやっていいかどうかという作業を何度も何度も繰り返して、これは何日かかったかわかりませんけれども、その結果こういう形になりました。

このプロセスの中で、片山さんは覚えているかな、町民憲章をどうするかという話を実はしたのです。前文の中にこういう言葉があるのです。「ニセコ町は、先人の労苦の中で歴史を刻み、町を愛する多くの人々の英知に支えられて今日を迎えています」と。そのときに我々は、町民憲章についてはいろいろあるけれども、そうだよ、先人の労苦の中で歴史を刻んで、町を愛する多くの人々の英知に支えられて今日を迎えているのだから、町民憲章だって大きな思いがあって作っているから置いておいてもいいのじゃないかというようなことを多分言ったような気がします。議会での答弁には使えませんでしたけれども、そんなこともこの中にはあったということです。

○名塚：実は私どもニセコのプロジェクトの関係者で、その後しっかり自分の自治体の自治基本条例づくりに携わった方がいらっしゃいますので、紹介と、それから、少しコメントをいただきたいなと。

○内潟：苫小牧市の内潟です。一昨年に職員を退職しまして、それまでは、ほぼ2000人の職員の中でマイノリティでした。暇をもてあましていたわけではないのですけれども、群れないで目的意識を持って勉強を続けようと思ってやっていまして、職場ではずっとアウトサイダーでした。

ニセコのプロジェクトにかかわって2000年度にうまくでき上がって、よかったなと思っていたのですけれども、苫小牧市の取り組みとしてはそれから7年かかりました。できたのは2006年度です。私がかかわったのは2004年度で、それまではまるっきり別の港湾の仕事をしていたのですけれど、いきなり定期異動で呼び返されて、おまえ、今日から自治基本条例に取り組めと言われまして、上司と2人で自治基本条例に取り組む作業を始めたわけです。作業自体は2003年度から始まっていましたのでそれを引き継いだのですけれども、2004、05、06といって、そもそも地方分権の流れの中で苫小牧市独自の取り組みを進めていたこともあります。この大きな流れは2000年度から進んでいたのですが、自治基本条例に直接至ったのは０３年度からということになりました。途中、０６年度に市長がかわりまして、どうするのだということもあったのですが、何とかこぎつけて、同年に議会を通させていただいて２００７年４月１日から施行させていただくという運びになりました。

これはまさしく、今まで何度も出ていますけれどもニセコの条例で柱になっています情報共有と、私どもは市民参加、それに新しい概念である協働を加えてまちづくりの基本ルールを定めたものになっています。ニセコさんは、逢坂さんも片山さんもおっしゃっているように自分たちがやってこられていることを文書にして確認されたということがありました。苫小牧はそういう歴史がありませんでしたので、やらねばいけないこと、やりたいことを条文にしたわけです。ですから、それを職員の方とか議会の方たち、それから市民の方にわかっていただくのは大変な苦労がありまして、そういう工夫の中で「市民自治のまちづくり推進計画」というものを作りまして、自治基本条例にうたい込んだ具体的な条項の中身にどうやって取り組むのかということを３カ年の計画にして進めてきた経緯があります。御多分に洩れず私どもも４年に１度の見直し規定を置きまして、２０１０年度、４年目を迎えて、今ここに担当で出席しております今村さんを中心に１回目の見直し作業をやっているということです。

それで、基本条例で理念と制度づくりの枠組みは作ったのですけれども、一方の市民参加の手続をどう市民に保障するか。この参加の権利を市民の権利として明確にうたい込まなければだめだということで、自治基本条例の中で整理したものをそのまま受け継いで１年遅れて市民参加条例という手続条例を整備しました。これで考え方と制度の枠組みと具体的な参加の手続がそろいましたので、苫小牧市のまちづくりとしては自治の枠組みができたので、これからこれを足場にして進めていければと考えているところです。

ニセコの取り組みがなければなかなかその具体像というのはイメージができなかった中での取り組みで

した。当時先にいっていました白老町ですとか、一緒に進んでいました札幌市などの様子も見ながら前例のない中での取り組みだったのですけれども、やっぱりニセコの取り組みにかかわることができたことが非常に大きな基盤になったのかなと見ておりまして、10周年を迎えたというのは隔世の感で聞いておりました。

○名塚：私ども条例を作るときに結構困った部分というのがありました。先ほどから出ていますが町長の宣誓というところがあります。どうしてこれを入れようと言ったかというと、町長に自治や基本条例を守らせる、首長の信託のスタイルというのを条文上で示すのにはどういうふうにしたらいいのだろうかと悩みました。それで、いろんな条文を作ったのですが、どれもピタッとしたものがなかったのです。それで、木佐先生のお話にあったように宣誓させればいいじゃないのと。そう言われたときに周りにいたニセコ町の職員の方からも、あっ、そうだよねという賛同が得られました。宣誓をするということ、要は自治をしっかりやっていきますよと、みんなの前でしゃべった以上それに反する行動はとれないですよね。

副町長の北澤さんは総務省のほうから派遣をされているとお聞きしました。まさかご自分で宣誓するなどと考えてもいなかったかもしれませんが、宣誓のときの感想と、この条文の存在自体どう思っているかを、お話しいただければと思います。

○北澤：確かに副町長職に就くということで宣誓をせよという話が事前にありました。そのとき内閣府という国の役所にいまして、国の役所は効率的か非効率かわかりませんけれども夜中まで仕事をしておりまして、そういう中で宣誓の文言を考えなければいけないということになりました。しかも、当時、ニセコ町役場の加藤課長さんだったと思いますけれども、自分の言葉で宣誓をしなければならない、ひな形などというものはございませんという話でありまして、これは大変なところに赴任するのだなと思いました。

就任して2日後の議会で宣誓をしたのですけれども、非常に夜遅くまで働いている中でもそのために自分なりに準備が必要だと思いましたので、もちろん、まちづくり基本条例をしっかり読みましたし、そのほかニセコ町がどういうことを考えているのかというのを勉強する機会になりました。自分の中で条例あるいはその理念を消化して形にするいい機会になりましたし、実際その後、町民の方といろいろと触れ合う機会がありましたけれども、宣誓というのはすごく大事なのだよと。今お話もありましたけれども、宣誓というのは副町長としての町政に対する姿勢、約束なのだよというお話がありまして、町民の方もそれを非常に気にされているのだなということがわかりまして、確かに条文だけ見ると「宣誓」という一言なのですけれども、中身は非常に意義があるのかなとやってみて思いました。もう一回やりたいかと言われるとちょっと考えるところもありますけれども、そういうふうな感想を持っております。

○逢坂：実は、この宣誓というのは単に議会で挨拶をするのとは意味が違っています。議会での発言というのは相当に重たいのです。重たいことを議会の場ではっきりと自分がお約束をするのは本当はすごく重要なことで、議会を重視しているからこそやるのです。まちづくり基本条例を見て、議会軽視だと批判をされたことがあるのですが、宣誓の条項ひとつ見ていただいてもどれほど議会を重視しているかということだと思います。

国の参議院、衆議院、どちらにも委員会があります。先ほど言った予算委員会でも総務委員会でもいろんな委員会がありますが、委員長が就任をするとき宣誓ではなく挨拶をします。委員長から一言挨拶を申し上げますと。それで、委員長は大体決まり切ったことを言います。決まり切ったといっても何も中身がないのではなくて、どちらにも偏らず公明正大にやりますというような挨拶をするのです。実はこの挨拶が後で非常に重みを持ちます。委員長が例えば強行採決などをしたときに、その挨拶の文言を根拠にして、あなたは就任のときこう言ったでしょと。であるのに強行採決をしたから委員長の解任決議を出すというようなことを国会ではやるのです。だから今回のまちづくり基本条例の首長や特別職の宣誓も実はそれぐらい重い意味を持つということでありますので、北澤副町長、ぜひ。こちら（ニセコ町）でお払い箱になっても向こう（国）は受けるかどうか。ちゃんと職務を全うしないと厳しいかもしれない。（笑声）

○名塚：若干国レベルの内輪の話になっておりますけれども、時間が押してまいりましたのでフロアーのほうからもう一方ぐらいお受けしたいと思います。

○会場参加者：町内の者で、町外の先ほどの方とは違う立場での話なのですけれども、今回の基本条例の意味というのを改めてこのシンポジウムで感じさせていただきました。そういう中でひとつ希望があるのですが、大きな意味でのまちづくりというのはやっぱり住民と行政が一体となってやることになると思うのです。それが、住民サイドの住民自治の部分をやっているものですから行政の部分がちょっと抜け落ちているような気がします。その場合に、「地方自治体が住民の福祉の増進を図る」と。これがやはり一番大きな理念ではないかと思うのです。それをこの条例の町の役割ですか、そういう中に入れていただければ一番いいのではないかという希望です。

○片山：このまちづくり基本条例を作る中でも、環境基本条例を作りましょう、教育の基本条例も作りましょう、それから福祉の基本条例も作りましょうということで、教育とか福祉はまだ動いておりませんが、近い将来そういったものを入れ込みたいと思っています。

○逢坂：今の方のご指摘はすごく大事だと私は思います。今まで日本の政府、政府というのは国の政府も地方の政府も、もっと平たく言えば町役場も市役所も北海道庁も中央、霞ヶ関も国会も、何というのでしょうか、総合デパートであらゆることをいろいろやってきたわけです。これからは、もちろんそういう側面はあるのですけれども、先ほど木佐先生の最後のほうのスライドに格差という言葉が出てまいりましたけれども、人間がこの社会で生きていくために最低限、本当に地域で何をしなければならないのかというところをぎりぎり詰めなければいけないところへ今来ていると思っています。それがまさに本当の意味での適正な福祉。福祉というのは、単に障害者福祉とか老人福祉とかある限定的なことだけではなくて、人が生きるために最も地域でやらなければならないものは何なのだというところをこれからみんなで考えていく時代に入っているのではないかと思うのです。

今まではどちらかというと役所に、何とか介護手当を出してくださいとか、何とか支援をしてくださいと。もちろんこれからもそれは重要なのですけれども、それを乗り越えた、社会全体でどういう適切な福祉社会を作るかということを考えるのが大事になるではないかと思います。

片山町長さん、よろしくお願いいたします。

まとめに向けて（まちづくり基本条例とニセコへの期待）

○名塚：さて、ぼちぼち時間となりましたので、まとめに向けて木佐先生に。ニセコファンで先生の右に出る方はいらっしゃらないと思いますので、ひとつよろしくお願いいたします。

○木佐：あまり予想をしておりませんでしたけれども、今日は名塚さんの司会で、研究会というか勉強会というか応援団の発足時点のところから掘り下げた話になりましたので、初めてお聞きいただいた方には、そういう背景があったのかと。それから、私自身もちょっと認識不足だったのですが、ニセコ町側でも110回という町民と職員の方たちの議論があって、それがたまたまミックスした。私は、当時、公的な役場側の広報広聴検討会議の座長という立場で、他方、自主的に応援団である研究会のほうの代表という形でやっていましたので、事実上ちょうつがいという役をやらせていただいた。私にとっては多分、自分の生涯の中で実務的に見て一番生きがいになった仕事ではないかと思っていまして、もう定年までそう長くありませんので、ニセコというとどんなことがあっても駆けつけるという習性がついてしまいました。今後とも片山町政……。片山町政だって30年も50年も続くわけはないのでして、いずれまた次々バトンタッチがあると思いますが、しかしこの最低限というか最小限のきちんとした自治の仕組みというものを町民の皆さんがきちんと頭に刻み込んでいただければ、さっき私もスライドに出して、今、逢坂さんも言っていただきました格差社会という、本当はあってはよくないことですけれども現実にあるものですから、生きていく最低限のスタンダードのところをうまく乗り越える。それで、日本がどうなるか本当にわかりませんが、いつかいい社会が来るときのために力をそろえて、あえて今使われている言葉で言えば「協働」なのでしょうけれども、それはどんな漢字を使っても構わないと思いますが、この基本的なルールを先駆けて作った、そしてそれをきちんと生かし切っていただき、また足りないところは補っていただく。これをサイクルが来るたびにつないでいただければ、少なくとも私などが住んでいる地域よりも豊かな老後は送れるのではないか。

実は家族で話しているのは、定年後2年ぐらいニセコに住もうかなどと。そういう家庭予算があるかどうかもわかりませんので約束はできませんが、そのぐらいニセコには愛着というか魅力を感じていますので、地元の皆様には、ぜひ良いまちづくりをさらに進めていただきたいと思います。

今日は私個人にとっても大変いい機会を与えていただきまして、まとめというよりも私のご挨拶みたいで申しわけないのですが、ありがとうございました。（拍手）

○逢坂：元町長だった権利を使わせてもらって最後にちょっとだけ言わせてください。

今、日本の国が非常に大変なところに来ている幾つかの理由があります。それはおまえのいる党が悪いからだろうという話もあろうかと思いますが、それはそれとして、実は本当の意味で自治というのは何かというのがだんだんだんだん日本の中から忘れ去られているような気がします。私は今も終始一貫して変わらないのですが、民主主義を動かしていく根っこにあるのはやっぱり自治だと思います。自治の活動がしっかりしていることが国家全体の民主主義をうまく動かす原点になっていると私は確信をしております。今の社会がおかしくなっているのは、先ほど冒頭に私が言ったとおり、みんなでしっかり話し合いをして物事を決めていくということをすっ飛ばしてしまっていろんなことが行われている。このことが非常に危ういと思っています。

それから国政レベルで見ますと、先ほど言った情報共有、これが実はほとんどできておりません。それから公文書管理、これもほとんどできておりません。さらに、国と地方が話し合いをして物事を決めるというようなこともほとんどできていないのです。その意味でいいますと、これから日本の民主主義が本当に手堅く、しっかりしていけるかどうかの今がターニングポイントだと思っています。それで、宣伝をするわけではないのですが、私自身がニセコ町長を終えて国会へ行きましてから公文書管理法を作りました。これは私が作ったという言い方は変ですが、当時の総理の福田康夫さんがこれにすごくエネルギーを注いでいましたが内容は必ずしも十分ではなかった。そこで福田康夫さんから相談を受けて、国会の中でこの問題について一番関心があるのは逢坂さんだと聞いている、ぜひこれを世に出してほしいということで、福田康夫さんの力も得て、あの内閣が出した法案を中身を直して少しでもニセコでの実践が生きていくような公文書管理法、まだ十分ではないのですけれど、それを去年作りました。

それから、10年ほど前に日本の国では情報公開法というのができましたが、この中に国民の知る権利というようなことは入っておりませんし、世界的に見ると情報公開制度としては必ずしも十分なものではないのです。それで、昨年この情報公開制度も大幅改正の作業をいたしまして、そのチームの一人に私が入りました。これは今国会に提出をして、日本の民主主義を動かす大きな歯車にしたいと思っています。だから、実はニセコでの実践が、国政とはすぐ直結するものではないのですけれども、ここでやっていることは何の間違いもないのだということをぜひ皆さんにはご理解いただきたいのです。ニセコだけがという意味ではありません。自治の現場で行われていることが国家全体の民主主義を動かしていく大きな要素になっているのだということを、ぜひわかっていただきたいわけであります。私が国会に行ってたった5年、今年で6年目ですが、そのぐらいで多少政府の中で仕事ができるというのはやっぱり自治の現場にいたからだと痛感をしておりますので、ぜひ皆さん自信を持ってやっていただきたいと思います。

それと、昨日の夜遅くニセコへ帰ってきまして家へ入りましたら、案の定といいましょうか水道が凍結して、去年の秋に水はちゃんと落としたはずなのですけれども水が出ませんでした。それで向かいのコンビニに行って水を仕入れて、家へ行ってカップラーメンのようなものとか食べたわけですが、けさ8時ぐらいにピンポーンと鳴るのです。そうしたら、中国から来て今ニセコの役場で働いているハンさんが何と温かい餃子を持ってきてくれました。それと、おかゆを持ってきてくれました。これはやっぱりどう考えてみてもよその地域にはないと思います。ですから、絶対にどんな地域でも良くなりますので。良くならない地域は絶対にありません。だから、そのことを信じてみんなで頑張っていきたいと思います。（拍手）

あとがき

「ニセコ町まちづくり基本条例」が制定され10年が経過しました。10年目となる2011年に木佐茂男九州大学大学院教授をはじめ、制定作業に係わった方々や町民のみなさんが集まって、同基本条例を検証するシンポジウムをニセコ町民センターで開催することができました。当初の制定経過などは、『わたしたちのまちの憲法』（日本経済評論社、2003年）をご覧いただければと思います。しかし、今振り返っても、自治基本条例という発想が一部の人たちの議論にとどまり、社会に認知されていない時に、よくこのような基本条例がニセコ町で誕生したものだと、当時の熱気が懐かしく思い出されます。「そもそも基礎自治体の仕事とは何か、自治体に憲法のような基本条例は必要なのか」との問いかけから始まった雛形のない、白紙からの手探りの検討の連続。北海道各地から手弁当で集まり、熱い議論を戦わせた札幌地方自治法研究会自治基本条例検討プロジェクトチームの研究者、自治体職員の面々。プロジェクトメンバーが手分けをしてまとめた12本のレポートから条例の制度設計が徐々に形成されていきました。そして、ニセコ町では町民を交えたワーキンググループでの毎週の検討。自ら手を挙げて集まった役場職員プロジェクトチームのメンバーは、条例案作成の終盤、パソコン・印刷機をホテルの部屋に持ち込んで徹夜の作業も行なっていました。町民がパネリストを務めるミニシンポジウムの開催など、全てが参加者の「熱意」でこの条例案が形づくられていきました。これまでのニセコ町の実践を条例化する試みと、基礎自治体の意思決定のあり方の議論の数々。挑戦開始から約3年の月日と110回を越える会合の歩みそのものが、ニセコ町がこれまで進めてきた情報共有（政策意思形成過程への住民参加）、まちづくりの取り組みそのものであったと思います。

そして、最初から完璧なものはない、身の丈に合った条例を、時代や町民の意識に合わせて「育てる条例」（条例の手引き第57条1項解説参照）と位置づけました。制定後の条例の成長の変化は、町議会に関する規定が議会提案により書き込まれたこと、章の題名に一箇所表記があった「協働」の文字を削除したことなど、計4回の一部改正に見ることができると思います。今、ニセコ町では、財政民主主義の確立への取り組みを強化し、そしてこれまでの間、「新しい公共」の将来像を見出して行こうと観光協会の株式会社化、図書館情報センター（あそぶっくをお母さん方（後にNPOとして指定管理者となる。）が運営するなど、具体的な実践が積み重ねられてきています。わたしたちは、自治体は、住民の自治機構であると同時に権力を持った地方政府としての側面も併せ持っています。わたしたちは、主権者たる住民への説明責任を全うしつつ、「民主主義のあるべき姿」をこれからも模索し続けて行きたいと考えています。

本書の編集に当たって多大のご尽力をいただきました釧路市役所・名塚昭氏、（株）公人の友社・武内英晴社長をはじめ、執筆されたみなさまに感謝いたします。そして、これまで、この条例を様々な場面で支援していただいた全国自治体法務合同研究会のみなさま、北海道大学神原勝名誉教授、北海学園大学大学院法務研究科福士明教授、元町長・前総務大臣政務官逢坂誠二衆議院議員ほか関係各位にも厚く御礼を申し上げます。

おわりに本書が、これから自治基本条例を制定しようとするみなさま方の多少の参考になれば望外の幸せです。

２０１２年２月

ニセコ町長　**片山健也**

【資料】

○ニセコ町まちづくり基本条例

平成12年12月27日
条例第45号

　ニセコ町は、先人の労苦の中で歴史を刻み、町を愛する多くの人々の英知に支えられて今日を迎えています。わたしたち町民は、この美しく厳しい自然と相互扶助の中で培われた風土や人の心を守り、育て、「住むことが誇りに思えるまち」をめざします。

　まちづくりは、町民一人ひとりが自ら考え、行動することによる「自治」が基本です。わたしたち町民は「情報共有」の実践により、この自治が実現できることを学びました。

　わたしたち町民は、ここにニセコ町のまちづくりの理念を明らかにし、日々の暮らしの中でよろこびを実感できるまちをつくるため、この条例を制定します。

第1章　目的

（目的）

第1条　この条例は、ニセコ町のまちづくりに関する基本的な事項を定めるとともに、まちづくりにおけるわたしたち町民の権利と責任を明らかにし、自治の実現を図ることを目的とする。

第2章　まちづくりの基本原則

（情報共有の原則）

第2条　まちづくりは、自らが考え行動するという自治の理念を実現するため、わたしたち町民がまちづくりに関する情報を共有することを基本に進めなければならない。

（情報への権利）

第3条　わたしたち町民は、町の仕事について必要な情報の提供をうけ、自ら取得する権利を有する。

（説明責任）

第4条　町は、町の仕事の企画立案、実施及び評価のそれぞれの過程において、その経過、内容、効果及び手続を町民に明らかにし、分かりやすく説明する責務を有する。

（参加原則）

第5条　町は、町の仕事の企画立案、実施及び評価のそれぞれの過程において、町民の参加を保障する。

第3章　情報共有の推進

（意思決定の明確化）

第6条　町は、町政に関する意思決定の過程を明らかにすることにより、町の仕事の内容が町民に理解されるよう努めなければならない。

（情報共有のための制度）

第7条　町は、情報共有を進めるため、次に掲げる制度を基幹に、これらの制度が総合的な体系をなすように努めるものとする。

（1）　町の仕事に関する町の情報を分かりやすく提供する制度

（2）　町の仕事に関する町の会議を公開する制度

（3）町が保有する文書その他の記録を請求に基づき公開する制度
（4）町民の意見、提言等がまちづくりに反映される制度

（情報の収集及び管理）
第8条　町は、まちづくりに関する情報を正確かつ適正に収集し、速やかにこれを提供できるよう統一された基準により整理し、保存しなければならない。

（個人情報の保護）
第9条　町は、個人の権利及び利益が侵害されることのないよう個人情報の収集、利用、提供、管理等について必要な措置を講じなければならない。

第4章　まちづくりへの参加の推進

（まちづくりに参加する権利）
第10条　わたしたち町民は、まちづくりの主体であり、まちづくりに参加する権利を有する。
2　わたしたち町民は、それぞれの町民が、国籍、民族、年齢、性別、心身の状況、社会的又は経済的環境等の違いによりまちづくりに固有の関心、期待等を有していることに配慮し、まちづくりへの参加についてお互いが平等であることを認識しなければならない。
3　町民によるまちづくりの活動は、自主性及び自立性が尊重され、町の不当な関与を受けない。
4　わたしたち町民は、まちづくりの活動への参加又は不参加を理由として差別的な扱いを受けない。

（満20歳未満の町民のまちづくりに参加する権利）
第11条　満20歳未満の青少年及び子どもは、それぞれの年齢にふさわしいまちづくりに参加する権利を有する。
2　町は前項の権利を保障するため、規則その他の規程により具体的な制度を設けるものとする。

（まちづくりにおける町民の責務）
第12条　わたしたち町民は、まちづくりの主体であることを認識し、総合的視点に立ち、まちづくりの活動において自らの発言と行動に責任を持たなければならない。

（まちづくりに参加する権利の拡充）
第13条　わたしたち町民は、まちづくりへの参加が自治を守り、進めるものであることを認識し、その拡充に努めるものとする。

第5章　コミュニティ

（コミュニティ）
第14条　わたしたち町民にとって、コミュニティとは、町民一人ひとりが自ら豊かな暮らしをつくることを前提としたさまざまな生活形態を基礎に形成する多様なつながり、組織及び集団をいう。

（コミュニティにおける町民の役割）
第15条　わたしたち町民は、まちづくりの重要な担い手となりうるコミュニティの役割を認識し、そのコミュニティを

守り、育てるよう努める。

（町とコミュニティのかかわり）

第16条 町は、コミュニティの自主性及び自立性を尊重し、その非営利的かつ非宗教的な活動を必要に応じて支援することができる。

第6章　議会の役割と責務

（議会の役割）

第17条 議会は、町民の代表から構成される町の意思決定機関である。

2　議会は、議決機関として、町の政策の意思決定及び行政活動の監視並びに条例を制定する権限を有する。

（議会の責務）

第18条 議会は、議決機関としての責任を常に自覚し、将来に向けたまちづくりの展望をもって活動しなければならない。

2　議会は、広く町民から意見を求めるよう努めなければならない。

3　議会は、主権者たる町民に議会における意思決定の内容及びその経過を説明する責務を有する。

（議会の組織等）

第19条 議会の組織及び議員の定数は、まちづくりにおける議会の役割を十分考慮して定められなければならない。

（議会の会議）

第20条 議会の会議は、討議を基本とする。

2　議長は、説明のため本会議に出席させた者に議員への質問及び意見を述べさせることができる。

（会議の公開）

第21条 議会の会議は公開とする。ただし、非公開とすることが適当と認められる場合は、この限りではない。

2　前項ただし書により非公開とした場合は、その理由を公表しなければならない。

（議会の会期外活動）

第22条 議会は、閉会中においても、町政への町民の意思の反映を図るため、まちづくりに関する調査及び検討等に努める。

2　前項の活動は、議会の自主性及び自立性に基づいて行われなければならない。

（政策会議の設置）

第23条 議会は、本会議のほか、まちづくりに関する政策を議論するため、政策会議を設置することができる。

2　前項の会議は議長が招集し、議事運営にあたるものとする。

（議員の役割及び責務）

第24条 議員は、町民から選ばれた公職者として自ら研さんに努めるとともに、公益のために行動しなければならない。

2　議員は、基本的人権の擁護と公共の福祉の実現のため、政策提言及び立法活動に努めなければならない。

第7章　町の役割と責務

（町長の責務）

第25条　町長は、町民の信託に応え、町政の代表者としてこの条例の理念を実現するため、公正かつ誠実に町政の執行に当たり、まちづくりの推進に努めなければならない。

（就任時の宣誓）

第26条　町長は、就任に当たっては、その地位が町民の信託によるものであることを深く認識し、日本国憲法により保障された地方自治権の一層の拡充とこの条例の理念の実現のため、公正かつ誠実に職務を執行することを宣誓しなければならない。

2　前項の規定は、副町長及び教育長の就任について準用する。

（執行機関の責務）

第27条　町の執行機関は、その権限と責任において、公正かつ誠実に職務の執行に当たらなければならない。

2　町職員は、まちづくりの専門スタッフとして、誠実かつ効率的に職務を執行するとともに、まちづくりにおける町民相互の連携が常に図られるよう努めなければならない。

（政策法務の推進）

第28条　町は、町民主体のまちづくりを実現するため、自治立法権と法令解釈に関する自治権を活用した積極的な法務活動を行わなければならない。

（危機管理体制の確立）

第29条　町は、町民の身体、生命及び暮らしの安全を確保するとともに、緊急時に、総合的かつ機能的な活動が図れるよう危機管理の体制の確立に努めなければならない。

2　町は、町民、事業者、関係機関との協力及び連携を図り、災害等に備えなければならない。

（組織）

第30条　町の組織は、町民に分かりやすく機能的なものであると同時に、社会や経済の情勢に応じ、かつ、相互の連携が保たれるよう柔軟に編成されなければならない。

（審議会等の参加及び構成）

第31条　町は、審査会、審議会、調査会その他の附属機関及びこれに類するものの委員には、公募の委員を加えるよう努めなければならない。

2　前項の委員の構成に当たっては、一方の性に偏らないよう配慮するものとする。

（意見・要望・苦情等への応答義務等）

第32条　町は、町民から意見、要望、苦情等があったときは、速やかに事実関係を調査し、応答しなければならない。

2　町は、前項の応答に際してその意見、要望、苦情等にかかわる権利を守るための仕組み等について説明するよう努めるものとする。

3　町は、前2項の規定による応答を迅速かつ適切に行うため、対応記録を作成する。

（意見・要望・苦情等への対応のための機関）

第33条　町は、町民の権利の保護を図り、町の行政執行により町民が受ける不利益な扱いを簡易かつ迅速に解消させるため、不利益救済のための機関を置くことができる。

（行政手続の法制化）

第34条 条例又は規則に基づき町の機関がする処分及び行政指導並び町に対する届出に関する手続について必要な事項は、条例で定める。

（法令の遵守）

第35条 町は、まちづくりの公正性及び透明性を確保するため法令を誠実に遵守し、違法行為に対して直ちに必要な措置を講ずるものとする。

第8章 計画の策定過程

（計画過程等への参加）

第36条 町は、町の仕事の計画、実施、評価等の各段階に町民が参加できるよう配慮する

2 町は、まちづくりに対する町民の参加において、前項の各段階に応じ、次に掲げる事項の情報提供に努めるものとする。

（1） 仕事の提案や要望等、仕事の発生源の情報
（2） 代替案の内容
（3） 他の自治体等との比較情報
（4） 町民参加の状況
（5） 仕事の根拠となる計画、法令
（6） その他必要な情報

（計画の策定等における原則）

第37条 総合的かつ計画的に町の仕事を行うための基本構想及びこれを具体化するための計画（以下これらを「総合計画」と総称する。）は、この条例の目的及び趣旨にのっとり、策定、実施されるとともに、新たな行政需要にも対応できるよう不断の検討が加えられなければならない。

2 町は、次に掲げる計画を策定するときは、総合計画との整合性に配慮し、計画相互間の体系化に努めなければならない。

（1） 法令又は条例に規定する計画
（2） 国又は他の自治体の仕事と関連する計画

3 町は、前2項の計画に次に掲げる事項を明示するとともに、その計画の実施に当たっては、これらの事項に配慮した進行管理に努めなければならない。

（1） 計画の目標及びこれを達成するための町の仕事の内容
（2） 前号の仕事に要すると見込まれる費用及び期間

（計画策定の手続）

第38条 町は、総合計画で定める重要な計画の策定に着手しようとするときは、あらかじめ次の事項を公表し、意見を求めるものとする。

（1） 計画の概要
（2） 計画策定の日程
（3） 予定する町民参加の手法
（4） その他必要とされる事項

2　町は、前項の計画を決定しようとするときは、あらかじめ計画案を公表し、意見を求めるものとする。
3　町は、前2項の規定により提出された意見について、採否の結果及びその理由を付して公表しなければならない。

（計画進行状況の公表）
第39条　町は、総合計画の進行状況について、年に一度公表しなければならない。

第9章　財政

（総則）
第40条　町長は、予算の編成及び執行に当たっては、総合計画を踏まえて行わなければならない。

（予算編成）
第41条　町長は、予算の編成に当たっては、編成過程の透明性に留意し、予算に関する説明書の内容の充実を図るとともに、町民が予算を具体的に把握できるよう十分な情報の提供に努めなければならない。
2　前項の規定による情報の提供は、町の財政事情、予算の編成過程が明らかになるよう分かりやすい方法によるものとする。

（予算執行）
第42条　町長は、町の仕事の予定及び進行状況が明らかになるよう、予算の執行計画を定めるものとする。

（決算）
第43条　町長は、決算にかかわる町の主要な仕事の成果を説明する書類その他決算に関する書類を作成しようとするときは、これらの書類が仕事の評価に役立つものとなるよう配慮しなければならない。

（財産管理）
第44条　町長は、町の財産の保有状況を明らかにし、財産の適正な管理及び効率的な運用を図るため、財産の管理計画を定めるものとする。
2　前項の管理計画は、財産の資産としての価値、取得の経過、処分又は取得の予定、用途、管理の状況その他前項の目的を達成するため必要な事項が明らかとなるように定めなければならない。
3　財産の取得、管理及び処分は、法令の定めによるほか、第1項の管理計画に従って進めなければならない。

（財政状況の公表）
第45条　町長は、予算の執行状況並びに財産、地方債及び一時借入金の現在高その他財政に関する状況（以下「財政状況」という。）の公表に当たっては、別に条例で定める事項の概要を示すとともに、財政状況に対する見解を示さなければならない。

第10章　評価

（評価の実施）
第46条　町は、まちづくりの仕事の再編、活性化を図るため、まちづくりの評価を実施する。

（評価方法の検討）

第47条　前条の評価は、まちづくりの状況の変化に照らし、常に最もふさわしい方法で行うよう検討し、継続してこれを改善しなければならない。

2　町が評価を行うときは、町民参加の方法を用いるように努めなければならない。

第11章　町民投票制度

（町民投票の実施）

第48条　町は、ニセコ町にかかわる重要事項について、直接、町民の意思を確認するため、町民投票の制度を設けることができる。

（町民投票の条例化）

第49条　町民投票に参加できる者の資格その他町民投票の実施に必要な事項は、それぞれの事案に応じ、別に条例で定める。

2　前項に定める条例に基づき町民投票を行うとき、町長は町民投票　結果の取扱いをあらかじめ明らかにしなければならない。

第12章　連携

（町外の人々との連携）

第50条　わたしたち町民は、社会、経済、文化、学術、芸術、スポーツ、環境等に関する取組みを通じて、町外の人々の知恵や意見をまちづくりに活用するよう努める。

（近隣自治体との連携）

第51条　町は、近隣自治体との情報共有と相互理解のもと、連携してまちづくりを推進するものとする。

（広域連携）

第52条　町は、他の自治体、国及びその他の機関との広域的な連携を積極的に進めるものとする。

（国際交流及び連携）

第53条　町は、自治の確立と発展が国際的にも重要なものであることを認識し、まちづくりその他の各種分野における国際交流及び連携　に努めるものとする。

第13章　条例制定等の手続

（条例制定等の手続）

第54条　町は、まちづくりに関する条例を制定し、又は改廃しようとするときは、その過程において、町民の参加を図り、又は町民に意見を求めなければならない。ただし、次のいずれかに該当する場合はこの限りではない。

（1）　関係法令及び条例等の制定改廃に基づくものでその条例の制定改廃に政策的な判断を必要としない場合

（2）　用語の変更等簡易な改正でその条例に規定する事項の内容に実質的な変更を伴わない場合

（3）　前2号の規定に準じて条例の制定改廃の議案を提出する者（以下「提案者」という。）が不要と認めた場合

2　町は、前項（同項ただし書きを除く）により作成した条例案をあらかじめ公表し、意見を求めるものとする。

3　町は、前項の規定により提出された意見について、採否の結果及びその理由を付して公表しなければならない。

4　提案者は、前3項に規定する町民の参加等の有無（無のときはその理由を含む。）及び状況に関する事項を付して、議案を提出しなければならない。

第14章　まちづくり基本条例の位置付け等

（この条例の位置付け）

第55条　他の条例、規則その他の規程によりまちづくりの制度を設け、又は実施しようとする場合においては、この条例に定める事項を最大限に尊重しなければならない。

（条例等の体系化）

第56条　町は、この条例に定める内容に即して、教育、環境、福祉、産業等分野別の基本条例の制定に努めるとともに、他の条例、規則その他の規程の体系化を図るものとする。

第15章　この条例の検討及び見直し

（この条例の検討及び見直し）

第57条　町は、この条例の施行後4年を超えない期間ごとに、この条例がニセコ町にふさわしいものであり続けているかどうか等を検討するものとする。

2　町は、前項の規定による検討の結果を踏まえ、この条例及びまちづくりの諸制度について見直す等必要な措置を講ずるものとする。

附　則

（施行期日）

この条例は、平成13年4月1日から施行する。

附　則（平成17年12月19日条例第28号）

（施行期日）

1　この条例は、公布の日から施行する。

（ニセコ町環境基本条例の一部改正）

2　ニセコ町環境基本条例（平成15年条例第29号）の一部を次のように改正する。

第5条第4項及び第6条第2項中「第２５条」を「第36条」に改める。

（ニセコ町ふるさとづくり寄付条例の一部改正）

3　ニセコ町ふるさとづくり寄付条例（平成16年条例第22号）の一部を次のように改正する。

第1条中「第38条」を「第50条」に改める。

附　則（平成18年3月22日条例第1号抄）

（施行期日）

1　この条例は、平成18年4月1日から施行する。

附　則（平成19年3月16日条例第11号）

この条例は、平成19年4月1日から施行する。

附　則（平成22年3月18日条例第1号）

この条例は、平成22年4月1日から施行する。

附　則

（施行期日）

この条例は、平成１３年4月１日から施行する。

一部改正（本条例第４５条の規定による一次見直し）

附　則（平成１７年１２月１９日条例第２８号）

（施行期日）

1　この条例は、公布の日から施行する。

（ニセコ町環境基本条例の一部改正）

2　ニセコ町環境基本条例（平成１５年条例第２９号）の一部を次のように改正する。

第5条第4項及び第6条第2項中「第２５条」を「第３６条」に改める。

（ニセコ町ふるさとづくり寄付条例の一部改正）

3　ニセコ町ふるさとづくり寄付条例（平成１６年条例第２２号）の一部を次のように改正する。

第1条中「第３８条」を「第５０条」に改める。

一部改正（助役による収入役事務兼掌）

附　則（平成１８年3月２２日条例第1号抄）

（施行期日）

この条例は、平成１８年4月１日から施行する。

一部改正（助役から副町長への変更）

附　則（平成１９年3月１６日条例第１１号）

（施行期日）

この条例は、平成１９年4月１日から施行する。

一部改正（本条例第５７条の規定による二次見直し）

附　則（平成２２年3月１６日条例第５号）

（施行期日）

この条例は、平成２２年4月１日から施行する。

的とする。

第１４章　まちづくり基本条例の位置付け等

（この条例の位置付け）
第５５条　他の条例、規則その他の規程によりまちづくりの制度を設け、又は実施しようとする場合においては、この条例に定める事項を最大限に尊重しなければならない。

【解説】

- 本条例が「自治基本条例」として、すべての条例の基盤となることをうたっている。この条例がニセコにおける条例ピラミッドの頂点に立つという考え方、他の条例と併存するが基本的なことを串刺しにしたという考え方、いずれもある。（前出の【条例全般を通じての解説】を参照。）
- 条例に上下を設けることの是非については、「教育基本法の教育原理が他の教育法令の運用・解釈を拘束するもの」とした最高裁の判例（昭和51年5月21日刑集30巻5号６１５頁）で公認されたといえる。
- 本条例は、憲法で規定している主権在民、基本的人権と公共の福祉並びに幸福追求権等の各原則を受け、その政策目標実現のためにある機構としての自治体の「自治の理念と政策の基本原則及びその手続き」を規定するものである。

  よって、本条例は自治権の主体としての自治体の基本法であり、憲法第９２条に規定する「自治の本旨」を直接受けているものといえる。本基本条例と他の条例との法的な性格は、憲法と法律との関係の理論を適用することができ、他の条例より上位にあり、他の条例が本基本条例に従わなければならないという拘束力を有するものと解釈することも可能である。

（条例等の体系化）
第５６条　町は、この条例に定める内容に即して、教育、環境、福祉、産業等分野別の基本条例の制定に努めるとともに、他の条例、規則その他の規程の体系化を図るものとする。

【解説】

- 各種基本条例制定の範囲は、ニセコ町が重要と判断する分野すべてが対象となる。具体的な対象範囲は予め整理していない。
- 各種基本条例を中心として町のきまりを体系化することにより、まちづくりの仕組みの全体像がわたしたちにとって分かり易いものとなるようにする。

第１５章　この条例の検討及び見直し

（この条例の検討及び見直し）
第５７条　町は、この条例の施行後４年を超えない期間ごとに、この条例がニセコ町にふさわしいものであり続けているかどうか等を検討するものとする。

【解説】

- 本条例は「育てる条例」として位置付ける。育てること（定期的な条例の見直し）は、時代経過による条例の形骸化を防止し、町民が本条例に関心を持ち続ける動機付けとなることである。更に、条例本来の機能（町民の権利保護）が期待されたとおり作用しているかどうか検証することができることなど、さまざまな機能を併せ持っている。

２　町は、前項の規定による検討の結果を踏まえ、この条例及びまちづくりの諸制度について見直す等必要な措置を講ずるものとする。

【解説】

- 条例の見直しと同時に、諸制度の見直しも実施し、本条例の実効性を常に保証していくことが重要である。

【解説】

● まちづくりに関する条例の制定や改廃について参加や意見を求める。条例についても計画策定と同様に今後のまちづくりを左右することから、厳格なパブリック・コメント手続きを規定する必要がある。日本で一般的なパブリック・コメントの手続きは、大きな計画とのセットで進められる場合が多い。ニセコでは条例制定の際に恒常的に実施するので、対象範囲が非常に広い。例外規定の運用が課題となる。

○「まちづくりに関する」とはどんな場合をいうのか

本条第１号から第３号を除き、広く町民生活全般にかかわる場合をいう。単に大きな計画づくりにかかわる条例だけを指すものではなく、広範である。

○ 今般（第２次）の改正において「まちづくりに関する重要な・・」から「重要な」を削除した

当該条例に「重要な・・」規定があることで、公開されるべき条例を「重要」と解さず、公開手続きを経ずに制定又は改廃する状況が散見された。

未だ「まちづくりに関する・・」の解釈基準に課題は残るものの、公開手続きを経ずに条例改正等が行われる状況を廃するために「重要・・・」を削除した。

● 第１号から第３号は、必要最小限の例外規定として設けている。

○「前２号の規定に準じて」というのは

用語等の簡易な改正以外で、報酬の改定等、町民参加まで行う必要がないと判断される場合をいう。第 3 号の規定を適用させる場合には、必ず町民参加を必要としない明確な理由を提案に記載する必要がある。なぜなら、前 2 号の規定に準ずる必要があり、準ずる理由が明確でなければ、準じているかどうか判断できないからである。

２　町は、前項（同項ただし書きを除く）により作成した条例案をあらかじめ公表し、意見を求めるものとする。

【解説】

● 本項は、本条例の二次見直し時（平成２２年３月）に追加。

● 条例についても計画策定と同様に今後のまちづくりを左右することから、事前に条例案を公表する必要がある。

● 意見とは、町民から出された意見（町外からも意見を求めた場合は、その対象者の意見）であり、無記名等その意見の主体が明らかでない者の意見は取り扱わないものとする。

３　町は、前項の規定により提出された意見について、採否の結果及びその理由を付して公表しなければならない。

【解説】

● 本項は、本条例の二次見直し時（平成２２年３月）に追加。

● 意見の公表にあたっては、プライバシーに配慮するとともに、わかりやすく要約・整理し、採用の是非を明らかにして公表するものとする。

● 意見提出者には、採否の結果及びその理由を通知する。ただし、公表及び広報誌に掲載する等の方法によることも可とする。

４　提案者は、第１項に規定する町民の参加等の有無（無のときはその理由を含む。）及び状況並びに、第２項で求めた意見の取扱いに関する事項を付して、議案を提出しなければならない。

【解説】

● 議案提出の際に住民参加の状況を明示することにより、町民及び議会双方への説明責任を果たす。

● 参加が無のときも明確な理由を明示することにより、透明性を確保（恣意性を排除）することを目

● 投票結果の取扱いを事前に明らかにするのは町長である。そのため、地方自治法第１４７条「長の統轄代表権」及び同法第１４８条「事務の管理及び執行権」を侵すことにはならない。

第１２章　連携

（町外の人々との連携）
第５０条　わたしたち町民は、社会、経済、文化、学術、芸術、スポーツ、環境等に関する取組みを通じて、町外の人々の知恵や意見をまちづくりに活用するよう努める。

【解説】
● さまざまな分野からニセコに関心のある町外の人々を「ニセコファン」ととらえた。「ニセコファン」は町民が気づかない（見落としている）視点を持っており、そうした知恵や意見を有意義に活用する旨をうたっている。

（近隣自治体との連携）
第５１条　町は、近隣自治体との情報共有と相互理解のもと、連携してまちづくりを推進するものとする。

【解説】
● 近隣自治体間での情報共有を図り、さまざまな分野（医療、福祉、教育、衛生、消防、農業、環境、観光など）で総合的視点に立った連携を図ることをうたっている。
● 新たな自治の仕組み（広域連合などの活用）の検討、実践も視野に入る。

（広域連携）
第５２条　町は、他の自治体、国及びその他の機関との広域的な連携を積極的に進めるものとする。

【解説】
● 近隣自治体間での連携のみならず、さまざまな分野で状況に応じた広域連携を進めることをうたっている。

（国際交流及び連携）
第５３条　町は、自治の確立と発展が国際的にも重要なものであることを認識し、まちづくりその他の各種分野における国際交流及び連携に努めるものとする。

【解説】
● 住民自治の考え方は、世界各国の自治体においてもまちづくりのための重要な柱として位置付けられている。その認識のもとに国際交流や連携を広めていくことをうたっている。
● 国際連携に発展する前の段階として、国際交流からまず進める。

第１３章　条例制定等の手続

（条例制定等の手続）
第５４条　町は、まちづくりに関する条例を制定し、又は改廃しようとするときは、その過程において、町民の参加を図り、又は町民に意見を求めなければならない。ただし、次のいずれかに該当する場合はこの限りではない。
(1) 関係法令及び条例等の制定改廃に基づくものでその条例の制定改廃に政策的な判断を必要としない場合
(2) 用語の変更等簡易な改正でその条例に規定する事項の内容に実質的な変更を伴わない場合
(3) 前２号の規定に準じて条例の制定改廃の議案を提出する者（以下「提案者」という。）が不要と認めた場合

（評価方法の検討）
第４７条　前条の評価は、まちづくりの状況の変化に照らし、常に最もふさわしい方法で行うよう検討し、継続してこれを改善しなければならない。

【解説】
● 具体的な評価の手法は、社会情勢や町民意識に即応していくため常に改善していくことを基本としている。

第１１章　町民投票制度

（町民投票の実施）
第４８条　町は、ニセコ町にかかわる重要事項について、直接、町民の意思を確認するため、町民投票の制度を設けることができる。

【解説】
○ 本条例における町民投票制度の位置付け
本町にとって町民投票は住民意思確認のための最終手段として位置付ける。まちづくりは、情報共有と住民参加の実践が大切であり、住民投票に至らなくても解決できるケースが多い。従って、本条文も「設ける」ではなく「設けることができる」としており、住民投票制度を恒常的に設けるものではない。
また、住民投票制度においては、直接請求に膨大な住民エネルギーを消耗することを避けるため、制度として確立し町民の権利として明確に位置付けることが重要である。
● 町民投票制度を設けることができるのは「町」＝「議会」も含まれる。
○ 住民投票制度を採用することは議会制民主主義（間接民主主義）を否定することになるのか？
住民投票制度は、現行の地方自治制度を補完するものとして位置付けるものである。自治の本旨においては、直接民主主義、間接民主主義、どちらが正しい選択というべきものではない。双方が互いに制度の不備を補完しながら、その時々の社会情勢に則し住民意志をより的確に反映することが重要なのであり、制度の柔軟な運用が必要である。

（町民投票の条例化）
第４９条　町民投票に参加できる者の資格その他町民投票の実施に必要な事項は、それぞれの事案に応じ、別に条例で定める。

【解説】
● 町民投票は、事案によりその内容が多種多様であることが想定される。その中で投票結果をより有効に機能させるため、個別事案が発生した時点で投票条例を制定する。
● 投票資格者は、常に法律で認められる参政権者のみとは限らない。本条例第１１条に規定する子どもの参加を求める中で、子どもが投票資格者になることも想定される。

２　前項に定める条例に基づき町民投票を行うとき、町長は町民投票結果の取扱いをあらかじめ明らかにしなければならない。

【解説】
○ 投票結果の扱いをあらかじめ明示する意味
わたしたち町民の間で事前の論議が十分に尽くされることが大切であり、結果をどう扱うかについては、都度、条例で具体的に定めることとする。ここで初めて、投票結果に町長が従うのかどうかを明確に規定する。これにより町民投票の結果をより有効なものとすることができると同時に、わたしたち町民は投票結果の扱われ方を事前に承知したうえで投票に臨むことができる。
住民投票の結果を単に「尊重する」として一律に規定することはできない。個別の命題が発生した時点で結果の扱いを決めることにより、町民総意の結果をあいまいに扱わないこととする。

の状況その他前項の目的を達成するため必要な事項が明らかとなるように定めなければならない。

【解説】

● 本項に規定する管理計画は、具体的な財産運用や保全の状況が明らかになるものである。

3　財産の取得、管理及び処分は、法令の定めによるほか、第１項の管理計画に従って進めなければならない。

【解説】

● 地方自治法第２３７条から２４１条「財産、債権、基金」、地方財政法第８条「財産の管理及び運用」、ニセコ町公有財産規則に基づき、管理計画を前提とした効率的かつ効果的な財産運用及び保全が必要となる。

（財政状況の公表）

第４５条　町長は、予算の執行状況並びに財産、地方債及び一時借入金の現在高その他財政に関する状況（以下「財政状況」という。）の公表に当たっては、別に条例で定める事項の概要を示すとともに、財政状況に対する見解を示さなければならない。

【解説】

○ 財政状況の公表について

地方自治法第２４３条の３第１項「財政状況の公表等」及び財政状況の公表に関する条例において、基本的事項が規定されている。これに加えて「財政状況に対する見解」を付し、数値の羅列ではなくわたしたち町民にとって意味のある決算ディスクロージャー（決算情報の公開）を目指すものである。

また、従来の公会計から一歩進み、バランスシート（貸借対照表）などの有用なツールを使うこと、長期的な財政計画を策定することなどを進め、外部監査（第三者による監査）などについても今後検討しなければならない。あわせて「主要な施策の成果を説明する書類」との関係も整理する必要がある。

第１０章　評価

（評価の実施）

第４６条　町は、まちづくりの仕事の再編、活性化を図るため、まちづくりの評価を実施する。

【解説】

○「まちづくりの評価」とは

まちづくり全体について、特に総合計画を柱とする各種計画の運営全般を評価すること。具体的には以下の「評価」が挙げられる。

①町の仕事の評価
②町職員の職務評価
③外部による評価

● 評価の手法そのものが定着していない現状では、評価の実施をまず責務とした。

2　町が評価を行うときは、町民参加の方法を用いるように努めなければならない。

【解説】

● 本項は、本条例の一次見直し時（平成１７年１２月）に追加。

● 町民参加による評価手法を基本とすることを規定した。

● 評価方法は社会情勢や町民意識に即応していくが、常に町民参加の手法を取り入れることが重要である。

条第２項に定める「予算に関する説明書」のほか、より具体的な予算説明資料や『もっと知りたいことしの仕事』（予算説明書）などの情報提供を規定した。

○ **予算説明書『もっと知りたいことしの仕事』**

町民誰もが見てわかる予算の説明書として、平成７年度から毎年全世帯へ配布。

自治体の財政事情が厳しさを増す中、行政が住民に対し積極的に説明責任を果たしていくための重要なツールとして位置づけている。

２　前項の規定による情報の提供は、町の財政事情、予算の編成過程が明らかになるよう分かりやすい方法によるものとする。

【解説】

●「分かりやすい方法」の具体例として、予算編成会議（夏季開催）、予算編成方針、まちづくり懇談会（広報広聴集会）、各課予算見積書（１月作成）、財政見通し、『もっと知りたいことしの仕事』（予算説明書）などがある。これらの取組みは、この規定をよりどころとして発展的に展開される。

（予算執行）

第４２条　町長は、町の仕事の予定及び進行状況が明らかになるよう、予算の執行計画を定めるものとする。

【解説】

● 地方自治法第２２０条第１項「予算の執行及び事故繰越し」、地方自治法施行令第１５０条「予算の執行及び事故繰越し」及び財政状況の公表に関する条例に基づき、予算執行の仕事を進めることを原則事項として規定している。

（決算）

第４３条　町長は、決算にかかわる町の主要な仕事の成果を説明する書類その他決算に関する書類を作成しようとするときは、これらの書類が仕事の評価に役立つものとなるよう配慮しなければならない。

【解説】

● 主要な施策の成果を説明する書類」は地方自治法第２３３条第５項に規定される法定書類（議会への提出書類）であるが、従来町民に積極公開されてこなかった。「課題」、「問題点」、「苦労した点」等の評価視点や財政分析などを加え内容を充実していくとともに、図書館（あそぶっく）への備え付けなど積極公開し町民に説明していく必要がある。

（財産管理）

第４４条　町長は、町の財産の保有状況を明らかにし、財産の適正な管理及び効率的な運用を図るため、財産の管理計画を定めるものとする。

【解説】

● 財産の台帳を適切に管理すると同時に、明確な管理計画に基づいた財産管理を進めることを規定している。

○ **「財産」の定義について**

本町ではバランスシート（貸借対照表）を試行作成したが、会計用語上の「財産」＝「資産」との整合性を図ることが課題である。（土地、建物、備品、道路、有価証券、基金、職員．．．）

企業会計におけるバランスシート上の「貸倒引当金」「出資損失引当金」などの財産管理貸借について、今後は想定する必要がある。

２　前項の管理計画は、財産の資産としての価値、取得の経過、処分又は取得の予定、用途、管理

【解説】

● いわゆるパブリック・コメントの手法運営を規定している。

○ 用語の定義

パブリック・コメント〜案や関係資料を公表し住民の意見を聞く手続きをいう。

● このパブリック・コメントは範囲が広く、総合計画で定める重要な計画すべてが対象となる。特定の事案（仕事）のみを想定しパブリック・コメントの方法をとることを規定しているのではない。

● 意見を求める手法については、会議形式、計画の縦覧方式等、案件により柔軟かつ効果的に対応することが重要である。

3　町は、前２項の規定により提出された意見について、採否の結果及びその理由を付して公表しなければならない。

【解説】

● 計画毎の効率的な運用が必要であり、その計画の特色を生かし、柔軟且つ効率よく取り進めなければならない。

● 意見とは、町民から出された意見（町外からも意見を求めた場合は、その対象者の意見）であり、無記名等その意見の主体が明らかでない者の意見は取り扱わないものとする。

● 意見の公表にあたっては、プライバシーに配慮するとともに、わかりやすく要約・整理し、採用の是非を明らかにして公表するものとする。

● 意見提出者には、取りまとめの結果を通知する。ただし、公表及び広報誌に掲載する等の方法によることも可とする。

（計画進行状況の公表）

第３９条　町は、総合計画の進行状況について、年に一度公表しなければならない。

【解説】

● 本条は、本条例の一次見直し時（平成１７年１２月）に追加。

● 総合計画は町の仕事の最上位の計画であり、まちづくりが計画どおり進められているかどうかを町民に定期的に公表し、政策の評価へ結びつけるようにしなければならない。

第９章　財政

（総則）

第４０条　町長は、予算の編成及び執行に当たっては、総合計画を踏まえて行わなければならない。

【解説】

● 予算は、計画性と即応性といった、相反する二面性を持ち合わせており、これを考慮しながら常に総合計画に即し考えていくことが必要である。

● 従来の行政運営は、総合計画と予算を連動させることに積極的ではなかった。これは、総合計画の長期性と単年度予算とのミスマッチが原因だが、予算編成においてこれをできるだけマッチングさせていくことをうたっている。

（予算編成）

第４１条　町長は、予算の編成に当たっては、編成過程の透明性に留意し、予算に関する説明書の内容の充実を図るとともに、町民が予算を具体的に把握できるよう十分な情報の提供に努めなければならない。

【解説】

● ここでは、これまで慣習的に公開してこなかった予算ヒヤリング作業などを公開し、予算編成過程の透明性を確保するために規定した。また策定結果の透明性を確保するため、地方自治法第２１１

仕事の必要性や原因、要因、理由などの情報を指している。

（計画の策定等における原則）

第３７条　総合的かつ計画的に町の仕事を行うための基本構想及びこれを具体化するための計画（以下これらを「総合計画」と総称する。）は、この条例の目的及び趣旨にのっとり、策定、実施されるとともに、新たな行政需要にも対応できるよう不断の検討が加えられなければならない。

【解説】

● 特に総合計画は町の仕事の最上位の計画であり、総合計画もまた本条例の趣旨に沿って運営されなければならない。

２　町は、次に掲げる計画を策定するときは、総合計画との整合性に配慮し、計画相互間の体系化に努めなければならない。

⑴　法令又は条例に規定する計画

⑵　国又は他の自治体の仕事と関連する計画

【解説】

● 町のいかなる計画も、総合計画との位置付け（関連付け）を明確にしなければならない。

○ **用語の定義**

法令～法律、政令、省令をいう。

条例～本町の条例をいう。

３　町は、前２項の計画に次に掲げる事項を明示するとともに、その計画の実施に当たっては、これらの事項に配慮した進行管理に努めなければならない。

⑴　計画の目標及びこれを達成するための町の仕事の内容

⑵　前号の仕事に要すると見込まれる費用及び期間

【解説】

● 総合計画や重要な計画を具体的に進めるための手法を規定した。

（計画策定の手続）

第３８条　町は、総合計画で定める重要な計画の策定に着手しようとするときは、あらかじめ次の事項を公表し、意見を求めるものとする。

⑴　計画の概要

⑵　計画策定の日程

⑶　予定する町民参加の手法

⑷　その他必要とされる事項

【解説】

● 本条は、計画づくりの着手前からの町民参加を規定した。

○ **「総合計画で定める」とは**

総合計画で指定する重要な計画づくりには、こうした計画策定時の手続きを必ず踏むということ。ただ、当初から総合計画に記載のない場合でも発展的に個別の仕事についてこうした計画段階からのしっかりした参加が必要となるケースもある。（本町における過去の参加の例では、ニセコ駅前中央地区開発計画から中央温泉建設計画へ、観光インフォメーション設置計画から道の駅「ニセコビュープラザ」建設計画へと発展したケースがある。）

２　町は、前項の計画を決定しようとするときは、あらかじめ計画案を公表し、意見を求めるものとする。

組織となるか容易に想定できないためであり、具体的な設置と同時に機関が持つ権限を明示しなければならない。

● 行政の行為により不利益を受けた住民の救済手段については、現行の法制度上においても用意されているものの、必ずしも住民が気軽に利用できる制度とはなっていない。そこで、既存制度の隙間をカバーし、簡易迅速かつ適切に対処し、住民サービスの質の向上につなげていく不利益救済機関の必要性について本条でうたっている。これは、いわゆるオンブズマンだけを意図したものではなく、様々な権利保全の機能を有する機関を想定するが、具体的に有すべき権限、機能、役割については、今後さらに議論が必要なところである。この機関が、住民の権利保護に対し、効果的かつ効率的に対応するには、本町単独ではなく、広域で（たとえば北海道の出先機関である支庁、町村会などで）置くことが望ましいが、これについても今後の議論が必要である。同時に、司法制度からの視点も検討しなければならない。

（行政手続の法制化）

第３４条　条例又は規則に基づき町の機関がする処分及び行政指導並びに町に対する届出に関する手続について必要な事項は、条例で定める。

【解説】

● ニセコ町行政手続条例を参照。

（法令の遵守）

第３５条　町は、まちづくりの公正性及び透明性を確保するため法令を誠実に遵守し、違法行為に対しては　直ちに必要な措置を講ずるものとする。

【解説】

● 本条は、本条例の一次見直し時（平成１７年１２月）に追加。

● 法令遵守（コンプライアンス）について規定した。違法行為への町の誠意かつ迅速な対応を想定した。地方公務員法第３２条において自治体職員の法令遵守の規定があるが、職員だけではなく、町全体においても法令遵守するよう規定した。

第８章　計画の策定過程

（計画過程等への参加）

第３６条　町は、町の仕事の計画、実施、評価等の各段階に町民が参加できるよう配慮する。

【解説】

● この条項は、町のすべての仕事における町民参加を町の努力規定とし、町は常に参加を意識しながら仕事を進めなければならないことを規定した。

２　町は、まちづくりに対する町民の参加において、前項の各段階に応じ、次に掲げる事項の情報提供に努めるものとする。

(1) 仕事の提案や要望等、仕事の発生源の情報

(2) 代替案の内容

(3) 他の自治体等との比較情報

(4) 町民参加の状況

(5) 仕事の根拠となる計画、法令

(6) その他必要な情報

【解説】

● 本項では、前項の町民参加における情報共有の方法を具体的に例示している。

●「発生源の情報」とは、発生の元となった地域や団体、個人等を特定する情報を指すのではなく、

● 一方の性に偏らないとしたのは、男女という区分に拘らず、社会のあらゆる多様性を享受しようとするものであり、構成を均等化することで、多様な意見を審議会に反映させることを狙いとしている。
● 本項は、クォータ制を意識している。
○ クォータ制について
　クォータ制とは、民主主義社会の帰結として国民構成を反映した政治が行われるよう、地方自治体の審議会や、公的機関の委員の人数を制度として割り当てることで、社会に残る性差別による弊害を解消していくために、積極的に格差を是正して、政策決定の場の性の比率に偏りが無いようにする仕組みのことである。（フリー百科事典『ウィキペディア（Wikipedia）』より引用）

（意見・要望・苦情等への応答義務等）
第３２条　町は、町民から意見、要望、苦情等があったときは、速やかに事実関係を調査し、応答しなければならない。

【解説】
● 町が応答するものは、「苦情」だけではない。意見、要望などと共に、町民相互の声に総合的に応答する姿勢や仕組みが重要である。
○「苦情」の用語について
　「苦情」は歴史的に行政側が主に用いてきた言葉であり、町民主体の用語ではない。従ってこの言葉を使い続けることは本来望ましくないが、「法律上の不利益処分にまでは至らないが、本人が不利益を受けたと認識し、こうしたことを申し出る」ということを表す適切な用語がないため、「苦情」として整理し残すこととした。
　なお、不利益処分とは、行政手続法第２条第４号における行政の処分をいう。

２　町は、前項の応答に際してその意見、要望、苦情等にかかわる権利を守るための仕組み等について説明するよう努めるものとする。

【解説】
● 本条の規定は、不利益処分を受けた者が当然の権利として権利保全を申し出ができることを保証することが主眼となっている。「苦情」が法制面でも正面から問題とされてこなかった経緯をふまえ、具体的に明文化したものである。
● 不利益処分に対する権利救済手続を明示することが大切だが、日常の窓口応対や電話応対の中で適切に対応することを規定している。

３　町は、前２項の規定による応答を迅速かつ適切に行うため、対応記録を作成する。

【解説】
● 町が迅速かつ町民の権利保護を前提とした処理を進めるための記録として、町の責任を規定した。対応記録簿の作成等、その対応内容が具体的に分かるものを残す。そうした取組みの中で、町職員が常に紛争解決手段を念頭に置いた対応をできるようになることが重要である。具体的な様式の定めはないが、前２項の対応過程が明確に残る内容とする。

（意見・要望・苦情等への対応のための機関）
第３３条　町は、町民の権利の保護を図り、町の行政執行により町民が受ける不利益な扱いを簡易かつ迅速に解消させるため、不利益救済のための機関を置くことができる。

【解説】
● いわゆるオンブズマンだけを意図しているものではない。わたしたち町民が行政から不利益処分を受けたことに対する権利保全のためのさまざまな機関の可能性を考える。
● 本条では不利益救済機関の権限を明示していない。これは、不利益救済機関そのものがどのような

する。

2　町は、町民、事業者、関係機関との協力及び連携を図り、災害等に備えなければならない。

【解説】

● 防災体制の確立における連携強化について規定した。
● 緊急時において相互に助け合って、危機を克服しなければならない。緊急時に備えるため、普段から相互連携を深めるために規定した。

（組織）
第３０条　町の組織は、町民に分かりやすく機能的なものであると同時に、社会や経済の情勢に応じ、かつ、相互の連携が保たれるよう柔軟に編成されなければならない。

【解説】

● 自治体の組織は、地方自治法第１３８条の３の規定「執行機関の組織の原則」において、「系統的に構成しなければならない」「執行機関相互の連絡を図り、すべて、一体として、行政機能を発揮するようにしなければならない」と規定されている。本条は、この規定をより深め身近なものとなるよう、ニセコ町としての組織のあるべき姿を表現したものである。特に「柔軟に編成」という視点が重要である。
●「町民に分かりやすく機能的なもの」ということの意味は、地方自治法第１条の規定「この法律の目的」にいう「民主的にして能率的な行政の確保」という自治体の本旨に基づくものである。単純に組織の名称を分かり易いものに変えればよいというものではなく、どのような組織体制が町民にとって有益で、機能的に素早い対応が取れるかということを執行機関は常に念頭に置き、組織の編成を考えていかなければならないことを表現した。

● 組織を「柔軟に編成」することや「社会や経済の情勢」に素早く対応していくために、首長がもっと自由に組織を編成できるような法律の整備が必要である。しかし、地方自治法第１５８条第１項では「普通地方公共団体の長は、（中略）必要な内部組織を設けることができる。この場合において、当該普通地方公共団体の長の直近下位の内部組織の設置及びその分掌する事務については、条例で定めるものとする。」と規定している。この解釈は、「住民生活への影響を考え、執行機関が勝手に内部組織を決めることがないように「部」「課」を条例事項としたもの」（執行機関条例主義）（ぎょうせい『自治体法務入門』木佐茂男編著より引用）である。この地方自治法を受けて課設置条例が存在しているが、前述したとおり、首長がもっと自由に組織を編成できるシステムを論議していく必要がある。

（審議会等の参加及び構成）
第３１条　町は、審査会、審議会、調査会その他の附属機関及びこれに類するものの委員には、公募の委員を加えるよう努めなければならない。

【解説】

● 町民公募の行政運営を責務として具体的に規定した。
● 公募委員が全委員に占める割合などは予め規定しない。公募にはさまざまな方法があり、一律に決めるべきことではない。公募を常とする運営そのものが重要である。

2　前項の委員の構成に当たっては、一方の性に偏らないよう配慮するものとする。

【解説】

● 本項は、本条例の二次見直し時（平成２２年３月）に追加。
● 男女共同参画を積極的に推進するため、具体的に明記した。

2　町職員は、まちづくりの専門スタッフとして、誠実かつ効率的に職務を執行するとともに、まちづくりにおける町民相互の連携が常に図られるよう努めなければならない。

【解説】

○ 町長の補助機関としての町職員の責務

町の職員（副町長、事務職員、技術職員など）は、法律上（地方自治法第１５４条「職員の指揮監督」及び第１６１条から第１７５条「補助機関」）は長の補助機関と位置づけられており、「長の手足となって働くもの」（ぎょうせい『自治用語辞典』より）であるとの考え方がある。しかし、実際の町の仕事を考えた場合、職員の果たす役割は非常に大きく、単なる「長の手足」との解釈では通用しない。また、「補助機関」の名のもとに、職員一人ひとりの責任があいまいにされてきた歴史もあることから、期待される具体的職員像をここに明文化した。

○「まちづくりの専門スタッフ」とは

特定の分野（土木、建築、保健、教育など）に特化したスタッフという意味ではなく、わたしたち町民からみて、まちづくりそのものを恒常的な仕事としている「まちづくりのプロ」という意味で規定した。まちづくりの「専門家」はむしろわたしたち町民の中におり、町の職員はそうした力を借りる努力も怠ってはならない。

- 町職員は同時に町民でもあり、わたしたち町民相互の連携を図り、町民主体のまちづくりを進めることが使命である。ただ一方で、常にソフトなイメージの「スタッフ」ではなく、正当な権力を行使して望まなければならない場合もある。
- 効率的に仕事を進めるのは町職員として当然であるが、それができていないこと、常に意識することが必要であることにより、条文を「誠実かつ効率的に職務を遂行」とした。

○ 職員の意向を調査する制度

町長が職員の異動希望や職務の感想・目標を聞くため実施してきた「職員意向調査制度」を発展的に整理し、人事調査・職務目標管理を適確かつ効果的に行うための仕組み作りを進めることが今後必要である。「まちづくりの専門スタッフ」となるべき将来像を職員一人ひとりが明確に設定・申告し、実践する仕組みが求められている。

（政策法務の推進）

第２８条　町は、町民主体のまちづくりを実現するため、自治立法権と法令解釈に関する自治権を活用した積極的な法務活動を行わなければならない。

【解説】

- 本条は、本条例の一次見直し時（平成１７年１２月）に追加。
- 地方自治の本旨（憲法第９４条）である条例制定権を有効に活用し、自治体自らで法律を解釈し、運用させ、条例を制定改廃する活動を自治体の明確な権利と捉え、より積極的に運用していくことを規定した。これにより、社会経済情勢に応じ、自治体固有、独自の政策を進めることを政策法務の推進としてとらえている。

（危機管理体制の確立）

第２９条　町は、町民の身体、生命及び暮らしの安全を確保するとともに、緊急時に、総合的かつ機能的な活動が図れるよう危機管理の体制の確立に努めなければならない。

【解説】

- 本条は、本条例の一次見直し時（平成１７年１２月）に追加。
- 防災体制の確立をまちづくりの基本として規定。
- 防災体制の他に、事件、事故などの不測の緊急事態に対する組織的な対応体制の確立も目指す。条文中、「総合的」とは町の組織全体として対応を意味する。また、「機能的」とは迅速かつ効率的な活動を意味

政策提言能力の向上に努めなければならない。

2　議員は、基本的人権の擁護と公共の福祉の実現のため、政策提言及び立法活動に努めなければならない。

【解説】

● 議員の政策提言能力向上、政策法務活動の活性化への努力義務を規定した。

第7章　町の役割と責務

（町長の責務）

第２５条　町長は、町民の信託に応え、町政の代表者としてこの条例の理念を実現するため、公正かつ誠実に町政の執行に当たり、まちづくりの推進に努めなければならない。

【解説】

● 地方自治法第１３８条の２の規定「執行機関の責務」を本条例の理念に則り、町長の責務という視点から具体化した。
● 地方自治法第１４７条は「長の統轄代表権」を、同法第１４８条は長の「事務の管理執行権」を規定している。自治体の代表者として選挙で選ばれた町長は、憲法第９２条の自治の本旨（住民自治、団体自治）を具現化し、実行する責任者として本条例に沿って公正に職務を遂行するよう規定したものである。

（就任時の宣誓）

第２６条　町長は、就任に当たっては、その地位が町民の信託によるものであることを深く認識し、日本国憲法により保障された地方自治権の一層の拡充とこの条例の理念の実現のため、公正かつ誠実に職務を執行することを宣誓しなければならない。

【解説】

● 規定の趣旨は前条に同じである。
● 具体的に宣誓することにより、町長は町民の信託を受けた自らの地位の重さを認識すること、わたしたち町民にとっても町長が何を基本（理念）として自らの仕事を進めるのかを再認識することを目的としている。
● 宣誓に台本は無い。町長は、自ら考え、自らまとめたことばで町民の前に誓う。

2　前項の規定は、副町長及び教育長の就任について準用する。

【解説】

● 町長だけではなく、副町長、教育長にも前項を適用する。
● 前項の規定と共に、わたしたち町民は本条例の趣旨に基づいた行動を特別職がとっているか監視できることを意味している。

（執行機関の責務）

第２７条　町の執行機関は、その権限と責任において、公正かつ誠実に職務の執行に当たらなければならない。

【解説】

● 地方自治法第１３８条の２の規定「執行機関の責務」を本条例の理念に則り、執行機関全体の責務という視点から具体化した。
● 町の執行機関（町長、教育委員会、選挙管理委員会、監査委員、公平委員会、農業委員会、固定資産評価審査委員会など）は、公正かつ誠実に職務の執行にあたる義務がある。

【解説】
● 議会を町民に開かれた機関とするため、議会での審議過程を明らかにするとともに、町民が自由かつ積極的に傍聴できるような仕組みにする「会議の公開原則」を規定した。
● 地方自治法第１１５条で議会の会議は原則、公開としているが、個人情報など日本国憲法第１１条における基本的人権を侵すような場合やニセコ町個人情報保護条例の理念に基づき、公開することが適当でない場合には秘密会として例外を認め、非公開とすることができる旨、規定した。

２　前項ただし書により非公開とした場合は、その理由を公表しなければならない。

【解説】
● 秘密会を開会する場合には、会議趣旨の透明性を確保することを目的としている。
● 議会の会議が非公開とする場合は、個別具体的に説明できるような理由を公表しなければならない。説明理由が具体性に欠ける場合には、非公開とすることができない。

（議会の会期外活動）
第２２条　議会は、閉会中においても、町政への町民の意思の反映を図るため、まちづくりに関する調査及び検討等に努める。

【解説】
● 議会は会期中のみの活動に留まらず、会期外活動も積極的に行うことが必要である。
● 議員は、町民の代表者として選ばれたことを自覚し、会期以外（閉会中）においてもまちづくりのために活動しなければならないことを規定した。

２　前項の活動は、議会の自主性及び自立性に基づいて行われなければならない。

【解説】
● 議員は町民の代表者としての信託を受けたことを自覚し、町政への民意の意思反映を図るため、自主的な活動を進めることを規定した。

（政策会議の設置）
第２３条　議会は、本会議のほか、まちづくりに関する政策を議論するため、政策会議を設置することができる。

【解説】
● 地方自治法第１１０条に基づく特別委員会のひとつとして、政策会議を位置付けた。政策会議の内容、議題は議会の裁量に委ねられるが、まちづくりに関する政策を総合的かつ集中的に自由な議論が可能となる。

２　前項の会議は議長が招集し、議事運営にあたるものとする。

【解説】
● 政策会議の運営は議長に委ねられる。

（議員の役割及び責務）
第２４条　議員は、町民から選ばれた公職者として自ら研さんに努めるとともに、公益のために行動しなければならない。

【解説】
● 議員の資質向上と、公益のための活動原則を規定した。
● 議員は自らの見識を深め、議会における政策活動を活性化させるために、審議能力、政策調査能力、

ならない。また、町の発展と住民生活の安心・安全を図り、安定した住民自治のまちづくりを進めなければならない。つまり、議会における重要な責務として、将来展望を持った総合的な視野を持った判断、活動が求められる。

2　議会は、広く町民から意見を求めるよう努めなければならない。

【解説】
- 議会は、町民から広く意見を求め、情報共有化へ向けた取り組みを進め、住民参加による議会活動の基本として町民に開かれた議会としなければならない旨を規定した。

3　議会は、主権者たる町民に議会における意思決定の内容及びその経過を説明する責務を有する。

【解説】
- 議会活動において、意思決定における議論の過程を明らかにするとともに、その経過をまとめ、町民にわかり易く説明・公表する責務があることを規定した。

（議会の組織等）
第１９条　議会の組織及び議員の定数は、まちづくりにおける議会の役割を十分考慮して定められなければならない。

【解説】
- 議会の組織及び定数については、地方自治法第９１条で市町村議会の議員の定数が規定されている。しかし、まちづくりの視点から議会の役割を考慮すると、議会の組織及び定数は自主的な判断に基づいて決定していくことが望ましいという視点からあえて規定した。

（議会の会議）
第２０条　議会の本会議は、討議を基本とする。

【解説】
- 議会は住民の代表機関であると同時に、議論し、意思決定をしていく機関でもある。議会でのオープンな議論の積み重ねが、意思決定過程を透明化し、住民の意思を反映した決定とすることが可能であるという考えを基に「議論の重要性」について規定した。

2　議長は、説明のため本会議に出席させた者に議員への質問及び意見を述べさせることができる。

【解説】
- 一般に、議会の会議（特に本会議）では、議員による質問、意見の表明があるものの、さらにまちづくりをより良い形で進めるためには、多様な意見と議論が必要であり、説明員との実質的な議論ができない状況を改善する必要がある。説明のため本議会に議長が出席させた者（執行機関からの説明員等）が議員からの質問に答える「１問１答」方式ではなく、双方向の議論ができるしくみとしての運用を想定した。
- 実際の運用は、議長が会議の状況を見て判断することとなるが、議論できる仕組みは政策意思決定において、重要な過程であると考える。

（会議の公開）
第２１条　議会の会議は公開とする。ただし、非公開とすることが適当と認められる場合は、この限りではない。

【解説】

- コミュニティについてのわたしたち町民の努力義務はとは何か、コミュニティとはどうあるべきかということを規定した。
- 「担い手となりうる」という表現は、担い手とならないコミュニティ（反社会的、暴力的集団など）も想定されるため、あえて条文化している。
- 「守り、育てる」という表現は、わたしたち町民が互いに尊重し合い、少しでも人と人とのかかわりを持てるようなまちづくりを進めるという意味を持つ。

（町とコミュニティのかかわり）
第１６条　町は、コミュニティの自主性及び自立性を尊重し、その非営利的かつ非宗教的な活動を必要に応じて支援することができる。

【解説】

- コミュニティの活動等は、あくまでも自主性、自立性が尊重されるべきである。（これは第１０条第３項に規定している「町民によるまちづくりの活動」と同様の考え方である。）「まちづくりの重要な担い手となりうる」コミュニティには、町による一方的な関与はあり得ないこと、そのコミュニティの活動は町からの支援が前提としてあるわけではなく、わたしたち町民自身による活動が中心となるべきことを規定している。
- ここでいう「支援する」とは、広い意味を持っている。補助金、助成金及び物品の提供といった財政的な支援だけではなく、むしろ、まちづくりの専門スタッフ（第２７条第２項に規定）である町職員の持ち得る能力（労力、専門的知識や情報等）を積極的に提供することや、コミュニティ間の連携を助けることなどが支援として重要なことと捉えている。

第６章　議会の役割と責務

（議会の役割）
第１７条　議会は、町民の代表から構成される町の意思決定機関である。

【解説】

- 本章各条の規定については、本条例の一次見直し時（平成１７年１２月）に追加。
- 町議会は、執行機関と同様に民意の代表機関として独立性を有しており、重要な事項についてその意思を決定する作用を担っている。地方分権の進展に伴い、自治体の責任の範囲、条例制定権の範囲や自主課税権の行使の余地が拡大することを考慮すると、意思決定機関としての地方議会と首長の責任は格段に重くなる。これらを総合的に考慮し、町議会を意思決定機関として位置づけた。
  ただし、ここでいう意思決定とは、最終的かつ無限定な意思決定を意味しているわけではない。

２　議会は、議決機関として、町の政策の意思決定及び行政活動の監視並びに条例を制定する権限を有する。

【解説】

- 議会の役割は地方自治法９６条により条例を制定する権限、町の方向性を意思決定する権限、行政活動をチェックする権限があるとする考えに基づき規定した。地方議会の持つ権能を最大限に評価し、議会の権限として明示したものである。

（議会の責務）
第１８条　議会は、議決機関としての責任を常に自覚し、将来に向けたまちづくりの展望をもって活動しなければならない。

【解説】

- 議会は将来のまちづくりのあり方を示し、住民の代表機関として責任をもって活動を努めなければ

【解説】
- 本項は、本条例の二次見直し時（平成２２年３月）に追加。
- 子どもたちの参加は、形式（表面）的または一時的な参加ではなく、日常生活や教育現場の中から恒常的に繰り返されることが重要である。つまり、この項の追加の目的は、子どもの参加の制度保障の意味合いがある。すなわち、この制度保障が、子どもたちの権利をより明確化させ、まちづくりへの意見をより反映させることにつながると考えたからである。

（まちづくりにおける町民の責務）
第１２条　わたしたち町民は、まちづくりの主体であることを認識し、総合的視点に立ち、まちづくりの活動において自らの発言と行動に責任を持たなければならない。

【解説】
○「総合的視点」とは
　まちづくりの議論を進める際、わたしたち町民は私的な利害関係にとらわれることなく公共性を尊重し判断することが必要となる。「総合的視点」とは、こうしたまちづくり全体を見渡した視野を意味し、わたしたち町民自身がまちづくりの担い手であるという自覚を持った言動をとらなければならない。次条と並んで町民の責務をうたっている。

（まちづくりに参加する権利の拡充）
第１３条　わたしたち町民は、まちづくりへの参加が自治を守り、進めるものであることを認識し、その拡充に努めるものとする。

【解説】
- まちづくりへの参加はわたしたち町民の直接の責務ではないが、さまざまな形でまちづくりに主体的にかかわること（参加しようとすること）が、わたしたち町民自らの自治や権利の拡充につながることを規定している。「選挙で投票したから、あとは選ばれた者に任せてある」という白紙委任では、住民自治は発展しない。

第５章　コミュニティ

（コミュニティ）
第１４条　わたしたち町民にとって、コミュニティとは、町民一人ひとりが自ら豊かな暮らしをつくることを前提としたさまざまな生活形態を基礎に形成する多様なつながり、組織及び集団をいう。

【解説】
○「コミュニティ」を定義したことについて
　本条では、一般に広く使われる「コミュニティ」をニセコの風土や思いなどから独自に定義した。この定義にあたっては、広く一般的な定義をするのか、ニセコのまちづくりを具体的にイメージした定義をするのかという点につき議論を重ね、後者を選択している。ただ、広い定義をするが、反社会的な「コミュニティ」まで含まないよう、まちづくりに貢献するコミュニティを前提とした。
○ ニセコが考える「コミュニティ」とは
　本条で規定する「コミュニティ」は、旧来の自治会（町内会）組織などの地縁団体のみを指すものではない。ボランティアなどの目的団体から企業などの営利団体まで広く含めている。　更に、わたしたち町民相互の日常のコミュニケーションもひとつの「コミュニティ」として広く捉え、「つながり」という言葉で多様なコミュニティ（コミュニケーション）の重要性や可能性を表現している。

（コミュニティにおける町民の役割）
第１５条　わたしたち町民は、まちづくりの重要な担い手となりうるコミュニティの役割を認識し、そのコミュニティを守り、育てるよう努める。

● 個人の尊厳と幸福追求権は、公共の福祉に反しない範囲で尊重されるものであり、情報の共有化と話し合いにより、協調、協働により進められるべきものである。

4 わたしたち町民は、まちづくりの活動への参加又は不参加を理由として差別的な扱いを受けない。

【解説】

● 前項と同様、わたしたち町民の基本的な権利として規定した。

○「参加または不参加」のさまざまな場面

参加しようとしたこと、参加しようとしなかったこと、実際に参加したこと、実際に参加しなかったことなど、参加についてはさまざまな場面が想定される。これらを理由として、その後の参加そのものを拒まれ、差別されることがあってはならない。

（満２０歳未満の町民のまちづくりに参加する権利）

第１１条 満２０歳未満の青少年及び子どもは、それぞれの年齢にふさわしいまちづくりに参加する権利を有する。

【解説】

● 満２０歳未満の青少年及び子どもにも、その年齢に応じた参加の形態が必要であり、その意見は町の重要な財産となる。こうした子どもたちの参加の権利が保障されるべきであると考えた。

● 大人たちによるまちづくりの成果は、子どもたちも直ちに享受するものである。一方で、子どもたちへの刑事罰適用年齢を下げながらも、その政治的な参加を求めていない。罰することを優先させるのではなく、子供たちの声を大人たちが真剣に聞き、まちづくりに反映させる仕組みが今後の日本に必要である。

● 子どもたちの参加は、形式（表面）的または一時的な参加ではなく、日常生活や教育現場の中から恒常的に繰り返されることが重要であり、そのための仕組みづくりを進めなければならない。場合によっては、町民投票の有資格者になることも考えられる。

○「２０歳未満の町民」とは

青少年及び子どもをいう。未成年で結婚し仕事にも就いているが参政権がないという青年層から、小学生・幼児まで幅広く捉える。

○ 民法上の未成年者の権利能力との整合性

本条の権利は、あくまで「まちづくり」への「参加権」である。従って、民法上の効力とは別の概念であり、競合しない。

○「子供の権利条約」を基本

本条は、１９９４年に日本政府が批准している「子供の権利条約」を理念の基礎とし、その権利の具体化を図ったものである。

「子供の権利条約」　１９９４年日本政府批准

第１２条（意見表明権）

締約国は、自己の見解をまとめる力のある子どもに対して、その子どもに影響を与えるすべての事柄について自由に自己の見解を表明する権利を保障する。その際、子どもの見解が、その年齢および成熟に従い、正当に重視される。この目的のため、子どもは、とくに、国内法の手続規則と一致する方法で、自己に影響を与えるあらゆる司法的および行政的手続においても、直接にまたは代理人もしくは適当な団体を通じて聴聞される機会を与えられる。

※ 本条例の当初の条文案には「成熟度に応じ」という言葉が「子供の権利条約」に準じて盛り込まれていたが、障害を持つ人への差別と受け取られる恐れがあるため、本条例からは削除した。

2 町は前項の権利を保障するため、規則その他の規程により具体的な制度を設けるものとする。

民主的な町政の推進に資する」

● ＯＥＣＤ（経済協力開発機構）の「プライバシー保護８原則」を参照。（以下）

ＯＥＣＤ（経済協力開発機構）の「プライバシー保護８原則」

①収集制限の原則
自治体は、個人情報を無制限に収集することはできない。
②データ内容の原則
個人情報の取り扱いは必要な範囲で正確、完全なものでなければならない。
③目的明確化の原則
個人情報の収集目的は、事前に明確にしておかなければならない。
④利用制限の原則
個人情報は、法律に規定があるもののほか目的以外に利用してはならない。
⑤安全保護の原則
自治体は個人情報を紛失、破壊、修正等をされないように安全保護を取らなければならない。
⑥公開の原則
個人情報を扱う自治体の事務事業の内容は、広く公開されなければならない。
⑦個人参加の原則
個人は、自己に関する個人情報の存在と内容について知る権利がある。
⑧責任の原則
自治体は、以上の原則を実施するための法制度に従う義務がある。

第４章　まちづくりへの参加の推進

（まちづくりに参加する権利）
第１０条　わたしたち町民は、まちづくりの主体であり、まちづくりに参加する権利を有する。

【解説】

● 本条は、わたしたち町民のまちづくりへの主体的な参加権を明らかにしている。

○「参加」は住民の権利か責務か

「参加」は町民の当然の権利であり、責務ではない。

強制されることのない機会均等の参加を保障されることが重要であり、結果的平等に到達するための権利保障を意味するものではない。

２　わたしたち町民は、それぞれの町民が、国籍、民族、年齢、性別、心身の状況、社会的又は経済的環境等の違いによりまちづくりに固有の関心、期待等を有していることに配慮し、まちづくりへの参加についてお互いが平等であることを認識しなければならない。

【解説】

● まちづくりへの参加においては、わたしたち町民が互いに対等の立場であることを明記した。例えば、身体の障害等により意思表示ができない人なども、他の人と常に対等な立場で参加できることが保障される。外国籍の町民も、もちろん前項に規定するまちづくりへの参加権を有している。

３　町民によるまちづくりの活動は、自主性及び自立性が尊重され、町の不当な関与を受けない。

【解説】

● わたしたち町民の基本的な権利として規定した。

● 住民自治は、自主性及び自立性が第一に尊重され、日本国憲法第１３条に規定する個人の尊厳、幸福追求権に包含されるものとして尊重されるものである。

●「町の不当な関与」とは、町が組織的に又は第三者を介して、町民個人の暮らしや日常活動に制限を加える等、公共の福祉に基づかず威圧的に関与することである。

にお知らせ、公表、説明等を努めるよう規定したものである。

（情報共有のための制度）
第７条　町は、情報共有を進めるため、次に掲げる制度を基幹に、これらの制度が総合的な体系をなすように努めるものとする。
(1) 町の仕事に関する町の情報を分かりやすく提供する制度
(2) 町の仕事に関する町の会議を公開する制度
(3) 町が保有する文書その他の記録を請求に基づき公開する制度
(4) 町民の意見、提言等がまちづくりに反映される制度

【解説】
● 各号は、情報公開条例をその根拠として、具体的に以下の諸制度として運用する。
(1)→　『もっと知りたいことしの仕事』（予算説明書）、広報誌、そよかぜ通信（電話回線を使用したお知らせ放送）　など
(2)→　プライバシーにかかわる情報を扱う会議を除き、原則公開の諸会議
(3)→　ニセコ町情報公開条例
(4)→　まちづくり町民講座、まちづくりトーク、まちづくり懇談会、こんにちは町長室、町民検討会議、まちづくり広聴箱　など
● 例えば４号にかかわる事例として、町民検討会議での検討を中心とし道の駅「ニセコビュープラザ」やニセコ駅前温泉施設「綺羅乃湯」を建設した事例がある。また、事務局を町内外の住民で構成してワークショップによりまとめた「尻別川宣言」（平成１０年）などがある。
● 諸制度の内容は、現在実施しているものに限らず、その効果や効率性を考え広く実施の可能性を検討しなければならない。

（情報の収集及び管理）
第８条　町は、まちづくりに関する情報を正確かつ適正に収集し、速やかにこれを提供できるよう統一された基準により整理し、保存しなければならない。

【解説】
○ **「まちづくりに関する情報を正確かつ適正に収集」とは**
　その時々に応じた的確な情報収集はもちろんのこと、町の将来を考え、町内での話題のみならず町外の話題なども、その時々の社会情勢に応じ広く積極的に収集することをいう。従って、常に社会経済情勢を広くとらえる視点が必要となる。
○ **「統一された基準」とは**
　総合的な行政文書の管理システム（ファイリング・システム）の運用における文書管理条例（平成１６年１２月制定）に基づく諸基準を指す。
○ **「ファイリング・システム」**
　文書の私物化排除、即時検索性や他者検索性の向上を柱に、行政が保有する文書情報を一定のルールのもとに管理する手法。本条例の基本原則である情報共有を実現し説明責任を果たすための基本ツールとして位置付けられる。

（個人情報の保護）
第９条　町は、個人の権利及び利益が侵害されることのないよう個人情報の収集、利用、提供、管理等について必要な措置を講じなければならない。

【解説】
● 「ニセコ町個人情報保護条例」を基本とする。
○ **個人情報保護の理念（ニセコ町個人情報保護条例より）**
　「町の保有する個人情報の開示、訂正及び削除を請求する個人の権利を保障するとともに、個人情報の適正な取扱いに関して必要な事項を定めることにより、基本的人権の擁護を図り、もって公正で

<table>
<tr><td rowspan="2">「参加」は依然として行政側の視点に立った用語であり、住民自身が主体的なまちづくりを行う場合の用語ではない。他に適当な言葉がないため「参加」ということばを用いている。行動としての参加
①町の仕事への参加
審議会委員としての参加
町民検討会議への参加
まちづくり町民講座への出席　など
②民間団体行事への参加
ボランティア団体への参加、活動
町内会活動への参加　など
③個人の取組みへの参加
同じ趣味を持つ者同志の行動
個人によるごみ拾いへの協働　など
関心としての参加</td><td>④情報へのアクセス
町のホームページからの情報取得
広報誌を読む　など
⑤情報の収集、発信
自己のホームページでの情報収集、
発信　など
行政からの参加</td></tr>
<tr><td>⑥行政（役場）が町民活動に参加
～「行政参加」</td></tr>
</table>

＜概念図＞　本条例における「参加」は、「町の仕事への参加」をいう。

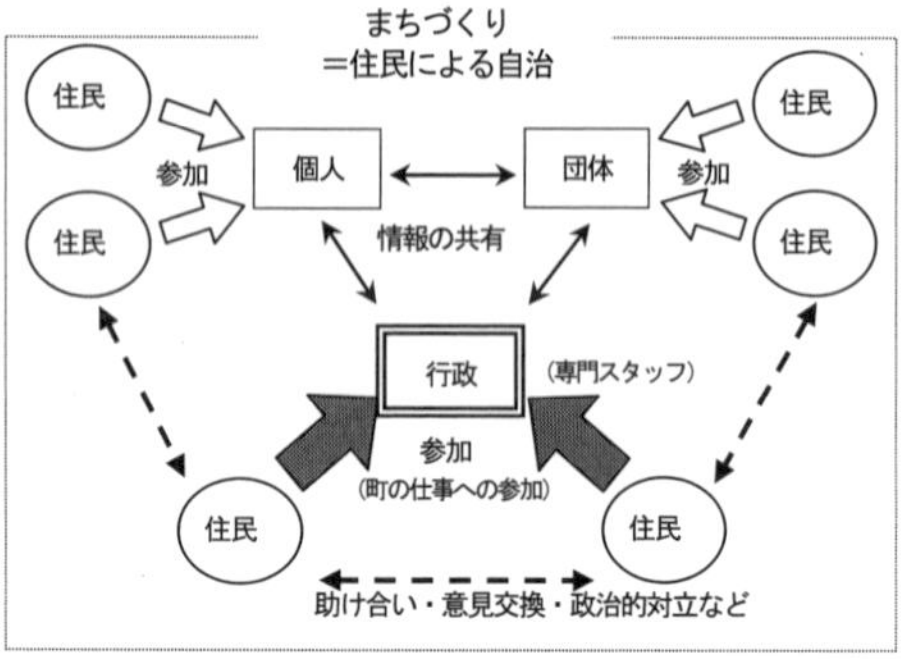

第３章　情報共有の推進

（意思決定の明確化）
第６条　町は、町政に関する意思決定の過程を明らかにすることにより、町の仕事の内容が町民に理解されるよう努めなければならない。

【解説】

- 本章（第６条から第９条まで）は、第２条から第４条における情報共有原則を具体的に規定したものであり、「行政の透明性の確保」を恒常的な姿とするものである。
- 意思決定の過程とは、地方自治法第１４７条「長の統括代表権」及び同法第１４８条「事務の管理及び執行権」に基づき、町長が政策意思を決定するに至る過程、即ち「政策意思の形成過程」全般をいう。
- 町長が町の代表者として「どのような情報や案に基づき」「どのような議論を踏まえ」「どのように考え、いつ、どの時点で判断したか」等の政策決定の過程を明らかにすることは当然の責務であり、住民自治を進める最低限の義務である。
- 主語を「町は」とし、各執行機関も上記に準じた事務をとり進めなければならないことを規定している。
- 政策意思の決定に当たっては、これらの経過を町民に説明する責務＝説明責任があり、町は積極的

○ **用語の定義**

アクセス権～　情報共有の核となる権利。町民が、行政が保有する情報の提供を受動的に受け取ることのみならず、主体的にその情報の提供を行政へ要求し取得する権利をいう。（「要求し取得する」とは、例えばインターネット上で町のホームページからまちづくりにかかわる情報を取得するといった行動も含んでいる。）従って、この権利は、わたしたちが町民として主体的にまちづくりにかかわるための基礎的な参加権として位置付けられる。

町～　町の公的機関（議会、町長の執行機関、委員会、委員及び附属機関）をいう。

● 情報取得の機会均等により、誰もが対等な立場でまちづくりのための議論ができることを目的としている。

○ **「町の仕事」という用語について**

わたしたち町民から見て、「政策」「施策」「事業」といった言葉の使い分けに意味があるのかという疑問がある。例えば、「政策」は国（政府）レベルの仕事を指す用語と過去には言われたこともあったが、自治体でも広くこの言葉を用い、名実ともに実行しているところが多い。「施策」も同様である。いずれの言葉もすべて「仕事」という言葉で括ることにより、わたしたち町民にとっての分かりやすさを優先した。

（説明責任）
第４条　町は、町の仕事の企画立案、実施及び評価のそれぞれの過程において、その経過、内容、効果及び手続を町民に明らかにし、分かりやすく説明する責務を有する。

【解説】

● 前条における町民の権利と共に、町の説明責任を規定した。町は、わたしたち町民からの信託を受けて仕事をしているのであり、いわば依頼主であるわたしたち町民に仕事の内容を具体的に説明する義務がある。

○ **用語の定義**

説明責任～町の諸活動を町民に説明する責任をいう。

● 本条が及ぶ範囲は広く、町の仕事の計画段階※1から財政上の情報※2などまちづくりの諸活動の成果までを想定している。

※1　例えば、農業振興計画等の各種計画や公共施設の建設計画など。

※2　財政状況調査（借金、貯金等）、監査委員の意見、決算結果など。

（参加原則）
第５条　町は、町の仕事の企画立案、実施及び評価のそれぞれの過程において、町民の参加を保障する。

【解説】

● 本条は、本条例の基本原則の２点目である「住民参加原則」を規定した。

● 町が町民の権利を擁護することをここで宣言している。

○ **「町民の参加」（住民参加）とは何か**

「参加」の概念は本来非常に広範であり、常にその対象や範囲を考える必要がある。本条例で想定する「参加」とは、以下にいう「①町の仕事への参加」である。

第1章　目的

（目的）
第1条　この条例は、ニセコ町のまちづくりに関する基本的な事項を定めるとともに、まちづくりにおけるわたしたち町民の権利と責任を明らかにし、自治の実現を図ることを目的とする。

【解説】
● ここでいう「自治」とは、自治の本旨（憲法第９２条）である住民自治と団体自治の両側面を包含する。
● 「まちづくりに関する基本的な事項」とは、情報共有、住民参加を中心とするさまざまな理念、わたしたち町民の権利や責務、制度などをいう。

第2章　まちづくりの基本原則

（情報共有の原則）
第2条　まちづくりは、自らが考え行動するという自治の理念を実現するため、わたしたち町民がまちづくりに関する情報を共有することを基本に進めなければならない。

【解説】
● 本条は「情報共有原則」の柱となる条項。わたしたち町民自らが考え行動する自治のために必要不可欠なものである。

○ 用語の定義

情報共有～町と町民とが町政に関する情報を保有し、及び活用することをいう。

○ 情報共有の理念（ニセコ町情報公開条例より抜粋）

「まちづくりの基本は、その主体である私たち町民が自ら考え、行動することにあります。そして、私たちが自ら考え、行動するためには、まちに関するさまざまな情報やまちづくりに対する考え方などが、私たちに十分に提供され、説明されていなければなりません。」

「私たちは、まちづくりの諸活動が、すべての人に開かれ、公正でわかりやすいものとなるよう、情報の公開と共有化を進め、住むことに誇りを感じ、喜びをわかちあえる郷土「私たちのニセコ」づくりのために、この条例を制定します。」

○ 情報共有の概念

情報共有は、行政からの一方的な情報提供だけではなく、町民相互の情報発信があってこそ成り立つものである。

○ 基本原則の柱

情報共有があって初めて住民参加が意味をなす。
(本条例における基本原則の構成)
①情報共有の原則
　第２条　情報共有を基本としたまちづくり
　第３条　情報へのアクセス権
　第４条　行政の説明責任
②住民参加の原則
　第５条　行政のあらゆる過程における参加の機会確保

＜概念図＞
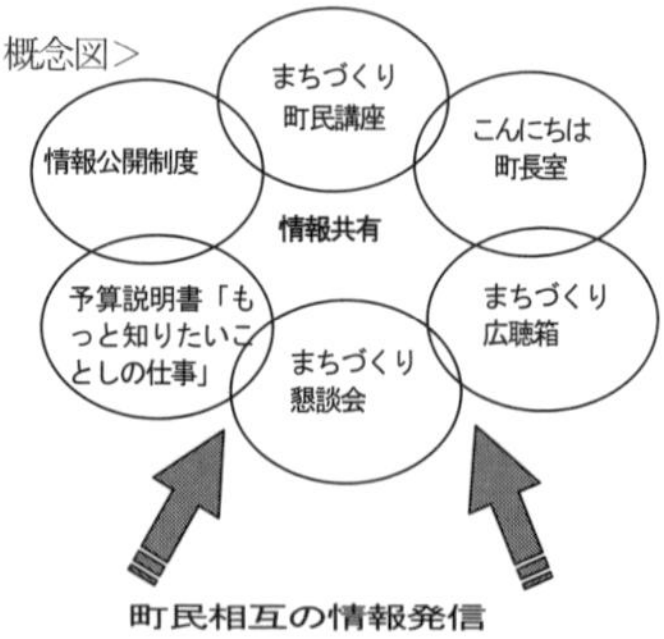

（情報への権利）
第3条　わたしたち町民は、町の仕事について必要な情報の提供を受け、自ら取得する権利を有する。

【解説】
● いわゆる情報への「アクセス権」を町民の権利として明示した。

○「議会基本条例」及び「行政基本条例」としての性格

議会議員が町民からの信託をもとに活動を行うとき、また、町職員がまちづくりの「専門スタッフ」として仕事を進めるとき、本条例は、そのよって立つべき基本法令としての性格を併せ持っている。

※ 議会に関する規定（第６章）は、本条例の一次改正（平成１７年１２月）により追加。

［前文］

ニセコ町は、先人の労苦の中で歴史を刻み、町を愛する多くの人々の英知に支えられて今日を迎えています。わたしたち町民は、この美しく厳しい自然と相互扶助の中で培われた風土や人の心を守り、育て、「住むことが誇りに思えるまち」をめざします。

まちづくりは、町民一人ひとりが自ら考え、行動することによる「自治」が基本です。わたしたち町民は「情報共有」の実践により、この自治が実現できることを学びました。

わたしたち町民は、ここにニセコ町のまちづくりの理念を明らかにし、日々の暮らしの中でよろこびを実感できるまちをつくるため、この条例を制定します。

【解説】

● これまでの町の取組みのひとつひとつが「自治」への歩み。これを「情報共有の実践により『自治』の実現を学んだ」という前文に落とし込んでいる。

○「まちづくり」とは

「まちづくり」は、道路や上下水道の整備、市街景観形成などのハード面、情報共有や住民参加などの仕組みづくりのソフト面、それぞれだけを指すものではない。日々人々が生業を営み、よりよい暮らしを個人個人がつくっていく「暮らしづくり」そのものが「まちづくり」である。

従って、「まちづくり」の概念は非常に広く、たとえニセコで定義付けを試みてもさほど意味をなさないことば遊びに終わる可能性があるため、以下のとおり用語としての定義付けは不要と考えた。

「まちづくり」の用語を定義しない理由

① 個々の事例を挙げることはできるが、概念が広く総体で括るのは難しい。
② 定義することが、ニセコでの「まちづくり」の意味をかえって狭める。
③ 定義してもすぐ陳腐化してしまう。（時代とともに変化する。）
④ 条例という法令のなかで「まちづくり」を定義する必要性が低い。

上記の結果、本条例では「まちづくり」を「自治を基本とする」という趣旨で捉えることとした。

○ わたしたち町民が主体のまちづくりについて

過去の日本では行政「サービス」の名の下に、「公共サービス＝すべて行政がやること」と勘違いされてきている歴史がある。さまざまな公共課題の解決は、本来わたしたち町民自身が主体的に考え、解決しなければならない。前文中にある「町民一人ひとりが自ら考え、行動することによる『自治』」とは、こうした町民主体のまちづくりを意味している。

公共的な仕事（まちづくり）は、本来、住民が日常生活の中で自らが主体的に行なってきた仕事であり、相互扶助の中で培われてきたものである。しかし、行政が公共サービスの名の下に、本来住民が担ってきた仕事を住民のニーズ等の名の下に引き受けてきた歴史がある。このことによって行政は肥大化し、公共課題の解決はそもそも行政が行うものとの錯誤が生まれてきた。

本条例は「まちづくりの主体は町民である」との住民自治の原点を立法事実とし、行政（役場）の役割を明確にし、住民自治を将来にわたって実行するために制定されたものである。

術的に担保しているが、本条例そのものの改廃については他の条例と同じ手続きを踏むものであり、「育てる」ことを妨げてはいない。

○ 条例に罰則はつきものか

本条例に罰則はない。社会一般に「条例」というと、「住民を縛りつけ、違反者は罰せられる」という捉え方をされがちである。本条例は自治の基本となるものであるため、条例の実効性は、わたしたち町民自らが実践することにより保つものであり、そこにおいては罰則を必要としない。

○「自治基本条例」という名称について

「まちづくり憲法」「まちづくりのきまり」など、より分かり易い条例の名称の検討が今後必要である。本条例に「条例」と名付ける必要があるのかという疑問が残ったが、「住民自治＝まちづくり」と捉え、「まちづくり基本条例」とした。

○ 本条例の運用により何が変わるのか

目に見えて変わることは少ない。いままでのニセコの取組みや実践を法令で裏打ちするためのものであり、町民の権利が侵害されたときに大きな力を発揮するここと なる。

まちづくりのためのしくみを具体的な権利や制度として定めたものであり、わたしたち町民自らの運用次第で、ニセコのまちづくりそのものも大きく変わる。

○「自治基本条例」が「条例」としてこだわる理由

本条例の性格から、「規則や要綱という形をとってもよいではないか」という議論がある。議会、そして町全体で議論して初めて町の憲法的性格を持つ存在となるため、町長の執行権内に留まる「規則」では、こうした存在となり得ない。

そもそも、本条例の制定意図は、まちづくりのための基本的な考え方やしくみを定めるものであり、自治の理念を町の姿勢として明確に持つためのものである。そのためには、自治体独自の最高法令である「条例」として制定することが必要である。

○ 本条例の下に規則や要綱を整備しない理由

自治体の「憲法」として本条例を考えると、理念と制度が混在する本条例に付随する規則や要綱は、かえって法令の体系を複雑化するだけであり、わたしたち町民にとっても分かりにくいものとなるため必要としない。一方で、本条例第５６条に規定する分野別の基本条例整備は、条例全体の体系化を進めるために必要となる。

○ 自治体「憲法」としての性格

本条例のような自治基本条例が、自治体のいわば「憲法」としての性格を持つという考え方の背景には、以下の２つの考え方がある。本条例は以下２つの考え方の両面を持ち、どちらにあてはまるかの判断は行っていない。

A　最高法規説～自治基本条例は個別条例や基本構想の上位に位置する最高法規（規範）として、名実共に自治体の最高条例とする考え方。（条例ピラミッドの頂点に自治基本条例が位置するという考え方。）

B　「串刺し」説～自治基本条例は個別条例や基本構想と並列であるが、それぞれのよって立つべき基本理念や原則を総合的に規定し、いわば串刺し的にそれぞれを貫くという考え方。

<概念図>

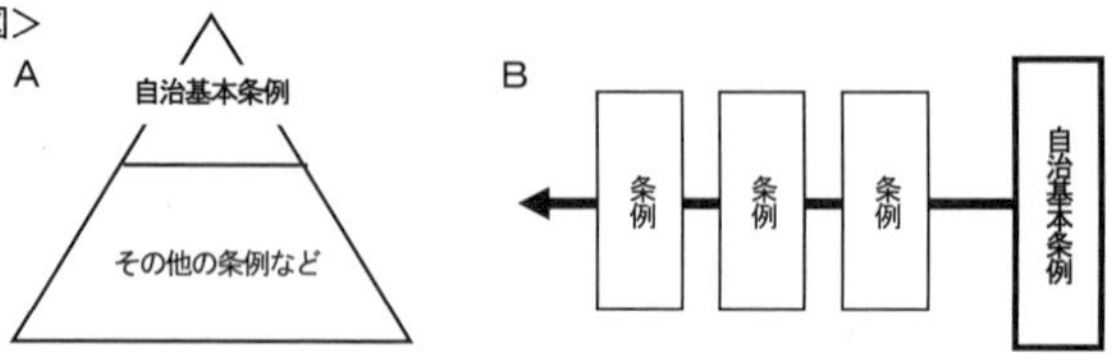

ニセコ町まちづくり基本条例　（平成１２年１２月２７日 ニセコ町条例第４５号）

【記号表記について】
○印　用語、論点の解説
●印　条文内容の解説

【条例全般を通じての解説】

○「自治基本条例」としての性格

本条例は、「自治」の「基本」となる意味で「自治基本条例」の概念を持つものである。「自治基本条例」は、憲法その他国法に準ずべきものがなく、地方分権を進める中での新たな概念である。住民の権利保護やそのための制度保障など、自治実現のための基本となる条例として、また、自治の本旨（住民自治及び団体自治）を法的側面から支える条例として期待される。今後この概念を自治のさまざまな実践の中で定着させていくことが、最も重要である。

○「基本条例ありき」ではないニセコ

自治基本条例制定の動きは、ともすれば条例制定そのものが最終目的にすりかわる危険性を持っている。本町では、これまでのさまざまな取組みを法令で裏打ちするために本条例を制定したのであり、条例制定は自治の実践が基盤にあってこそ可能である。

従って、本条例に盛り込まれた制度すべてを新たに運用するものではない。既に運用されている制度も多い。

○ 町民憲章との違い

本条例が基本理念だけを規定したものであれば、町民憲章と変わらない。また、制度だけを規定したものであれば、「基本」とすべき意味がない。本条例は、理念、制度共に盛り込まれた総合的な条例であり、特にわたしたち町民の権利を明示し保護する点、従来の町民憲章とは性質を異にするものである。そもそも、本条例が理念条例か制度条例かという分類にはなじまない。

○「育てる条例」としての位置づけ

本条例は、時代や社会経済の状況に応じ、わたしたち町民で「育てていく条例」である。本条例第５５条において、他の条例が本条例を尊重する規定（本町における条例の中の最高法規的性格）を技

ニセコ町まちづくり基本条例の手引き

条例制定　平成１２年１２月２７日　ニセコ町条例第４５号
一部改正　平成１７年１２月１９日　ニセコ町条例第２８号　(本条例第４５条の規定による一次見直し)
一部改正　平成１８年 ３ 月２２日　ニセコ町条例第 １ 号　(助役による収入役事務兼掌)
一部改正　平成１９年 ３ 月１６日　ニセコ町条例第１１号　(助役から副町長への変更)
一部改正　平成２２年 ３ 月１６日　ニセコ町条例第 ５ 号　(本条例第５７条の規定による二次見直し)

北海道ニセコ町

[平成１４年 ２ 月 作成]
[平成１７年１２月 改訂]
[平成１９年 ５ 月 改訂]
[平成２２年 ４ 月 改訂]

木佐茂男（きさ・しげお）
北海道大学法学部教授を経て、2000 年から九州大学大学院法学研究院教授
主著に、『人間の尊厳と司法権』（1990 年、日本評論社）、『豊かさを生む地方自治』（1996 年、日本評論社）、木佐茂男・逢坂誠二編『わたしたちのまちの憲法ーニセコ町の挑戦』（日本経済評論社、2003 年）、その他共編著に『自治体法務入門〔第３版〕』(2006 年、ぎょうせい)、『テキストブック現代司法〔第５版〕(2009 年、日本評論社)』ほか。1997 年～ 2001 年ニセコ町広報広聴検討会議委員（座長）

片山健也（かたやま・けんや）
民間会社を経てニセコ町役場採用。ニセコ町町民総合窓口課長、企画環境課長、会計管理者、学校教育課長などを経て、2009 年よりニセコ町長
著書に『情報共有と自治体改革』（2001 年、公人の友社）、地方自治専門誌に寄稿多数

名塚 昭（なづか・あきら）
釧路市職員、札幌地方自治法研究会・自治基本条例プロジェクトメンバー、2003 年～ 2011 年札幌大学法学部・大学院法学研究科非常勤講師
著書に、木佐茂男・逢坂誠二 (編)『わたしたちのまちの憲法ーニセコ町の挑戦』（日本経済評論社、2003 年）、木佐茂男・田中孝男編『自治体法務入門〔第３版〕』（いずれも分担執筆）

自治基本条例は活きているか！？

ニセコ町まちづくり基本条例 10 年

2012 年 5 月 8 日　初版発行　　　定価（本体２,６００円＋税）

編　者　木佐茂男・片山健也・名塚 昭
発行人　武内英晴
発行所　公人の友社
〒 112-0002　東京都文京区小石川５－２６－８
TEL ０３－３８１１－５７０１
FAX ０３－３８１１－５７９５
Eメール info@koujinnotomo.com
http://koujinnotomo.com/
印刷所　倉敷印刷株式会社

本書は、独立行政法人日本学術振興会平成 23 ～ 25 年度科学研究費（基盤研究（A））「地方自治法制のパラダイム転換」（代表：木佐茂男）の研究成果の一部である（名塚昭及び加藤紀孝が研究協力者として参加）。